湖北省2012年社会科学基金项目研究成果（立项号：2012170）

国家民委人文社科重点研究基地
少数民族教育发展研究基地建设基金资助

中南民族大学湖北省高等学校特色学科
教育经济与管理建设基金资助

美国少数族裔教育的一次变革

——"学校一体化"运动研究

甘永涛　李志峰　孟立军　著

WUHAN UNIVERSITY PRESS
武汉大学出版社

图书在版编目(CIP)数据

美国少数族裔教育的一次变革："学校一体化"运动研究/甘永涛，李志峰,孟立军著. —武汉：武汉大学出版社,2015.5
ISBN 978-7-307-15595-4

Ⅰ.美…　Ⅱ.①甘…　②李…　③孟…　Ⅲ.教育研究—美国
Ⅳ.G571.2

中国版本图书馆 CIP 数据核字(2015)第 083647 号

责任编辑:李　程　　　　责任校对:汪欣怡　　　　版式设计:马　佳

出版发行:**武汉大学出版社**　　(430072　武昌　珞珈山)
　　　　(电子邮件:cbs22@whu.edu.cn　网址:www.wdp.com.cn)
印刷:武汉中科兴业印务有限公司
开本:720×1000　　1/16　　印张:18.5　　字数:263 千字　　插页:3
版次:2015 年 5 月第 1 版　　2015 年 5 月第 1 次印刷
ISBN 978-7-307-15595-4　　　定价:56.00 元

甘永涛，女，1977年生，江西萍乡人，副教授，硕士研究生导师。2009年浙江大学教育学院比较教育学专业毕业，获博士学位。自2010年以来，先后主持和参与国家级、省部级课题十几项，获省部级奖项3项。出版著作2部，先后在《高等教育研究》、《比较教育研究》、《中国高教研究》、《中国教育学刊》等国家级、核心期刊发表学术论文70余篇。论文多次被《新华文摘》、《人大复印资料》、《中国教育报》等转载。

　　李志峰，男，1967年生，教育学博士，教授，硕士研究生导师。现任武汉理工大学教育科学研究院副院长，兼任湖北省学位与研究生评估所副所长，中国高等教育学会院校研究分会常务理事，中国教育发展战略研究会发展规划专业委员会常务理事，中国交通高教研究会理事，武汉理工大学国家大学生素质教育基地咨询专家等职。近年来，先后主持国家级、省部级课题等10余项；作为合作者和第一获奖人曾获国家级奖项10余项；独著、合著、参著学术著作多部。在《教育研究》、《高等教育研究》等发表论文80多篇，其中10多篇被《新华文摘》、《人大复印资料》、《中国社会科学文摘》全文转载、论点摘编，4篇被ISTP/ISSHP收录。

　　孟立军，男，1953年生，法学博士，教授，博士研究生导师。现任中南民族大学校党委委员、国家民委重点人文基地少数民族发展研究中心主任、高等教育研究所所长、民族学学科研究员。2001年被评为湖北省有突出贡献的中青年专家。主持国家级、省部级项目10余项，获国家级、省部级奖项10余项，出版独著或合著的学术著作20余部。在《民族研究》、《光明日报》、《高等教育研究》等发表论文70余篇，其中被《人大复印资料》等转载10余篇。

目 录

绪　　论

一、问题的提出

美国少数族裔教育研究的根源深植于美国那些处于相对低下的社会经济和政治地位的少数少数族裔群体的抗议活动。从理论上讲，美国少数族裔教育研究的存在和发展表明，所有的社会是由不同的种族、社会经济地位和性别特征的人群组成的。这些群体构成了个人和群体身份的基础，并在社会上分担不同的功能。人们普遍认为，一个社会的教育机构，特别是为国家和地方政府所支持的教育机构的课程设置、招生政策和学生的少数民族或者种族构成应当反映出该社会多样性的特征。

从少数族裔教育改革的实践来看，美国少数族裔教育重点与我国趋同，都关注教育入学、经济扶助、传统黑人院校（民族院校）等方面。这说明两国族裔教育存在相同的问题，这些问题的改革方向有些是相同的，但也存在差异。美国是一个移民国家，其移民来自于众多国家和民族，本身即为一个"大熔炉"，尤其是在多元文化日渐成型的社会大背景下，教育成为世界各国文化的熔炉也是必然的。美国人口调查局于 2010 年 10 月作出预测，到 2050 年年底，少数族裔社区居民数量将占到该国人口总量的一半以上。研究美国少数族裔教育改革，是为了了解美国弱势族裔如何在一个充满压迫与歧视的环境中追求认同，了解少数族裔对美国教育的贡献，也是为了更全面地认识美国教育，以及美国思考和行动的方向。"我们能够从中发现并学习些什么"以及"我们将如何针对自身的问题制定更好的政策"、"我们如何提高自己制定政策的执行效度"等诸多问题，这是我国在制定良好的民族教育政策过程中以及在实施这一

1

政策过程中必须要慎重考虑的问题。

在理论方面，对美国"学校一体化"运动的研究可以弥补我国民族教育政策研究领域以及比较教育研究领域的一些缺失，但就我国目前的研究状况来看，尚且还是一个盲点，这为本研究的学术背景。

二、研究现状述评

1. 美国少数族裔教育发展历史的研究。

关于美国少数族裔教育发展历史的研究较多。亨利·阿伦·布洛克（Henry A. Bullock）的《从 1619 年到现在：美国南方黑人教育的历史》主要探讨了南方教育委员会及各慈善基金会在南方黑人教育中的贡献，还有克拉拉（Riguez, Clara E）的《种族改革：拉丁，天主教和美国少数族裔历史》，威金逊（J. Harve Wilkinson）的《从布朗到巴基：最高法院与学校一体化（1959—1978）》（*From Brown to Bakke: The Supreme Court and School Integratian, 1959-1978*）都对美国少数族裔教育的发展脉络梳理得比较全面、清晰，对具体内容的研究方面也体现出较强的理论性。对教育政策发展的每一个阶段，都按照一定的分类对教育政策内容加以梳理。德怀特·霍姆斯（Dwight Oliver Wendell Holmes）对美国黑人高等教育的研究有独到之处，他的《黑人学院的发展（1934）》（*The Evolution of the Negro College*, 1934）是研究黑人高等教育的力作，勾画了黑人高校从南北战争后建立到 20 世纪初的发展历程，对自由民局、各教派在传统黑人高校建立和发展中的作用给予了高度评价。另外，还有相关历史研究的专著如杰伊·席格勒（Jay Sigler）的《100 年至今的美国民权史》、艾捷尔（Jerome Agel）的《美国赖以立国的文本》、阿特巴赫（Altbach, Philip G）的《美国高等教育中的种族危机》等。除教育通史，各专项课题的研究成果外，*Journal of Negro Education*、*American Historical Review*、*History of Education Quarterly* 等杂志成为刊载美国少数族裔教育研究成果的重要园地。除少数族裔高等教育政策研究的著作和论文外，反响最大的当属科尔曼（Tames S. Coleman）的两份报告：《教育机会平等（1966）》（*Equality of*

Educational Opportunity，*1966*）及《学校取消种族隔离的趋势（1968—1975）》（*Trends in School Segregation*，*1968-1975*）。

2. 美国少数族裔教育的价值取向。

价值取向问题是少数族裔教育研究当中一个比较重要的领域。杰西卡·柏林斯（Jessica Berns）的《多民族社会的教育政策》运用当时比较前沿的新数据、新研究方法和视角，首创性地以新型的教育研究方式提出多元文化价值是族裔教育的特殊价值，是多民族共存的必然路径，持相似观点的还有本克斯（Banks，J. A）的《多元文化教育研究手册》（*Handbook of Research on Multicultural Education*）一书。俄亥俄州立大学种族与族裔教育研究所在《教育系统中种族和经济一体化的利益：为什么与民主事务相关?》一书中从系统化的视角对种族分离主义、为少数族裔学生提供教育机会等进行了阐述，指出民主价值在少数族裔教育以及经济发展当中的重要性。霍勒斯·邦德（Horace Bond）的《美国社会秩序中的黑人教育》和穆都（Modood，Tariq）的《资本、少数民族身份和教育资格》持有相似的观点。此方面的相关研究还散见于美国当代教育改革的部分著作。我国王鉴教授提出少数民族教育政策制定的根本目的，是根据国家不同民族群体的不同需求进行的利益分配并以此协调各民族之间的关系，我国民族教育政策以"以人为本、教育公平、效益优化、均衡发展"为基本原则。

3. 美国少数族裔教育相关案例研究。

关于案例研究主要有两类：一是介绍美国教育著名案例，并以此为视角研究少数族裔教育问题的专著。如，带有工具书性质的保罗·何威特兹（Paul Horwitz）的《格雷特第一修正案》（*Grutter's First Amendment*）以格雷特一案（Grutter v. Bollinger）为视角，讨论美国少数族裔高等教育政策的发展历程、宗教问题、录取政策及其传统黑人院校的现存问题，强调民主主义精神在少数族裔高等教育政策中的重要性；保罗·贝尔德（Paul J. Beard II）以"美国马里帝兹对杰弗逊郡教育委员会"与"家长参与社区学校对西雅图学校委员会"两大著名案件分析"教育利益"法则与公立教育机会均等问题，认为种族中立选择是美国少数族裔教育政策选择的正确方式。二是个案性的少数族裔教育研究著作，如《东得克萨斯黑人教育的发展及现状（1934）》（*William Riley Davis, The Development and Present Status of Negro Education in East Texas, 1934*），《新泽西的黑人教育（1941）》（*The Education of New Jersey, 1941*）等。这些著作为研究美国少数族裔教育判例法提供了大量素材，对一些问题的深入研究提出了新的思考，并对少数族裔教育研究提供了不同看法。

　　归纳起来，少数族裔教育问题作为美国教育研究中一类特殊节点，对于教育研究有着重要意义。20 世纪 90 年代对少数族裔教育的探讨还在继续，这些研究有的关注于取消学校种族隔离的政策，有的关注"学校一体化"的结果。从我国的情况来看，目前尚未有一本专门以"学校一体化"运动为论题、从宏观层面把握其动态运动变化过程的研究性论著。现有的以"学校一体化"为研究对象的主要有屈书杰的博士论文《从种族隔离到学校一体化：20 世纪美国黑人教育》，该文对"学校一体化"运动进行了深入挖掘，阐述了自己的观点。这样的研究很有深度，但由于其研究范围的限制，对其他民族以及"学校一体化"的全貌有所忽略。另一个方面，国内学界关于族裔教育的整体研究，由于研究的目的与性质不同，这样的研究多见于一些学术性期刊，而论者的目的也仅是把"学校一体化"作为一个新兴事物向国人推荐，此方面的相关研究则散见于美国当代教育改革的部分著作和教材中。这些著作或教材往往以整个教育改革为研究对象，把"学校一体化"置于美国当代教育改革的大背景中来诠释，仅仅作为教育改革运动不可分割的一部分或个案材料来佐证其他教育改革的成果。例如，美国教育改革中的肯定性运动、择校运动等。因为这类著作并不是以"学校一体化"本身为研究对象，所以，由于篇幅的限制，其选择的话语以及话语关注的层次都较为片面，即使存在部分论述与分析，其研究的深度也有待提高。

三、研究内容

　　本书主要采用叙事研究和问题研究相结合的方法，以时间为主要线索，在历史大背景中全面梳理与考察美国"学校一体化"运动，试图实现对"学校一体化"运动的整体研究。全书主要分成"美国少数族裔教育与'学校一体化'"、"'学校一体化'运动的缘起与发展"、"初中等教育中的'学校一体化'"、"'学校一体化'进程中的少数族裔高等教育"和"结论"五个部分。

第一部分，该部分主要分析族裔研究和多元文化主义的发展及其与不同层次的正规教育之间的关系，首先阐述美国少数族裔的基本情况，对其少数族裔的不平等教育机会问题进行解析，接下来分析非裔美国人、印第安美国人、德裔美国人教育的概貌，最后对"学校一体化"与少数族裔教育概况变化的关系进行了阐述，认为黑白种族隔离教育制度是导致少数族裔教育落后的最终原因，人们主张通过"学校一体化"运动改变少数族裔教育的落后状况。

第二部分，从政治上的新主张、新的理论思潮的出现、少数族裔(黑人)运动的爆发三个方面考察了"学校一体化"运动的背景。首先，新的人权政策为"学校一体化"运动提供了政治的宏观背景；其次，科尔曼的教育机会均等理论、胡森的"平等为目标"理论、罗尔斯"正义论"以及对种族主义的批判，为"学校一体化"运动的兴起提供了理论上的强大支持；再次，少数族裔(黑人)民权运动的总爆发成为"学校一体化"运动的直接导火索。

接下来从1964年《民权法》与"肯定性行动"计划的出台、贫穷儿童的"补偿教育"、"学校一体化"运动的发展模式、美国推动"学校一体化"运动发展的力量等四个方面论述了"学校一体化"运动的缘起与发展。从历史的视野考察了"学校一体化"从其缘起到概念的形成过程；在概念形成的基础上重点探寻了联邦法院司法介入过程、立法过程。

接下来从推动"学校一体化"发展的力量，为"学校一体化"运动提供了广泛实践基础的在贫穷儿童中实施的"补偿教育"(Compensatory Education)中的"开端计划"，"学校一体化"运动发展的模式和"学校一体化"学区的萌芽等方面对"学校一体化"运动的发展展开了论述。首先，"学校一体化"运动能蓬勃发展并不是偶然的，这与联邦政府和各州政府以及学校的有力推动有关。其次，"学校一体化"运动的发展从两种模式中得到体现：强制模式和自愿模式；最后，学校选择计划显示了"学校一体化"运动发展力度的加强。

第三部分，初中等教育中的"学校一体化"。初中等教育涉及千家万户，因此取消初中等教育中的种族隔离，实现公立学校种族一体化一直是全社会关注的焦点。继美国国会 1964 年《民权法》和1965 年《初中等教育法》后，联邦政府的司法部，卫生、教育和福利部(HEW)不断加强对各地取消种族隔离运动的干预。同时，联邦法院也积极介入地方教育，使得取消学校种族隔离的面貌发生了根本性的变化。直到 1968 年，在"格林控新肯特县学校委员会"(Green v. School Board of New Kent County, Virginia)一案(简称"格林案")中，最高法院确定了有效的"学校一体化"计划的标准——格林要素。格林要素的确立，揭示出"学校一体化"运动已经在美国初等教育中逐步兴起。

第四部分，"学校一体化"进程中的少数族裔高等教育。与中小学一样，在高校中取消隔离也经历了一波三折的过程。该部分从四个方面进行分析，首先从影响少数族裔高等教育的三个大案进行探索，继而对美国民族院校进行分析，接下来对白人院校的多元文化教育进行解析，最后对美国非裔女性高等教育在一体化进程中的发展进行探索。所有迹象表明，消除种族隔离是一个长期的过程，同时也提醒黑人还要继续争取自身平等的权利。

第五部分，结论。从"学校一体化"运动的成就、"学校一体化"运动的矛盾和"学校一体化"运动的挑战三方面着手展望了"学校一体化"运动的未来趋势。首先，通过展现"学校一体化"运动取得的成就揭示"学校一体化"运动未来发展的有利因素；其次，从"学校一体化"运动的矛盾着手分析了"学校一体化"运动未来发展存在的不利因素；最后通过结合"学校一体化"运动的成就与矛盾揭示"学校一体化"运动的挑战，并预测"学校一体化"运动的未来走向。

四、研究方法

文献分析法是本书所运用的主要研究方法，可以说，对国内外原始材料的研读、鉴别与分析贯穿本研究的始终。从最能体现文献

6

分析法运用的"学校一体化"的运动历史到似乎与文献分析法关系不大的"学校一体化"运动走向预测，无一例外地都带有文献分析的痕迹。此外，也正是借助文献分析法，才能为"学校一体化"运动发展脉络、"学校一体化"运动发展的分期等问题的明晰化奠定坚实基础；同时也为预测"学校一体化"未来的发展趋势提供了有力的理论依据。

另外，比较分析法也是本书的主要研究方法。在论述"学校一体化"运动的前奏和"学校一体化"两个新亮点时，本书大量运用了比较分析法来考察"学校一体化"运动和"补偿教育"、格林要素和阿丹姆斯标准、学校选择运动之间的异同与相互关系。同时，也借助比较分析法，使"学校一体化"概念从模糊变得明晰。因此，比较分析法对"学校一体化"运动的整体研究起到了铺垫性作用。

最后，个案分析法虽然是本书的辅助研究方法，但它却点点滴滴地贯穿于"学校一体化"运动研究的始终，具体地描绘着"学校一体化"运动的形态。"学校一体化"中任何一个抽象问题的具体化以及具体问题的展开与阐释，都离不开个案的辅证。在一定意义上，个案的选择对于问题的具体化、形象化起了很大作用，而个案研究的方法则对合理地进行研究起着重要作用。

五、主要观点

本书试图阐述以下基本观点：一是"学校一体化"运动的兴起并非无本之木，而有其深刻的政治、教育背景以及理论基础，其中科尔曼的教育机会均等理论、胡森的"平等为目标"理论、罗尔斯"正义论"与对种族主义的批判是"学校一体化"运动萌芽的思想基础。

二是探寻"学校一体化"运动的源头和前奏须立足于美国的各种教育改革运动。20世纪60年代的"向贫穷宣战"运动是"学校一体化"运动的源头；1964年颁布的《民权法》是"学校一体化"运动的催化剂；洛克菲勒基金的平等机会项目和联邦法院的司法介入奠定了"学校一体化"运动的基础。

三是"学校一体化"立法的发展取决于支持派与反对派之间的

力量较量。而这两种对抗性力量制衡的结果导致了各州强弱程度不同的"学校一体化"实践计划的产生。支持力量强势的州常常形成较为强硬的"学校一体化"计划，反之，则形成自愿性"学校一体化"计划。

四是"学校一体化"的发展成熟主要依赖于政府政策的支持，约翰森对此作出了较为突出的贡献。在美国联邦政府政策的大力推动下，"学校一体化"的发展经历了一个由兴起到成型到繁荣的发展时期，从而使"学校一体化"运动发展到高潮阶段。

五是在"学校一体化"运动的进程中常常是挑战与希望并存。就是说，"学校一体化"运动在不断向前推进的过程中并非前途光明，其中也存在诸多暗礁与障碍。尽管 20 世纪 90 年代出现了重回邻近学校的趋势，但在种族日益多样化的时代，取消学校种族隔离的方向不会改变，而且它的范围更加深远。人们不仅希望通过打破隔离增加种族接触交流的机会，避免偏见的产生，同时还要求为各种族提供同样质量的教育。因此，第二代取消学校种族隔离的计划（格瑞·奥费尔德这样称呼）在强调种族融合的同时，也强调通过诸如开端计划、早期阅读计划、缩小班级规模等方式促进种族一体化进程。

1993 年"关心者控洛克福德教育委员会案"（People Who Care, et al. v. Rockford Board of Education）中，法院要求学区采取"有限选择"派位计划，将中学所有的课程和教育服务一体化，使各种族学生在种族融合的学校内有平等参与和表现的机会。因此，机遇与挑战同在的局面变得更加明显，取消种族隔离只有不断地迎接挑战才能向前迈进。

六、创新点

本书在研究对象、研究视野和研究结论方面都具有鲜明的特色，提出了一些较为独到的见解。其创新之处体现在以下几个方面：

首先，本书是以时间为序，从历史的角度对"学校一体化"运动进行了整体研究，具有过程研究的性质。

其次，本书将"学校一体化"运动放在美国各项教育改革运动的大背景中，揭示出"学校一体化"运动与这些教育改革运动之间错综复杂的关系，并通过比较分析的研究方法，对"学校一体化"运动进行了适当定位，以凸显出其独特的意义与价值，从而加深对研究对象的理解，促使研究的进一步深化。

最后，多重研究视角和手段的结合。本书通过对"学校一体化"运动的理论溯源、历史分析来揭示发展的动力因素，并以此预测美国"学校一体化"政策的未来发展趋势。本书还涉及大量相关案例分析，力图将理论分析与案例研究结合，这与以往单一研究视角和单一研究手段不同。

第一章　美国少数族裔教育与
"学校一体化"

近年来，族裔研究和多元文化主义的发展及其与不同层次的正规教育之间的关系一直是美国知识与学术界讨论和争议的热点问题。

"美国人"是一个被广泛使用的具有包容性的术语，因为其含义仅仅在于接受一组理想观念和一种生活方式，而不是属于某一民族、宗教或文化。20世纪前，处于从属地位的少数种族和族裔群体没有同等的受教育机会，他们对可以参与的教育机构也没有控制权。进入20世纪后，特别是随着60年代族裔研究的蓬勃发展，黑人及其他族裔曾经面临的问题——如何对待具体族裔群体的教育问题，日益凸显出来。一是族裔群体是应该主要发展以本群体为中心的教育，还是努力进入白人所主导的教育体系和制度中去。二是在课程的设置方面，是为培养将来能够成为在白人控制的主导社会和经济生活中的合格公民而努力，还是重点教授本种族或族裔群体的历史、文化和传统，并为他们将来服务于该种族或族裔群体作准备。

政治和人口构成的变化促使美国教育在20世纪50年代后期和整个60年代发生了巨大的转变。这些变化也改变了美国取消种族隔离与"学校一体化"运动的发展态势及其相互之间的关系。

第一节　美国少数族裔与不平等的教育机会

一、美国少数族裔的基本情况

美国，作为一个极富多样性的移民国家，常被冠以这样的称谓："大熔炉"（Melting Pot），"色拉碗"（Salad Bowl），或者"交响乐队"（Symphony Orchestra）。约翰·F. 肯尼迪总统本人是爱尔兰移民的孙子，他对新与旧的融合作了总结，称美国为"一个移民的社会，每个移民都在同一起点上开始了新的生活。这就是美国的秘密：这个国家的人民既清楚地记得过去的传统，也敢于去探索新的领域"①。通常，少数族裔以及移民往往在自己身份之前加上属于自己的符号，这就是"带连字符的美国人"（Hyphenated Americans），如："亚裔美国人"（Asian-American），并可细分为"华裔"（Chinese-American）、"日裔"（Japanese-American）、"印度裔"（Indian-American）、"韩裔"（Korean-American）、"越南裔"（Vietnamese-American）等；"非裔美国人"（African-American，Afro-American），即黑人；"欧裔美国人"（European-American，Euro-American）等。

美国种族和民族构成的变化折射出美国多元文化的前景。20世纪六七十年代，美国就其种族来说基本上可以黑人和白人来划分。但是，在过去 30 年间，来自亚洲、拉丁美洲、非洲和加勒比地区的移民使美国文化更加多元化。其结果是，越来越多的美国公民具有多种族身份。政府为了坚决执行禁止歧视与保证平等待遇和机会的法律，而继续搜集基于种族和民族特点的数据。

"……无需给予鼓励：或许对集体安置（即让他们同在一处安家落户）的政策或好处可以提出很多质疑，因为这样做，他们就会保持他们所带来的语言、习惯和行为准则（无论好坏）。然而，如果让他们或其后代与我国人民混合居住，他们就会被我们的习惯、法令和法律所同化：一言以蔽之，很快就成为同一国家的人民。"②

在一次又一次的美国移民潮中，国家形象必须与来自不同地方的新移民不断调整和调节。在此浪潮之中，美国总是设法从社会层次上、政治上、经济上使差别悬殊的人们融合在一起，同时又使个人能按自己认为合适的方式申明自己的种族身份，使族群关系更为复杂化，从

①　引自《美国形象》（*Portrait of the USA*）（1997-09），http：//www. usembassy-china. org. cn/infousa/portraitAm /GB/ch1. html。

②　引自乔治·华盛顿 1794 年 11 月 15 日致约翰·亚当斯的信。

而造成了一个这样的事实：当代移民是在美国历史形成的人口结构的基础上进行的。尤其美国对于黑人奴役和征服的历史是美国当今多元化的重要原因之一。而种族歧视、种族主义及由此而带来的所有不平等现象是这些历史进程中发生的令人不安的不幸现实。

　　21 世纪的美国人口状况必然会不同于 20 世纪。2000 年的人口普查已经显示，美国在民族、种族、文化和语言方面比以往任何时候都更加多元化。仅在 30 年前，还可以不太费力地将大部分美国人归为白人或黑人两大类。如今，亚裔、拉美裔和多种族人群使美国的人口构成日益多元化，大量的移民、不同种族间的联姻及其生育的子女以及政府搜集有关信息方式的重大改变都导致美国人口状况在过去几十年中发生了渐进式变化。（见图 1.1-1）

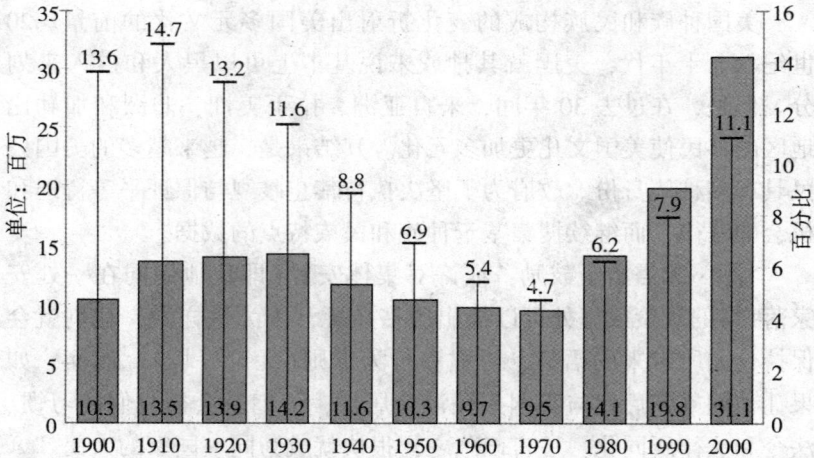

图 1.1- 1　外国出生的人口及其占美国总人口的比例（1900—2000 年）

　　摘自《当前人口报告——特别研究》图 1-1；美国人口普查局 2000 年人口普查。

　　图 1.1-1 显示了 20 世纪的美国移民史。到 20 世纪末，美国移民人数已是 20 世纪初 1030 万人的三倍多。但是，有一点需要特别注意：1900 年时，出生于国外的居民在总人口中的比例（将近

14%)要高于 2000 年记录的比例(11.1%)。

移民来源国的变化或许与移民人数增长的趋势具有同样的重要性。在 20 世纪最初 20 年，在 1450 万获准移居美国的移民中，有 85%来自欧洲(其中大部分来自南欧和东欧)。这与最后 20 年的情况形成鲜明的对照：在 20 世纪的最后 20 年，几乎同样比例的移民来自亚洲、拉丁美洲、加勒比地区和非洲。但要掌握美国种族和民族的构成情况是相当困难的，其中一个原因是族裔的分类随着时间的推移而变化，这种变化在很大程度上反映了美国政治权力和代表权的变化。

首先，美国种族分为六大类：白人或高加索人种；黑人、非洲裔美国人或具有黑人血统的人；美洲印第安人或阿拉斯加原住民；亚洲人；夏威夷原住民和其他太平洋岛民；"其他种族"。由于登记时允许个人在一个以上的种族前打钩，以往少量的种族类别被扩大到 63 种可能的组合。

其次，美国人口普查局(U.S. Bureau of Census)就所属种族和是否属于拉美裔(Hispanic/Latino)向填表人分别提出问题。因此，填表人除了标明是否认为自己是拉美裔之外，还要在回答另一个问题时选择一个种族或种族组合。①

在对种族分类方法作出上述说明以后，我们可从表 1.1-1② 看到 20 世纪最后 30 年中美国种族和民族构成的变化情况。此表对白人、黑人和"所有其他种族"进行了比较。拉美人口的增长情况单列了一栏。

---

① Hispanic 作为专指居住在美国讲西班牙语的拉美裔的单一行政用语，起始于 20 世纪 70 年代。人口普查局在 1980 年的人口普查中即使用了这一名称。但是，在 1980 年的人口普查之前和之后，还曾使用过其他名称，包括 Latino 这个词，目前，在人口普查局的用语中，这两个词可互相换用。加上拉美裔这一分类后，种族分类最多可以达到 126 种组合。

② 从 1970 年到 1990 年，所谓的其他种族指将自己列为白人或黑人以外任何类别种族的人，即亚洲人、印第安人或其他种族。而到 2000 年时，其他种族还包括任何将自己列为一个以上种族的人。

表 1.1-1① 按种族和年龄分类的美国人口(1970—2000)

种族	1970	1980	1990	2000	差额 1970—2000
总数					
白人	87.4	83.2	80.3	75.1	-12.3
黑人	11.1	11.7	12.0	12.3	1.2
其他[a]	1.4	5.2	7.6	12.5	11.1
儿童[b]					
白人	84.8	78.6	75.1	68.6	-16.2
黑人	13.7	14.7	15.0	15.1	1.4
其他[a]	1.5	6.7	9.9	16.3	14.8
成人[c]					
白人	88.9	84.9	82.2	77.4	-11.5
黑人	9.8	10.5	11.0	11.4	1.6
其他[a]	1.4	4.5	6.8	11.2	9.9
西班牙裔[d]	……	6.4	9.0	12.5	6.1[e]

资料来源:《1980 年人口普查》,Characteristics of the Population, Vol. 1, ch. B, Part 1;《1990 年人口与住房普查》,Summary Tape File 3 on CD-ROM;《2000 年人口普查》,Summary File 1.

---

① 表中 1970 年、1980 年和 1990 年的"其他种族"(a)指在普查时勾选黑人或白人以外其他的任何种族的人,包括印第安人、爱斯基摩人或阿留申人(Aleut)、亚洲人和太平洋岛民及某些其他种族。2000 年的"其他种族"(a)指印第安人和阿拉斯加原住民、亚洲人、夏威夷原住民及某些其他种族。此外,2000 年的人口普查允许个人将自己归于一个以上的种族。这些人被归入"其他种族"类。

b 未成年人指不满 18 周岁者。

c 成年人指已满 18 周岁者。

d 在人口普查中,拉美裔的统计与种族统计是分开进行的。拉美裔可属任何种族,因此种族和拉美背景互不关联。

e 1980 年与 2000 年的差额。

2003 年，人口普查局宣布，美国的拉美裔人口超过了黑人人口。由于移民人口的增加和较高的生育率，拉美裔人口的增长趋势将继续超过非洲裔美国人。拉美裔人口的数据是从 1980 年开始出现在人口统计资料中的，当时，拉美裔人口占总人口的 6.4%（此前不单独搜集这一族群的数据），到 2000 年时，已增加到了 12.5%（见表 1.1-1）。此外，在美国各州移民人口迅速增长的情况下，"多元化比例"变化十分明显。在亚利桑那、加利福尼亚、夏威夷、新墨西哥和得克萨斯州以及某些有大量移民涌入的大都会区，18 岁以下少数族裔人口已占半数以上。①

鉴于种族分类的刻板和种族与民族认同的不固定性，美国很多人不遵遁人口普查的种族分类的填写标准。在填写 1990 年人口普查表时，有 50 万人违反关于只能标明一个种族的规定，而标出两个或更多的种族。美国联邦政府要搜集这类数据的原因在于种族在美国社会多个领域的机会均等方面继续发挥显著作用。不同种族在经济、就业机会、社会和健康趋势方面都存在着重大的差别，而政府对搜集种族数据的关注有助于将这些趋势记载下来。制定取消种族歧视的法律、政策和项目，如作为"学校一体化"运动法律基础的《民权法》（*Civil Rights Act*）、1965 年《移民法》和有关出于仇恨的犯罪行为的法律都必然需要这类数据。②

二、不平等的教育机会

由于长期的种族隔离、种族歧视在美国根深蒂固，黑人和其他有色人种至今仍生活在"另一个美国"。

———————————

① 《今日美国人的种族、民族和文化》，美国国务院电子期刊（http：//z. book118. com/007xueshuyanjiu/003/%BD F1% C8% D5% C3% C0% B9% FA% C8%CB% B5% C4% D6% D6% D7% E5% A1% A2% C3% F1% D7% E5% BA% CD% CE%C4% BB% AF. htm，2012-7-8）。

② 《今日美国人的种族、民族和文化》，美国国务院电子期刊（http：//z. book118. com/007xueshuyanjiu/003/%BD F1% C8% D5% C3% C0% B9% FA% C8%CB% B5% C4% D6% D6% D7% E5% A1% A2% C3% F1% D7% E5% BA% CD% CE%C4% BB% AF. htm，2012-7-8）。

少数族裔处在美国社会的底层。据美国人口普查局的统计,美国白人家庭年平均收入为 50622 美元,相比之下,西班牙裔家庭年平均收入只有 36278 美元,黑人家庭只有 30940 美元,白人比黑人收入高出 2/3,比西班牙裔人高 40%。美国有 75% 的白人家庭拥有自己的住房,而黑人家庭的这一比例是 46%,拉丁裔家庭是48%。① 白人的贫困率是 8.3%,而黑人和拉丁裔美国人的贫困率是白人的 2~3 倍,分别达到 24.9% 和 21.8%。② 有将近 1/5 的西班牙裔美国人无法获得足够的有营养的食物,1/20 的人经常忍受饥饿。③ 黑人占所有美国无家可归者的 42%。④ 有色人种没有医疗保险的比例比白人高出许多。拉丁裔人有 32.7% 没有医疗保险,非洲裔人有 19.6% 没有医疗保险,而白人这一比例只有 11.3%。⑤在遭受飓风袭击的南部地区,穷人、黑人生活更是十分艰难。联合国人权事务委员会对美国履行《公民权利和政治权利国际公约》报告的审查意见指出,在"卡特里娜"飓风侵袭美国时,穷人特别是美籍非洲裔,在救援和撤出时,处于不利地位,在重建计划中继续处于不利地位。⑥

黑人和其他少数族裔在就业和工作方面长期受到歧视,黑人的失业率是白人的两倍多。据美国劳工部 2006 年 12 月 8 日公布的资料,2006 年 11 月,美国黑人的失业率为 8.6%,而白人是 3.9%。美国平等就业机会委员会(The U. S. Equal Employment Opportunity

---

① 中国国务院新闻办公室:《2006 年美国的人权纪录》,http://world. people. com. cn/GB/1029/42355/5451012. html,2012-7-11。

② 中国国务院新闻办公室:《2006 年美国的人权纪录》,http://world. people. com. cn/GB/1029/42355/5451012. html,2012-7-11。

③ 中国国务院新闻办公室:《2006 年美国的人权纪录》,http://world. people. com. cn/GB/1029/42355/5451012. html,2012-7-11。

④ 中国国务院新闻办公室:《2006 年美国的人权纪录》,http://world. people. com. cn/GB/1029/42355/5451012. html,2012-7-11。

⑤ 中国国务院新闻办公室:《2006 年美国的人权纪录》,http://world. people. com. cn/GB/1029/42355/5451012. html,2012-7-11。

⑥ 中国国务院新闻办公室:《2006 年美国的人权纪录》,http://world. people. com. cn/GB/1029/42355/5451012. html,2012-7-11。

Commission) 每个星期都收到超过 500 起关于种族歧视的投诉，每年全美有超过 26000 起种族歧视方面的投诉，有色人种和白人在受教育方面的差距有不断扩大之势。在美国，超过一半的少数族裔男子未能高中毕业，67.5% 的拉美裔和 53% 的非洲裔人在完成高中学业后停止接受教育。① 白人比非洲裔和拉美裔人更容易获得大学学历或职业技术证书，② 2005 年，至少有 30% 的成年白人拥有学士学位，但只有 17% 的成年黑人和 12% 的成年拉丁裔人拥有学位。③ 教育领域事实上存在着严重的种族隔离。据 2006 年 10 月在加利福尼亚州大学举行的"直面不平等"研讨会披露，在加利福尼亚州洛杉矶学区，67% 的西裔子弟就读于 90%~100% 的非白人学校。洛杉矶各高中种族划分现象更为严重：比佛利高中 73% 为白人，8% 为亚裔，6% 为西裔；相反，在洛斯韦尔高中的 4940 名学生中，98.9% 为西裔，1% 为黑人。白人学校与非白人学校条件相当悬殊。④

从以上可以看出，种族主义在美国是一个非常严重的问题，目前美国社会存在着针对不同群体的不同形式的种族主义。

1. 一直存在制度化的种族主义。

美国种族歧视问题的存在是其制度化种族主义发展至今的必然产物。所谓"制度化种族主义"用来指在现代资本主义得到充分发展的条件下，政府所颁布和实施的一系列直接或间接的对处于弱势地位的种族群体产生负面影响、使其无法与多数群体实现平等的法

---

① 中国国务院新闻办公室：《2006 年美国的人权纪录》，http://world.people.com.cn/GB/1029/42355/5451012.html，2012-7-11。

② 中国国务院新闻办公室：《2006 年美国的人权纪录》，http://world.people.com.cn/GB/1029/42355/5451012.html，2012-7-11。

③ 中国国务院新闻办公室：《2006 年美国的人权纪录》，http://world.people.com.cn/GB/1029/42355/5451012.html，2012-7-11。

④ 中国国务院新闻办公室：《2006 年美国的人权纪录》，http://world.people.com.cn/GB/1029/42355/5451012.html，2012-7-11。

律及政策。① 从杜鲁门总统开始，美国政府便致力于黑人权利立法，到约翰逊总统执政时期，从法律上取消种族主义。尽管合法的种族歧视与隔离被取消了，但制度化的种族主义却丝毫未减。国家法律或整个社会制度支持不同种族之间的不平等，由此直接(法律的明文规定)或间接(整个社会机制的运作方式)地造成二者不平等的地位。制度化种族主义所具有的这一特性使某些"看上去不偏不倚的政策措施实际上对少数群体或其成员产生了极大的负面影响"②。

　　根据 18 世纪的标准，这个新兴国家通过将最终权力赋予《独立宣言》中所说的"人人生而平等"的人民而将政治应允的理念激进化，但部分民众对美国新型政治生活的实际参与却受到限制，这种种限制在当今美国人看来不可容忍，甚至难以想象。

　　19 世纪 60 年代的南北战争废除了令自由社会深恶痛绝的奴隶制。宪法第 14 及 15 修正案随后获得批准，将政治权利赋予美国男性黑人。女性黑人在 1933 年宪法第 20 修正案通过之后才享有同等权利，这条修正案最终将美国最大的一个权利遭到剥夺的群体纳入政治生活之中。

　　1964 年《民权法》(*Civil Rights Act*)和 1965 年《选举权利法》(*Voting Rights Act*)进一步在立法方面巩固了政治权利。但尽管在几年中做出了审慎的、有的放矢的落实基本政治权利的努力以及民权运动持续不断的要求，有关平等的本质是自由的一个先决条件，这个最基本的问题(到 20 世纪中叶)仍没有得到解决。公正、平等地享有政治权利——无论最终何时得以实现——其本身并不能确保每个人都能全面分享美国生活的许诺。任何认为这种不平等的境遇是由受到排斥的美国社区和群体"内在的"局限所造成的观点，都对美国个性主义这一观念本身构成了威胁。

　　绝大多数黑人因肤色在教育上被剥夺了享有与白人同等待遇的

① 石坚：《从家长制到自由放任——美国政府种族政策研究》，中央民族大学博士学位论文，2003 年 5 月，第 57 页。

② 石坚：《从家长制到自由放任——美国政府种族政策研究》，中央民族大学博士学位论文，2003 年 5 月，第 57 页。

权利。美国政府把解决问题的方法聚焦到改变广大黑人的文化、行为、道德，而不是消除其穷困窘境本身。

这就是说，美国政府在制定该项政策之前，就已对黑人的文化、行为、道德作了彻底否定，这便决定了美国政府的黑人政策无法摆脱种族主义的影响。

2. 黑人表现的自身因素。

种族主义的存在也有黑人自身的原因，许多黑人自身的表现为政府对其实行种族歧视性政策提供了口实。长期以来，由于许多黑人因得不到平等的受教育机会，长期处于失业状态，吸毒、贩毒者存在，经常有媒体将广大黑人诬蔑为"寄生于毒品中的无业游民"，"缺乏道德、礼貌、良心的嗜血好战者"。由此，政府的决策者们为其制定"强硬政策"找到了"凭据"。

3. 黑人教育权利斗争的历史还很短。

美国建国200年后，才出现了马丁·路德·金领导黑人争取权利的运动。在这个运动中，有一位黑人领袖说：自由只能用子弹才能得到。可见直到美国建国200年后，种族仇恨依然十分强烈。然而，子弹最终打进了马丁·路德·金的身体。因而，美国黑人要想获得真正的平等，还必须不断地进行顽强的抗争。

在马丁·路德·金的故乡亚特兰大，当地黑白两个流行音乐电台的主持人想借2010年2月马丁·路德·金诞辰之机，搞一个黑白民众的联合音乐派对。这个提议一出，在听众中反响热烈，电台热线很快被打爆。但到了举行派对的当晚，到场的民众中80%以上是黑人。这表明，尽管美国取消种族隔离制度已经几十年，但多数白人和黑人还是选择过相互隔离的生活。

综观美国历史，在其大部分的历史时期，并非所有的集团能够享有同样的接受高等教育的机会。一个极端的例子是，非裔美国人仅仅因为其种族的不同而在法律上被禁止接受高等教育。从1896年美国最高法院在"普莱西诉弗格森案"（简称"普莱西案"）中支持"隔离但平等"的原则以来，一直到20世纪30年代中期，非裔美国人在南部依法被排除在所有白人大学之外。直到20世纪60年代，在某些州，他们仍然不能够进入公立大学接受高等教育。其他族裔群体也面临着同样的法律障碍。举例来说，19世纪末20世纪初华裔美国人在加利福尼亚州的旧金山和其他地方为争取种族融合的初等和中等公立教育机会进行过长期不懈的斗争。

即使在没有明确的入学限制的法律规定的情况下，非裔美国人的入学渠道同样受到其他条件的约束，这包括学校的具体政策和文化背景，它们使申请入学的非裔美国人无法进入所要申请的大学。20世纪20年代，哈佛大学就不允许美国黑人学生同白人学生住在同一寝室里。这些限制性规定的成效是显著的。1865年到1895年这30年间只有194名黑人从北部的学院毕业。①

关于其他族裔群体，其中对犹太人的限制非常普遍。犹太学生通常能够进入城市公立大学，但却经常受拒于"常青藤"联盟学校。由于这些犹太学生的学习成绩优异，此类大学很难以学习成绩作为依据来进行有效的限制，此类大学则设立品质测验和心理考试作为申请入学要求的一部分。同时，犹太学生还受到配额制的限制。如哈佛大学则公开讨论限制犹太人的入学问题。又如印第安美国人拉美裔美国人妇女和其他群体也只是获得很有限的高等教育机会。

第二节　非裔美国人的教育

非裔美国人（African-American）指美国黑人，以前人种学家称呼黄、白、黑三个人种为"蒙古人种"、"高加索人种"和"尼格罗人种"。尼格罗（negro）是拉丁语，词义为"黑色的"，在美国种族歧视猖獗时，逐渐演变成对黑人的诬蔑语言，等同于"黑鬼"。黑人运动崛起后，这个单词被摒弃，黑人采用"黑色的"（Black）自称。不过20世纪60年代后，因为黑色在西方语言中不是好颜色，这个单词也被摒弃，而改为"非洲的"，因为黑人的祖先都来自非洲（见图1.2-1）。

大多数美国非裔祖先是17世纪和18世纪在西非被绑架后进入

---

① F. Bowles and F. DeCosta：*Between Two Worlds*：*A Profile of Negro Higher Education*. McGraw-Hill, 1971, p. 137.

图 1.2-1　非洲裔美国人人口分布及比例

（图表来源：http：//baike. baidu. com/view/528940. htm。）

美国成为被压迫的奴隶的。在 19 世纪中期，他们由美国南北战争而获得自由。在 20 世纪中期，他们由美国民权运动而获得平等。但是目前有许多美国黑人认为，称他们为非裔美国人等于是和亚裔美国人、华裔美国人、爱尔兰裔美国人、墨西哥裔美国人等同等对待，但其他族裔的美国人是自愿来到美国的，而他们的祖先是被迫的，和其他族裔不同，所以非裔美国人宁愿与自己的非洲同胞一样，被称为黑人(Black)，而不愿意被称为非裔美国人。另外，这也与 20 世纪 60 年代后兴起的一股黑人自我认同运动有关，这股运动与当时狂飙的民权运动相结合，强调"黑就是美"(Black is beautiful)，不再将"Black"看做一种较为低等的形容词。

在 19 世纪，作为对不平等教育准入的反映，一些美国的白人宗教和族裔群体建立了单独高等教育机构和制度。除了提供接受高等教育的机会外，这些学院和大学还致力于保持本族裔集团的历史、语言、文化和传统。而且，与非裔美国人和印第安美国人形成强烈反差的是，这些白人族裔群体在很大程度上控制着他们的机构，从事事务管理和课程设置，由不同的移民群体开创的新教艺术学院和罗马天主教教会控制的大学和学院就是如此。①

---

① 张爱民：《美国多元文化主义起源研究》，华东师范大学博士后研究工作报告，2002 年 12 月，第 10 页。

非洲裔美国人与白人美国公民之间的隔阂，被人们称为"透明的天花板"，如玻璃般透明，却实际存在着。奥巴马成为美国历史上首位黑人总统，然而绝大部分黑人群体的现状仍不容乐观。

二战以来，由于白人阶级逐渐向郊区扩散，许多非裔及其他贫困人口涌向城市，填补白人留下的空缺，集中居住在城市中心地带，形成了黑人区，与白人社会呈隔绝状态。黑人聚居区被称为"隔都区"（ghetto），房屋破败，人口拥挤，经济萧条，各种社会问题层出不穷。

如今非裔美国收入已大幅度提高，但远不及白人收入。根据美国人口统计局 2005 年的统计，尽管非裔占美国总人口的 13%，他们所拥有的财产只占国民总财产的 3%。一个白人家庭年平均收入为 7 万美元，非裔家庭却只有 6 千美元。

在工作中，黑人与白人所受到的待遇则截然不同。美国非裔平均每年收入比白人少 1.3 万美元。在企业中，黑人往往要付出比白人更多的努力与汗水才能得到与白人相当的职位或顺利晋升的机会。人们将这种不公正待遇称作"玻璃天花板"，即这些障碍如玻璃一般透明，没有明文规定，但实实在在地存在着。

相对于十几年前，如今美国非裔受高等教育程度显著提高。根据美国人口调查局统计，1995 年仅有 67.7 万的非裔人口拥有硕士或以上学位。到了 2005 年，110 万 25 岁以上的美国非裔获得了硕士以上学历。但非裔青年的辍学现象严重。美国经济发展的不平衡造成了教育资源分布与教学质量的不均衡。白人聚居的城区教育质量往往优于黑人聚居的贫困区。在亚特兰大地区，学校的好坏层次按照学生成绩划分，前 10 名的学校为清一色的白人学校。

美国当今第一批学校是位于佛罗里达、新墨西哥和加利福尼亚州的天主教学校。但是，当英国的势力在北美殖民地占据主导地位后，新教主义在教育中占据了主导地位。在第一个天主教学院——乔治城学院于 1789 年建立以前，从哈佛到查尔斯顿大学的所有英国殖民地学院无一例外地受新教的控制。直到 20 世纪，反天主教的情绪依然存在。在美国内战前，共有 182 所学院，其中 175 所为教会控制，有28所是天主教管辖的。这些早期的天主教学院主要致力于培养牧师，并确保天主教青年信徒的道德教育。① 到20世纪，天主教学院已经形成全国规模，大量天主教徒进入公共高等教育领域。但是，非裔美国人、印第安美国人和拉美裔美国人依然受到种种限制，不能够进入大学接受高等教育。

当非裔美国人被白人院校拒之门外时，传统黑人院校给他们提供了接受高等教育的机会。但与来自欧洲的天主教和新教移民不同的是，非裔美国人并没了解他们得以进入大学和学院的制度。传统黑人院校的大部分教师，其管理工作和董事会都由白人控制，或者受到白人的巨大影响。这意味着在整个19世纪，虽然欧洲移民、处于社会底层的白人和黑人都在为争取经济、政治、社会和文化上的进步，在教育领域进行着斗争，但黑人仍然处于最底层的地位。

从内战后至20世纪中期非裔美国人高等教育制度的发展和变化来看，非裔美国人教育状况发生了很大变化。但需进一步说明的是，同期的其他族裔群体，特别是印第安美国人并没有从类似非裔美国人的高等教育制度中获益。同样的，亚裔美国人也没有自己的高等教育体制。第一批亚裔移民中的许多人为男性中国人，随着其他亚洲移民群体（如日本人、朝鲜人和菲律宾人）的陆续到来，亚裔移民的斗争首先是为了争取在初等和中等教育中享有平等的入学机会，之后则为保持自己的语言学校而战斗。②

内战前，非裔美国人的高等教育机构主要分布在南部的一些地区，而1900年前90%的黑人居住在南部地区。但那时在北部也出现了个别的大学，如1854年在宾夕法尼亚州建立的林肯大学，和1856年在俄亥俄州建立的威尔布福斯大学，就是为黑人设立的首批大学。内战结束后，450万黑人从奴隶制中解脱出来。根据美国宪法第14、15修正案，这些黑人获得了公民资格和选举权，他们

---

① 张爱民：《美国多元文化主义起源研究》，华东师范大学博士后研究工作报告，2002年12月，第11页。
② 张爱民：《美国多元文化主义起源研究》，华东师范大学博士后研究工作报告，2002年12月，第11页。

迫切需要教育，同时也需要有一大批训练有素的教师充实到小学和中学中去。因此，需要接受高等教育的非裔美国人的数量大增。在内战后的近 30 年时间里，黑人大学和学院的发展和壮大主要是得到了私人资金的资助，并得到新教教会等私营机构的大力支持。1865 年到 1890 年间，受到非裔美国人和北部白人支持的教会机构建立了很多黑人学院。美国联邦政府的自由民局曾经帮助建立了哈沃德大学，但随着北部对于提高自由黑人教育水平的兴趣下降，它于 1872 年终止了对非裔美国人高等教育体系建设的参与。

在非裔美国人的历史及其民权斗争史上，美国最高法院于 1954 年在"布朗诉托皮亚教育委员会"案（简称"布朗案"）中所作出的裁决具有划时代的重要意义。美国最高法院的这一裁决依据美国宪法第 14 修正案的平等保护条款，从本质上摧毁了美国各州对黑人进行种族歧视的宪法依据，从而使非裔美国人坚持了两个多世纪的、为其法律地位进行不懈的诉讼努力的斗争达到高潮。布朗案的裁决标志着美国黑人为争取平等而进行的法律斗争的新时代的开始。《纽约时报》于 1954 年 5 月 18 日对此作出评论，它认为："这可能是最高法院历史上直接涉及个人最多的一次裁决。在美国最高法院作出这一裁决之时，有十七个州和哥伦比亚特区的法律要求各自的学校实行种族隔离制。在这些地区，800 万白人学生和 250 万黑人学生大约就读于 35000 所白人学校和 15000 所黑人学校。"①

美国最高法院首席大法官沃伦代表最高法院撰写了布朗案的判词。他在判词中指出："与以前有关公共教育中的'隔离但平等'问题不同，目前这些案件涉及的问题是，白人和黑人学校在教学设施、学校课程的设置、教师待遇和素质及其他'模糊'因素方面已经实现平等或者正在趋于平等。"②据此，最高法院的裁决就不应该

---

① Harper S R, Patton L D, Wooden O S: *Access and equity for African American students in higher education: A critical race historical analysis of policy efforts*. Journal of Higher Education, 2009, 80(4).

② Harper S R, Patton L D, Wooden O S: *Access and equity for African American students in higher education: A critical race historical analysis of policy efforts*. Journal of Higher Education, 2009, 80(4).

仅从这些"模糊"的因素出发，对黑白学校进行对比，应从公共教育的整个发展进程的角度，着重考察种族隔离制对公共教育的影响。唯有如此，人们才能判定公立学校中的种族隔离制是否剥夺了黑人平等的法律保护权利。沃伦大法官认为，让美国每位公民接受公平的教育是各州不可推卸的责任。但如果按照布朗案涉及的各州所推行的教育体制，依据"隔离但平等"的原则，仅因为种族不同而将黑白学生隔离开来，黑人学生就得不到与白人学生平等的教育机会，并且剥夺了黑人学生"提高其学习、同其他同学讨论和交流意见的能力"的机会，而且"使这些黑人学生感到自己在社区中的地位低下，这将对他们的身心健康产生无可挽回和不可估量的影响"。① 最后，沃伦大法官得出结论："我们裁定，公立教育领域中存在的'隔离但平等'的观念必须清除。分离的教育设施本来就是不平等的……它剥夺了原告人的、宪法第14修正案所保证的法律平等保护权利。"②根据以上陈述，可以认为种族隔离制也违反了美国宪法第14修正案所确保的适当的法律程序条款。

在非裔美国人高等教育体系发展的整个进程中，学术质量一直是困扰这些黑人大学和学院的一个主要问题。许多学院是由小学和中学经过几十年的演进而成为高等教育机构一部分，黑人分离的公立教育体系对教师的要求急剧增加。因此，许多学生进入黑人学院就读，而这些黑人大学和学院却没有充分的学术教育的准备。它们长期注重培养为非裔美国人社区需要的教师和其他基本的专业人员，而不是工程师、研究人员和专业人员。③ 这一直到20世纪50年代还制约着这些非裔美国人学院的发展。一方面美国传统黑人

① Harper S R, Patton L D, Wooden O S: *Access and equity for African American students in higher education: A critical race historical analysis of policy efforts.* Journal of Higher Education, 2009, 80(4).

② Harper S R, Patton L D, Wooden O S: *Access and equity for African American students in higher education: A critical race historical analysis of policy efforts.* Journal of Higher Education, 2009, 80(4).

③ 张爱民：《美国多元文化主义起源研究》，华东师范大学博士后研究工作报告，2002年12月，第18页。

院校完全靠白人的支持，而白人在体制上是歧视黑人的；另一方面，非裔美国人的高等教育体系是完全分离的，自行制定教学标准，培养自己的教师队伍。限制非裔美国人毕业生就业的壁垒虽然有所松动，但黑人受到教育不平等的现象依然十分严重。

而非裔美国人逐步意识到法院斗争的局限性，也促使广大黑人群众逐渐不满于以全国有色人种协进会上层人物为代表的、持保守主义立场的领导人的做法。如果仅仅通过法院斗争的方式来得解决，速度过于迟缓，其效果也不理想。他们试图靠大规模、群众性的直接行动，更迅捷、有效地获得他们期盼了近一个世纪之久的自由和公民权利。在整个 19 世纪后半期和 20 世纪前半期，进入白人高等教育机构的非裔美国人为数寥寥。而那些已经进入白人占统治地位的非裔美国人学生的日子也不好过。他们不仅面临经济上的困难，还要忍受白人的歧视。这些人更清醒地意识到，即使正式的种族隔离制在高等教育体系中结束了，非裔美国人依然要面对大量的种族主义障碍，这成为 20 世纪 60 年代非裔美国人发起声势浩大的抗议运动和"学校一体化"运动的基础。同时，这也是人们长期关注的不同教育方法同社区需要之间的关系问题，以及开展关于非裔美国人经历的研究，并对非裔美国人研究的进展作出贡献的必然结果。

第三节　印第安美国人的教育

对于美国的原住民，有多个称谓："印第安人"（Indian）、"美国印第安人"（American Indian）、"土著美国人"（Native American）、"首批美国人"（First Americans）、"第一民族"（First Peoples, First Nations）、"原住民"（Aboriginal People）、"土著民族"（Native Nations）、"本土居民"（Indigenous People）、"原住民族"（Indigenous Nations）等。在这些对美国原住民的称谓中，用得最广泛，同时又争议最大的莫过于"美国印第安人"和"土著美国人"这两个词。这两个词语用法的争议，既折射出美国历史上印第安人命运的变迁，又反映了美国社会各界，包括印第安人群体自身，对美国殖民历史的反思以及对印第安人身份的认知。①

　　关于"美国印第安人"和"土著美国人"，许多人倾向于把二者交替使用。在美国高校中，自从 20 世纪 60—70 年代以来，陆续出现专门从事美国印第安文化研究的系或者研究中心。"有的大学使用'Native American'，如达特茅斯学院、哈佛大学、加州大学戴维斯分校、加州大学伯克利分校、俄克拉何马大学、斯坦福大学等；而有的大学则沿用'American Indian'，如康奈尔大学、加州大学洛杉矶分校、亚利桑那大学、明尼苏达大学双子城分校、北卡罗来纳大学佩布洛克分校、北卡罗来纳大学教堂山分校、华盛顿大学等。即使在同一本关于印第安人研究的学术著作中，两个词汇也常常交替出现。近年来，'原住民族'一词有时替代了'土著美国人'一词。比如说，堪萨斯大学就建立了一个原住民族研究的硕士学位授予点……在整个印第安人地区，不管是在保留地上还是在保留地外，印第安人要么倾向于用'印第安人'来称呼自己，要么道明自己的特定的印第安部落身份，要么二者兼用。"②

　　而在 1995 年 5 月，美国劳工部劳工统计局的一项调查中，数据显示在接受调查的美国印第安人中，49.76% 的人倾向于被称为美国印第安人，7.35% 的人倾向于被称为土著美国人，3.66% 的人喜欢用别的称谓称呼自己，3.51% 的人更愿意被称为阿拉斯加土著人，而 5.72% 的人则持无所谓的态度。③

　　由于印第安民族在美国社会当中具有特殊的地位，使得印第安人受到联邦政府特别的待遇，而这种待遇一般来看是一种补偿性政

---

　　①　邱惠林：《美国原住民的称谓之争——当今美国"美国印第安人"与"土著美国人"的争议》，载《四川大学学报》（哲学社会科学版），2007 年第 2 期，第 52 页。

　　②　Clara SueKidwell, AlanVelie：*Native American Studies*. University of Nebraska Press，2005.

　　③　Michael Yellow Bird：*What We Want to Be Called：Indigenous Peoples Perspectives on Racial and Ethnic Identity Labels*. American Indian Quarterly，1999（2），pp. 1-21.

策。无论是补偿性的,还是正常程序的立法,都体现出联邦政府在对待印第安民族教育立法方面的关注,这些对于少数族裔学生真正享受到美国公民应该享有的权利至关重要。印第安美国人的教育史表明,直到20世纪中期,他们绝大多数没有接受高等教育的机会。因此,20世纪60年代后,印第安美国人研究迅速发展,由部族控制的社区学院纷纷建立即是对这种状况的反应。

自从第一批殖民者于17世纪早期到达新英格兰以来,印第安美国人就成为文化和宗教转变的主要对象,英国新教徒试图通过向印第安美国人灌输英国文化,要求印第安美国人的孩子严格遵守其仪表标准的众多细节和日常行为规范。这样的做法更多的是殖民者的文化优越感而非种族优越感使然。新英格兰新教在早期所采用的方法后来被反复实行于白人控制的印第安美国人的教育上,并形成了一种模式:相信印第安美国人一定有"进步"的潜力;认为学校是实践这一进程的场所;在教育方法上使体力劳动、世俗教育和宗教教育相结合;将印第安美国人的孩子从他们的亲属和文化中分离出来。①

北美殖民者和美国政府对待印第安美国人的方法有着许多不同的动机。部分白人在殖民扩张的形势下似乎真诚地关注着印第安美国人的命运。19世纪末20世纪初,美国联邦政府中持此类态度的官员为了保护印第安美国人免受欧洲文明的侵袭,便于1824年成立了印第安人事务局,该局在1849年转变为内政部。另外一部分白人希望保护印第安美国人,则通过建立教会学校将印第安美国人转化为基督徒和农民。其结果形成了19世纪政府与教会非同寻常的联盟。内战结束后到1876年,美国联邦政府一直将教育印第安美国人的责任推给教会,"美国外国传教士专员委员会"(The American Board of Commissioners for Foreign Missionaries,简称 ABCFM)提供教师,文明基金法提供财政支持。最终,美国政府雇佣新教和后来的罗马天主教教会负责对印第安美国人的教育事务。

---

① 张爱民:《美国多元文化主义起源研究》,华东师范大学博士后研究工作报告,2002年12月,第19页。

然而，"美国外国传教士专员委员会"所建立的学校的主要目的是使印第安美国人的孩子免受自己的文化传统的影响，并试图按白人孩子的样子在文化上对他们进行再塑造。这些学校所教授的课程完全排除了有关印第安美国人文化的内容。①

17 世纪以来，数量有限的印第安美国人进入到哈佛大学、普林斯顿大学、达特茅斯学院和威廉·玛丽学院就读。有些学院的建立就是为了执行招收印第安美国人的具体政策，但这些政策初试便以失败告终。根据《1650 年哈佛大学章程》，其首要目标之一就是教化印第安美国人，而在整个 17 世纪仅有 1 名印第安美国人从哈佛大学毕业。达特茅斯学院是美国第 1 所为推行对美国印第安人教育而建立的学院。1793 年前，在该校上学的印第安美国人学生还不足 100 人，而在 19 世纪只有 8 人从该学院毕业。1865 年到 1895 年间，28 位印第安美国人考入该学院，9 人获得毕业证书。②

19 世纪后期，美国联邦政府为印第安美国人建立了一些专科学校，但仍然没有改变印第安人学校的命运，这批学校最后同样成为白人的阵地，只招收白人学生。如奥内达专科学校最初招收印第安美国人学生，但后来很快更名为汉密尔顿学院，只允许白人就读。③

在印第安美国人被迫从他们的家乡美国东南部迁往密西西比河以西的过程中，一些部落最终获得了他们自己的教育机构的控制权。乔克托(Choctaw)和彻罗基(Cherokee)部落建于肯塔基州的乔克托专科学校是这个时期印第安美国人能够受到正规教育的最先进的地方。它曾经是美国最重要的印第安美国人教育机构，在顶峰时

① 张爱民：《美国多元文化主义起源研究》，华东师范大学博士后研究工作报告，2002 年 12 月，第 20 页。

② N. Oppelt：*The tribally controlled Indian colleges*：*The Beginnings of self-determination in American Indian. Education. Tasile*，Navajo Community College Press，1990，p. 67.

③ N. Oppelt：*The tribally controlled Indian colleges*：*The Beginnings of self-determination in American Indian. Education*，*Tasile*，Navajo Community College Press，1990，p. 79.

有 150 名印第安美国大学生在此就读。该专科学校得到美国政府和教会的支持，但乔克托人拥有主要的管理权。"在俄克拉何马州，彻罗基人用双语教师和自己的课本创造了识字率几乎达到 100% 奇迹。俄克拉何马州西部的彻罗基人的英语识字水平甚至比得克萨斯州和阿肯色州的白人还高。但是，美国政府从 1899 年开始撤销此类学校，并于 1901 年将近二百所学校转变为培训学校。20 年间，彻罗基人的识字率下降到 40%。彻罗基人也支持高等教育的发展。1851 年，彻罗基全国委员会开办了全国男性和女性研讨班。这些研讨班在 19 世纪不定期举办，1855 年到 1909 年间共有 382 名男性和 252 名女性彻罗基人毕业。这些部落控制的教育机构最终被俄克拉何马州购买，其中一所是后来的东北俄克拉何马州立大学。其他的成为白人大学，塔尔萨大学就是其中之一。"①

　　20 世纪 30 年代，美国政府自《道斯法案》实施以来的强制同化印第安人的政策已宣告破产。美国政府在 1928 年公布的《默利尔姆报告》中承认，白人文明已极大地摧毁了印第安人文化所依托的经济基础，应该尊重印第安人的文化，让他们按照自己的意愿选择生活方式。20 世纪 30 年代，美国联邦政府对印第安美国人的高等教育提供了少量的资助。截至 1933 年，161 名印第安美国人得以在联邦政府资助和部落基金的帮助下进入学院。有些机构还向个人提供奖学金。而且，由于许多由印第安美国人控制，主要由教会经营的学院得以保存下来，美国最古老的印第安美国人学院——培根学院（Bacone College），就是其中之一。它直到 20 世纪 60 年代依然是美国唯一最主要的印第安美国人学院。美国国会于 1944 年通过了《印第安人重组法》，又称印第安人"新政"，标志着美国实行了半个世纪的强制同化政策的结束。在这种背景下，政府通过几项法案，一定程度上促进了印第安美国人高等教育的发展。但这种积极的影响维持的时间并不长，"二战"后由于美国政府内一些官员的

---

　　①　张爱民：《美国多元文化主义起源研究》，华东师范大学博士后研究工作报告，2002 年 12 月，第 20 页。

反对使得对印第安人的政策又回到了"同化"状态。①

　　"二战"刚结束，随着美国政府强调结束部落制的推行，依据印第安美国人自己的机构设计教育模式的工作搁浅了。20世纪60年代，美国社会运动高涨加之印第安人自身的努力，使他们享有高等教育自决权。随后一系列印第安美国人社区学院纷纷建立。但直到60年代，印第安美国人接受高等教育的数量依然很少，四年制学院毕业的印第安美国人到1968年也才近180名。"二战"期间，许多印第安美国人离开他们的保留地到军队服役，战争结束后，《退伍军人法》又给他们提供了许多上学的机会。印第安美国人的这些经历对于改变他们参与可控制教育的态度有重大影响，1968年随着位于亚利桑那州的纳瓦霍社区学院（Navajo Community College）的建立，由部落控制的社区学院在许多州建立起来。1978年，美国国会通过了《部落控制社区学院法》（The Tribally Controlled Community College Act），从而从法律上得到美国联邦政府的承认和支持。②

　　印第安美国人在美国人口中所占的比重相当小，在教育尤其是高等教育系统中所占的比重更是微乎其微，多年来也一直很少有学者专门从事这方面的研究。

　　印第安美国人在教育中的弱势地位和不幸遭遇在整个社会中一直没有引起足够的重视，而印第安人在教育方面受到的帮助也十分有限。教育资金匮乏、师资力量短缺一直是制约印第安人高等教育发展的瓶颈。随着20世纪五六十年代美国民权运动的出现，美国政府承认印第安人"自决"，给予印第安人高等教育的自决权，但仍没有改变印第安人教育的从属地位，并在"学校一体化"进程中收效甚微的结局。

---

　　①　饶琴：《美国印第安保留地高等教育发展研究》，浙江师范大学硕士学位论文，2006年12月，第16页。

　　②　张爱民：《美国多元文化主义起源研究》，华东师范大学博士后研究工作报告，2002年12月，第23页。

第四节　德裔美国人的教育

在美国历史上，欧裔移民群体为了保持自己的文化和传统而建立自己的专门学校十分普遍。而德裔美国人的实践则是这方面最突出的例子。德意志人移民美国已有近400年的历史，成为当今美国最大的族群。德裔在美国的居住地相对集中，在很长一段时期里，他们努力保持自身文化，不愿放弃母语和传统文化。尽管到19世纪末，他们已相当成功地融入美国主流社会，但被完全同化要到"二战"以后。德裔美国人建立了许多双语教育学校。它们在美国分布最广泛，存在的时间也最为悠久。这些学校的办学宗旨和其他族裔群体所开办的双语学校一样：在保持本民族的语言、文化遗产的同时，努力帮助学生和族裔群体的成员尽快融入主流文化和经济生活中去。

德国移民在美国建立的学校同时教授英语和德语，其目的是希望学生此后能够一直使用这两种语言。从这个意义上讲，这些双语学校不同于当代那些旨在帮助学生尽快从他们的母语转到英语的双语教育项目。值得指出的是，作为一个移民群体，德国人不处于从属的地位。他们既不像非裔美国人那样因为自己的种族不同而在美国社会受到排斥和歧视，也不像印第安美国人那样在文化上和社会地位上作为被征服的土著民族而遭到摒弃。像众多的民族学校一样（又不同于现在的双语教育学校），德国双语学校的建立有着宗教目的。德国改革教会和路德教徒及其他德国团体一起建立了数百所这样的学校。①

德裔教会、德裔社团及家庭与社区在教育文化和社会生活等方面保留民族传统和风俗习惯，以此抵制美国主流文化的影响。德裔教会在维护宗教信仰的同时，通过建立教会学校、发行德语刊物以及举行各种宗教活动在传播母语方面起了不可小觑的作用。德裔社

---

① 张爱民：《美国多元文化主义起源研究》，华东师范大学博士后研究工作报告，2002年12月，第19页。

团活动充分体现了德意志人热爱音乐、热衷体育锻炼等传统文化和风俗习惯。德意志家庭和社区竭尽其能恢复德意志生活方式。通过上述三方面的配合，德裔在美国继续使用母语，维持传统文化，过着德式生活。他们保持了民族特色，在一段时间内抵制了主流社会的同化。① 在整个19世纪，德国路德教徒和天主教徒在建立和发展双语教育方面十分活跃。1890年，路德宗教区学校的发展达到顶峰，共建立了近2000所教区学校。路德宗教徒为了保持充足的教师资源，在俄亥俄州、艾奥瓦州、明尼苏达州和伊利诺伊州开办了高级研讨班。德国的天主教徒直到1870年后才大批来美。1886年，共有825所天主教德语学校，在校学生达到16.5万人之多，天主教徒也在这一时期开办了德语大学和学院，如1846年建立的位于宾夕法尼亚州拉特罗布市的圣温森特学院和1857年建立的位于明尼苏达州科利奇维尔市的圣约翰学院等。

德裔教会学校的成功不但是因为得到了教会的赞助和大量德裔的支持，还在于不少有重要影响的德语书刊报纸与教会教育互为补充，两者相辅相成。教会德语教育的成功离不开德语书刊支持，而德语刊物的发行更需要德语教育培养庞大的读者群，巩固教会学校的德语教育。德裔教会在传播德语进而发扬德意志传统文化上功不可没。作为"增稠剂"的德语起到紧密团结德裔的作用，增强了广泛分布在美国各地农村和城市德裔之间的凝聚力和对德意志传统文化的认同感。在保持德裔强烈的族群情感上扮演了重要角色。②

19世纪三四十年代美国公立教育迅速发展改变，但没有使德裔美国人停止进行双语教育的努力。1840年，德裔美国人成功地使德语获得在俄亥俄州辛辛那提市和其他地区公立学校的合法地位。结果，在辛辛那提市，就学的广泛性和学生数量的增加降低了办学成本，从而使这些学校得以维系下来。1886年，在辛辛那提

---

① 余瑜：《德意志美国人同化历程探析》，华东师范大学硕士学位论文，2006年5月，第1页。

② 余瑜：《德意志美国人同化历程探析》，华东师范大学硕士学位论文，2006年5月，第19页。

市的德语双语学生达到最高峰,有 1.8 万人,到 1914 年时仍然有近 1.5 万人。为了保证教师的数量,辛辛那提师范学校德语双语分校于 1871 年成立。在开始的时候,辛辛那提的双语教育项目是真正淡水鱼教学,分别由一位盎格鲁美国教师和一位德裔美国人教师平均分担每堂课的教学任务。但是,随着时间的推移,德语授课的时间逐渐缩短。①

辛辛那提市并非唯一拥有德语双语学校的城市。相关资料显示,1886 年,全美有 25 个州的 300 个公立学区中有 3 万人在德语双语学校就读,其中有些是非裔美国人学生。在芝加哥市,德语双语学校的主体学生并非是德裔美国人的后代。到 1914 年,德裔美国人迅速同化,使用德语的人越来越少了。1820—1943 年,赴美的德国移民人数高达 600 万人,为各赴美移民群体的数量之最。1882 年后,赴美的德国移民迅速减少。②

"一战"后掀起的反德情绪导致了辛辛那提市德语双语教育项目的终结,此种情绪对双语教育项目也产生了重大影响。如 1918 年,俄亥俄州禁止在初级学校中设立外国语科目,辛辛那提市双语教育项目也被终止。1923 年,美国最高法院推翻了俄亥俄州的该条法令,但直到 1959 年,外国语科目教育(主要是西班牙语和法语)开始在辛辛那提市的初级学校重新开始设立。明尼苏达州,在第一次世界大战爆发时,设立德语、波兰语、法语、挪威语、荷兰语和丹麦语科目的族裔学校有 200 多所,外国语教育于 1919 年在该州亦被禁止。

德裔在美国保持显著的族群特征,不愿丢弃德意志传统文化,不积极融入以盎格鲁—撒克逊新教文化为主流的美国社会,这不符合形成共同语言、共同情感和文化习俗的美利坚民族的要求。为了让德裔美国人尽快融入美国主流社会,美国政府对此作出了不懈努

① 张爱民:《美国多元文化主义起源研究》,华东师范大学博士后研究工作报告,2002 年 12 月,第 22 页。

② J. Del Fattore: *What Johnny Shouldn't Read* . Yale University Press, 1992, p.79.

力。一方面，德裔在美国主流文化趋势下，对德意志民族传统文化和族群特色的立场妥协；另一方面，19世纪末，德裔传统文化逐步被美国主流文化所接受。德裔终以折中的方式融入以盎格鲁—撒克逊新教文化为主流的美国社会。"二战"期间，"德国"这个词再次与世界公敌联系起来，"反德"浪潮是美国同化德裔美国人的庄重洗礼，"二战"后，德国新移民大多受过良好的教育，很快便同化于美国主流社会的洪流之中。而在20世纪美国"学校一体化"浪潮的冲击下，各族裔群体在同一个教室接受教育，孤傲的德意志民族也逐步失去了其民族特色的往日荣光。

第五节 少数族裔与"学校一体化"问题

随着各个族裔群体对自身期望值的提高，美国高等教育体系的不断膨胀和迅速发展，以及社会各界对种族公平和种族正义问题的日益关注，到1960年，人们将注意力越来越多地投向从前在美国教育体系中处于从属地位的那些族裔群体。伴随着来自非裔美国人、拉美裔美国人和其他处于从属地位的族裔群体的大学生的数量猛增，族裔群体利益的重点由强调进入大学接受高等教育的机会转为增加对大学的管理权。族裔群体对教育机构、教育项目和课程设置的控制权问题成为斗争的焦点。与此相适应，越来越多的人要求加强族裔问题的研究和探讨，加强其所在的社区同教育机构的联系。到了20世纪70年代，美国政府以及一些族裔群体开始倡导"学校一体化"运动。

教育机构或许是理解种族间关系的最重要、最根本的机构。学校是社会告诉自己的成员和其他社会的成员哪里是传给新一代的最重要东西的地方。在小学和初等教育的层面，教育带有强制性。学校可将所有族裔群体成员中最杰出、最优秀的人士在基本平等的基础上囊括进来，而不考虑他们的社会和文化特征。在另一些时候，学校扮演着推行文化和结构分化的角色，将社会成员进行不恰当、不公正的分类。这对不同族裔群体当然有不同的影响，如何通过教育的手段来维持少数族裔教育的平等，由于黑白隔离所导致的少数族裔群体教育状况的落后，使得 20 世纪 70 年代由政府推出肯定性行动计划成为纠正过去错误的重要手段。根据肯定性行动计划制订的特殊招生计划将种族族裔性作为入学决策的考虑因素。

从 1954 年最高法院裁决到 70 年代，取消学校种族隔离的进程实际上分为两个阶段，在这两个阶段中取消学校种族隔离的目标和手段有着明显的不同。

第一个阶段是从 1954 年最高法院对布朗案的裁决到 60 年代中期，这一时期人们关注的焦点是南方法律认可的种族隔离；第二个阶段是 60 年代末到 70 年代，这一时期随着南部黑人向北方城市的大量迁移，人们将视线从南方转向北方，取消学校种族隔离的内涵开始发生变化。

第一个阶段取消学校种族隔离的含义是消除由州立法形成的双重学校系统，建立统一的学校系统以便为黑人提供与白人一样的教育机会。这种双重学校系统以肤色为标准将黑白学生的就学区隔离开来，黑人上黑人学校，白人上白人学校。这种有法律依据的黑白隔离称之为"合法的隔离"（de jure segregation），主要存在于南方及相邻的一些州。虽然北方也有由学校委员会人为造成的以及由于居住区隔离造成的"事实上的隔离"（de factosegregation），但"合法隔离"在北方是不存在的，因此在第一个阶段取消种族隔离主要是南方的问题。①

随着 60 年代末 70 年代初布朗案裁决目标的基本实现，人们开始重新定义"取消种族隔离"（desegregation），一个新的概念——"一体化"（integration）逐渐被大家接受，即要取消任何形式的种族隔离，不管这种隔离是什么原因造成的。② 因此第二阶段的目标是在学校系统中通过使黑白学生数量上达到平衡来实现学校教育的种族一体化。

---

① Ballard Allen B: *The Education of Black Folk: the Afro-American Struggle for Knowledge in White America.* Harper & Row, Publishers, 1973, p. 43.

② Caleman James S: *Equality and Achievement in Education.* Westview Press Inc, 1990, p. 62.

第二章 "学校一体化"运动的
缘起与发展

美国"学校一体化"运动的兴起并非无本之木,而有其深刻的政治、教育背景以及理论基础,其中科尔曼的教育机会均等理论、胡森的"平等为目标"理论、罗尔斯"正义论"以及对种族主义的批判是"学校一体化"运动萌芽的思想基础。探寻"学校一体化"运动的源头和前奏须立足于美国的各种教育改革运动。20 世纪 60 年代的"向贫穷宣战"运动是"学校一体化"运动的源头;1964 年颁布的《民权法》是"学校一体化"运动的催化剂;洛克菲勒基金的平等机会项目和联邦法院的司法介入奠定了"学校一体化"运动的基础。

第一节 "学校一体化"运动的缘起

一、政治的宏观背景——黑人参政力量不断上升

1861 年,美国内战爆发。为了在内战中赢得胜利,林肯在 1862 年发布了著名的《解放黑人奴隶宣言》,黑人在法律上成为自由人。内战结束之后,美国黑人开始了争取获得平等普选权的艰苦斗争。迫于压力,美国国会先后在 1865 年、1868 年和 1870 年通过宪法第 13、14 和 15 修正案,将自由权、公民权和选举权赋予黑人。虽然各州还通过具体的选举附加条款对黑人参政加以赋权,黑人仍无法取得与白人一样的平等地位,依然处处受到歧视,但是,这一时期仍然是美国黑人参政历史上具有里程碑意义的时代。

从 1911 年到"二战"结束,美国经济有了长足的发展,在此期间,黑人的经济地位也开始有所提高,出现了一批黑人中产阶级。

在他们以及诸多黑人团体的推动下，黑人开始积极参与政治生活，他们的政治权利在这一时期得到了很大改善。在富兰克林·罗斯福任总统期内（1933—1945），联邦政府任命了一大批黑人进入联邦各部门，担任全国青年黑人事务处、联邦内务部、联邦司法部处长或顾问的职务，黑人第一次被罗斯福称为"我们的黑人公民"。杜鲁门接任总统后，不断敦促国会通过一揽子法案，包括尽快制定联邦反私刑法，设立公平就业委员会，制止州际交通公路上的种族隔离现象等，黑人在选举、教育等问题上的权益进一步扩大。

20世纪五六十年代是美国黑人民权运动风起云涌的时代。这一时期，美国黑人在经济上处境艰难，而白人对黑人的歧视与隔离使得这一问题雪上加霜。1954年美国联邦最高法院判定教育委员会种族隔离的学校违法，以及1955年阿拉巴马州蒙哥马利市黑人公民的全面罢乘事件，开启了美国民权运动的序幕，到20世纪60年代初，以美国民权运动领袖马丁·路德·金发表著名的演说《我有一个梦想》为标志，该运动达到了高潮。这场以非暴力的抗议行动为主要手段争取黑人民权的群众斗争，对美国黑人政治地位的进一步提高和唤醒黑人更积极地参与政治生活起到了重要的推动作用。以1964年《民权法》和1965年《选举权利法》为代表的一系列法令和法规的颁布使得事实上的种族隔离制被废除，黑人的选举权进一步扩大。与此同时，黑人开始跻身于社会高层。出现了第一位入阁的黑人罗伯特·韦弗，第一位黑人参议员爱德华·布鲁克和联邦最高法院首位黑人大法官瑟古德·马歇尔。

1954年最高法院对"隔离但平等"违宪的裁决，以及1955年最高法院要求各地以"审慎速度"取消学校中的种族隔离，揭开了黑白合校的序幕。尽管在很长一段时间内黑白合校遭到抵制而收效甚微，但黑人在民权领域所取得的重大胜利促使这一进程不断加快。

二、理论的强大支持——新的理论思潮出现

在同一时期，科尔曼的教育机会均等理论、胡森的"平等为目标"理论、罗尔斯"正义论"以及"科学种族主义"的瓦解为"学校一体化"运动的兴起提供了理论上的强大支持。

(一)科尔曼：教育机会均等理论

很长时间以来，教育机会均等问题受到人们的广泛关注和讨论，但是不同的历史时期、不同的地区、不同的社会制度乃至于不同的学者，对教育机会均等概念都有不同的理解和诠释。它作为一个历史性的范畴，和人们的价值观以及不同的社会制度息息相关。但有一点是共同的，即教育面前机会均等被看做走向社会平等的漫长道路上的一个阶段，教育机会均等作为教育民主化的核心内容，是社会公平问题在教育领域的延伸，是人们试图通过人为的途径来解决教育领域里的不平等现象，以及希望通过教育机会均等的方式，带来社会不平等现象的改变。

确定一个特定的教育系统是否体现了教育机会均等的第一个实证研究，可以追溯到科尔曼(Cole. Man)与其合作者在调查研究的基础上于1966年所作的《科尔曼报告》，在该报告中，科尔曼指出教育机会均等不仅涉及进入教育系统的因素，也就是说，不仅要涉及投入教育系统的资源，而且需要关心教育系统的产出。在他看来，教育机会均等并不是学校在多大程度上平等地对待所有学生，而是学生离校时是否能够不受其社会出身的影响，根据平等的原则去迎接别人的挑战。因此，这项调查确定了衡量学校提供教育机会均等程度的各种标准，除了种族、肤色、宗教信仰或人种之外，还包括一些说明教育质量高低的指标，如图书馆、教科书、实验室、课程计划、学生分组方式、教学方法和教师的能力及其态度等。此后，科尔曼教授对教育机会均等概念进行了进一步研究并于1968年撰文作了特别清晰的分析。他认为，这一概念在不同的发展阶段有四种含义：

1. 在前工业社会中，家庭承担社会福利和教育的职责，教育面前机会均等在当时远未成为一个目标。

2. 工业革命改变了家庭的作用，对年轻人的培养和社会援助已由集体负责，这时出现专门为群众的子女而设置的非统一教育体系，形成与早已存在的为上层阶级的子女建立的可以进入大学的学校教育系统并存的双轨制教育系统，这种教育是按阶级划分的。

3. 在制定教育政策时，重要在于建立能够为所有儿童提供同样机会的教育系统，也就是说，不论其社会出身如何，人人都能够不受限制地根据机会均等的原则接受教育。

4. 在提供平等地接受教育机会的基础上，进一步提出教育面前机会均等应当作为一个起点还是作为一个目标来加以考虑，即当人们懂得问题主要是受教育的结果而不是其起点影响时，才能开始对问题予以重新认识，以争取学业成就更为平衡。

教育机会均等理论的出现为美国少数族裔教育的进一步发展提供了理论支持，将教育平等的原则进一步推进到了实际。

(二)胡森："平等为目标"理论

瑞典著名教育家托尔斯顿·胡森(Torsten Husen)认为，在分析教育机会均等这一概念时重要的是要界定"平等"和"机会"这两个含义。

1. 就个体而言，"平等"可以有三个含义：

(1)"平等"首先可以指个体的起点平等，即每个人都有不受任何歧视开始学习生涯的机会；

(2)"平等"也可以指中介性的阶段，即以各种不同的，但都以平等为基础的方式来对待每一个人；

(3)"平等"还可以指最后目标或总的指导原则，旨在通过制定和实施一些教育政策，实现入学机会平等、学业成就机会平等，进而在社会—经济方面实现更大的平等。

具体来说，胡森认为所谓"平等"，首先是指每个人都有不受任何歧视地开始其学习生涯的机会，至少是在政府所办的教育中开始其学习生涯的机会。虽然从遗传学的观点来看，不会得出这样的结论。但胡森认为至少可以从理论上设想，使所有儿童从出生起就能真正地享有同样的生活条件。当然，胡森也认识到其中存在着第一个难题，即他们的家长从遗传学着眼是有很大差别的，因此所有的儿童从起点开始就受到极不相同的对待。

最后，胡森指出在制定和施行教育政策时应列入一些措施，使入学机会更加平等，进而使获得学业成就的机会更加平等。在这意义上，教育面前机会平等可以被视为一项目标，或者被看做一组指导原则。而入学和获得学业成就上的机会更加平等，则将有助于社会经济方面取得更大的平等，也就是说，在全体公民都关心的经济收入水平和参与决策程度——以及其他方面都取得更大的平等。

2. 胡森认为这三种意义的"平等"分别对应了效率、公平和自我实现这样三种主要的社会价值：第一，效率优先的起点平等论，这种观点一般存在于教育机会有限的情况下，经过高度筛选和分流的教育制度，着重考虑经济合理性或效率；第二，公平优先的过程平等论或形式平等论，要求在教育资源配置和教学过程中，平等地对待每一个儿童，让他们享受同样的教育；第三，突出个性发展的实质平等论或结果平等论，以承认个体差异、发展的不平衡性为前提，给每个儿童提供不同的教育，使其天赋、个性得以发展。但这种"差别性对待原则"最基本的出发点，是使社会中处于最不利地位的人获得最大利益即所谓的"逆向歧视"原则。

3. "机会"，可以从以下几个变量来考虑：

(1)学校外部的各种物质因素，如学生的家庭经济状况、学习开支总额、学校地理位置、上学交通工具等。

(2)学校的各种物质设施，如学校建筑物总的质量、实验室、图书馆和教科书等。

(3)家庭环境中的某些心理因素，如家长对子女的期望、对教育的态度、家庭的语言环境等。

(4)学校中的某些心理因素，如教师对学生的态度等。

(5)教学条件，包括课程实践安排，课外作业数量等。

4. 在此基础上，胡森将教育面前机会平等在概念上的演变划分为三个阶段，即：(1)保守主义关于"教育面前机会平等"的概念，其哲学是认为上帝使所有人具有不同的能力，而尽可能充分地利用这种能力则是各人自己的事情；(2)自由主义关于"教育面前机会平等"的概念，其哲学是每个儿童从出生起就具有某些智力上的天赋或某些较为稳定的能力，教育系统应当能够消除阻碍出身低微但有才能的学生获得好成绩的经济障碍和社会障碍；(3)"教育面前机会平等"的新概念，即在入学方面仅有形式上的平等是不够的，还应当使不同社会出身的儿童有更多的机会变得聪明，也就是说，应当为所有儿童提供在社会差别上区别对待的机会。此外，胡森还进一步指出，应当在一个包含学校但比学校更加宽广的背景中去实现教育面前机会平等。

(三)罗尔斯："正义论"

约翰·罗尔斯的理论对 20 世纪 70 年代以来的社会民主主义的中左政治运动产生了重大影响。罗尔斯开宗明义地讲，正义的主题就是社会的基本结构，或者说得更准确些，就是主要的社会体制分配基本权利与义务和确定社会合作所产生的利益的分配方式。

1. 罗尔斯的正义理论。

(1)功利主义的正义观。罗尔斯将其概述为：如果社会主要体制的安排获得了全体社会成员总满足的最大净差额，那么这个社会就是一个井井有条的社会，因而也是正义的社会。功利主义的基本观点是谋取最大多数人的最大幸福。功利主义思考问题的思路是：每个人在实现自身利益时都会根据自己的所得来衡量自己的所失，社会的幸福由个人的幸福构成，个人的原则是尽量扩大自己的福利，满足自己的欲望，社会的原则则是尽量扩大群体的福利，最大限度地满足所有成员的欲望构成的总的欲望体系。

(2)直觉主义的正义观。直觉主义不是从个人或群体的得失思考问题，而是通过对自身的反思来达到一些基本的原则，这些基本的原则是至高无上的，可以用来衡量各种互相冲突的正义原则。直觉主义不包括其他的衡量方法，人们依靠直觉，依靠那种在人们看来最接近正确的东西来衡量。直觉主义强调道德事实的复杂性使人们往往无法解释人们的判断，直觉主义认为，"确定不同正义原则的恰当重点的任何更高一级的推定标准，都是不存在的"。这两种正义观具有明显的差别：一种依据功利，一种依据直觉。

2. 罗尔斯对这两者均不赞同，且他尤其反对功利主义。他认为在现代道德哲学的许多理论中，某种形式的功利主义始终占据上风。道德哲学是社会理想生活模式的基础之一，不改变一个社会占主导地位的道德哲学，就不可能改变这个社会的各种体制。从这点出发,罗尔斯便把功利主义的正义观当做了批判对象。从事实上看,由休谟、边沁、亚当·斯密和穆勒等人所传播的功利主义观念在西方社会历来是占统治地位的,这些观念原则奠定了西方政治制度、社会制度和经济制度的基础。然而这些体制并没有克服社会上存在的深刻矛盾。罗尔斯是一位改良论者,他相信要改良西方社会体制,关键在于改变占主导地位的功利主义的正义观。这是罗尔斯为自己确定的目标。

3. 罗尔斯基于正义原则的平等观,是以"原初状态"为理论前提的。这是一种纯粹假设的状态,包括三个方面的内容:第一,原初状态中的人是自由、平等和有理性的人。第二,原初状态中的人们处于"无知之幕"的背后,即他们对社会基本结构和正义原则的选择是在一种对所有相关信息一无所知的情况下进行的。第三,原初状态中的人们处于中等程度的匮乏状态,即自然资源和其他资源不是极度匮乏,以至于使合作归于失败,也不是极度丰富,以至于使合作成为多余。

4. 罗尔斯在此基础上在《正义论》里提出了正义的两个原则:"平等自由原则"和"差别原则",认为如果存在社会和经济的不平等,那只有当它们使每个人,特别是使最少得益人的利益得到补偿时,才是正义的。就教育公平而言,"差别原则将分配教育方面的资源,以便改善最不利者的长远期望"。由此,罗尔斯的正义原则,特别是差别原则,为我们要实现的教育公平和社会公平提供了明确的标准。

(1)第一个原则是平等自由原则。罗尔斯的自由是指"这个人或那个人(或一些人)自由地(或不自由地)免除这种或那种限制(或一组限制)而这样做(或不这样做)",自由只能因为自由的缘故而被限制。他认为公民的基本自由有以下几种:政治自由及言论和集会自由;良心的自由和思想的自由;个人的自由和保障个人财产的权利;依法不受任意逮捕和剥夺财产的自由等。作为一种自由的体系,一种自由的价值依赖于对其他自由的规定,各种自由相互依存又相互制约。各种基本自由作为权利对每一个公民来说都应该是平等的。这是由人的自然特性即人的道德人格所决定的。这种道德人格有两个特点：第一，有能力获得一种关于善的观念；第二，有能力获得一种正义感。这种道德人格能力就是获得平等自由权利的一个充分条件。它独立于具体的社会制度和法律规范，使之具有自然权利的特性。因此，作为第一个正义原则，它要求社会中基本权利和义务分配是人人平等的，这可以理解为政治法律面前的人人平等。

（2）第二个原则是机会的公平平等原则和差别原则的结合。作为支配社会和经济利益（主要包括权力、地位、收入和财富）分配的原则，由于无法做到完全平等，所以只能保证机会的平等。机会平等的核心是"前程为人才开放"，是以平等的自由权利和自由市场经济为先决条件的。罗尔斯认为这是一种形式的平等，它没有一种平等的或相近的社会条件作为保证，结果是自然资源的初次分配总是受到自然和社会偶然因素的影响，如人的才能、天赋、社会地位、家庭、环境、运气等偶然因素都会造成个人努力与报酬的不相等。因此，罗尔斯主张用机会的公平平等原则加以限制，即"各种地位不仅要在一种形式的意义上开放，而且应使所有人都有平等的机会达到它们"。根据这一原则，自由市场不应该是完全放任不管的，而应当用以公正为目标的政治和法律制度进行调节。然而，机会的公平平等原则仍然无法避免基于能力和天赋的不平等。因此，罗尔斯主张用"差别原则"来纠正这种不公正。他认为，任何人的才能都应该看做一种共同的资产，一种共享的利益。这就要求"那些先天有利的人，不论他们是谁，只能在改善那些不利者的状况的条件下从他们的幸运中得利"。

（3）这两个正义原则又是有特定的先后顺序的。罗尔斯认为有两个优先原则。第一个优先原则是自由优先于平等。平等只能因为自由的缘故而被限制。这一原则有两种情形：一是不够广泛的自由必须加强为由所有人分享的完整自由体系；二是不够平等的自由必须为那些拥有较少自由的公民所接受。第二个优先原则，机会公平平等原则优先于差别原则，即机会均等优先于分配平等。而这又有两种情形，一是机会的不平等必须扩展那些机会较少者的机会；二是过高的储存率必须最终减轻那些承受这一重负的人们的负担。

罗尔斯基于正义原则的平等观是一种具有明显的平均主义色彩的自由主义平等思想。正如罗尔斯所说,"所有的社会基本善(自由和机会、收入和财富及自尊的基础)都应被平等地分配,除非对一些或所有社会基本善的一种不平等分配有利于最不利者"。其平等自由原则以及机会的公平平等原则和差别原则的结合,又是理论上的一个大跨越,不仅解放了在美国教育中处于弱势群体的黑人教育的思想,也给拥有种族歧视的错误观点的美国广大民众敲响了警钟。

(四)对"科学种族主义"的批判

20 世纪早期美国少数族裔教育政策以生物种族主义为其意识形态基础,当意识形态基础有所动摇时,建立在其上的政策体系也必然发生转变。经历了 20 世纪初期大量"科学种族主义"学说的冲击之后,到了 20 世纪四五十年代,大批学者开始对这些学说进行验证与反思,除了来自生物学界、遗传学界的研究之外,人类学家们也从遥远的"异文化"研究向本土化转变。[1] 20 世纪 40 年代,露斯·本尼迪克特的《种族:科学与政治》(*Race:Science and Politics*)和艾西雷·莫当(Ashley Montagu)《人类最危险的神话:种族的谬论》(*Man's Most Dangerous Myth:The Fallacy of Race*)等著作相继问世,这些研究成果推翻了 20 世纪初期"科学种族主义"学说的神话,证明人类个体之间虽有强弱之分,但种族之间却无优劣的区别。随着这些学术成果的不断问世,20 世纪 40 年代的美国学界逐渐形成了一种被称做"自由主义环境论"(liberal environmentalism)的研究取向。该理论认为,社会环境才是引起不同种族在经济、文化等方面产生差异的根本原因,而与体质上的差异无关,这一理论的流行对整个白人社会的观念产生了巨大影响,从 40 年代开始,

---

[1] 王铭铭:《想象的异邦——社会与文化人类学散论》,上海人民出版社 1998 年版。

出现了大量以批判种族不平等为内容的文章和书籍,① 白人中许多受过良好教育的自由派精英对"科学种族主义"也越来越怀疑,制度化种族主义得以建立的意识形态基础开始动摇。

20世纪五六十年代黑人新形象的建立也使白人逐渐改变了对黑人的看法,从而使生物种族主义在白人民众之中失去了吸引力。民权运动早期,黑人所采用的非暴力斗争方式为他们赢得了许多白人的支持。以蒙哥马利罢乘运动为序幕,② 以游行和静坐为方式,黑人展开了一系列争取平等权利的斗争。但这些斗争并没有采用暴力的形式,也并未将斗争矛头指向整个白人社会,而是指向现有政策中的不公正之处,正如运动的领袖马丁·路德·金所说的:"这不是一场白人与黑人的战争,而是正义与非正义之间的冲突。"黑人的这些抗议活动为自己树立了新的形象,不仅鼓舞了尚未参加抗争的黑人,也使白人对他们的印象大为改观。随着时间的推移,越来越多的白人也加入到抗议活动的行列之中。"在全国范围内,白人开始表现出以往少有的对黑人的同情,对种族隔离制的虚伪也更为敏感。北方的白人认为黑人的抗议行为表现出了黑人的尊严,因而愿意给他们以支持。"

黑人在教育、经济方面所取得的进步以及黑人文学与艺术的发展也对改变白人的种族主义意识起到了一定的推动作用。大批黑人移居北方城市之后,虽然也一直受到隔离与歧视,但还是获得了更多在教育和经济上向上流动的机会。20世纪50年代黑人的各级教育均取得了较大的发展,受过高等教育的人数不断增多,中、初等教育发展更快,据统计,1954年,16岁以上黑人文盲率由1892年

① 其中以1944年出版的迈德尔的《美国人的两难困境》一书为代表作品。

② 1955年年底,阿拉巴马州黑人女工罗莎·帕克斯(Rosa Parks)夫人在乘坐蒙哥马利市汽车公司的公共汽车时,因拒绝给白人让座而被捕,从而引发了长达381天的黑人罢乘公共汽车运动,该运动由蒙哥马利市政改进协会领导,它是民权运动开始的重要标志,它让黑人感到自己可以通过现有黑人组织所领导的反抗运动来对国家政治施加影响,也是黑人在整个南方第一次以非暴力行动进行的群众抗议斗争。

的57%下降到了10%。在这一时期,黑人社团在各项社会活动中发挥了很大的作用。与民权运动之前黑人的反种族主义活动相比,这一时期不再以法院诉讼为争取平等权利的主要方式,各种社会组织,尤其是黑人组织在运动中的作用更为强大。尽管学者们尚未将强大的黑人组织的出现及其领导,作为改革制度化种族主义政策的先决条件,但毋庸置疑的是,要想使政府作出更为激进的政策变革,有组织的社会运动远比法院诉讼要有效得多。

三、直接导火索——少数族裔(黑人)民权运动爆发

1954年美国最高法院对布朗案的裁决虽然废除了种族隔离制度,但是即使黑人儿童进入白人学校也仍然得忍受种种歧视和侮辱。冰冻三尺非一日之寒,近一个世纪的种族隔离与歧视已经积淀成社会心理,要想根除,得有广泛持久的社会性民众运动。从20世纪50年代中后期到60年代美国爆发了持续数年的反对种族歧视、争取平等权利的民权运动。

(一)少数族裔民权运动的兴起

美国黑人民权运动(African-American Civil Rights Movement,又译为"非裔美国人民权运动",1955—1968),美国民权运动的一部分,于20世纪50年代兴起,直至70年代,乃是经由非暴力的抗议行动,争取非裔美国人民权的群众斗争,是美国黑人反对种族歧视和种族压迫,争取政治经济和社会平等权利的大规模斗争运动。

美国黑人是美国人数中最多的少数族裔,长期受到种族歧视,处于社会最底层。到了"二战"后亚非国家有色人种争取民族独立斗争的胜利鼓舞以及由于工业化的进展,大批黑人流入城市,使黑人地位问题成为全国性问题,这是运动兴起的重要原因。

非洲黑人最初被引进美国,主要是在南方农场当农奴,以弥补当地劳动力短缺问题。理论上,林肯总统在1863年的《解放宣言》中,已经让他们获得了自由。在南北战争结束后,联邦军队占领南方期间(所谓重建时期,1865—1877),黑人曾获得《解放宣言》所赋予的平等权利。然而黑人因为穷困及教育程度较低,为求经济上

的生存，必须再度依靠白人雇佣，特别是当联邦军队撤出南方后，黑人顿失联邦法律的保护，其地位又陷入类似美国内战前的状况。

1896 年美国联邦最高法院作出"普莱西诉弗格森案"（Plessy v. Ferguson）判决，确立对黑人采取"隔离但平等"措施的合法性时，无异对南方黑人人权造成严重的打击，最高法院判决中有关"隔离"的部分被执行得十分彻底，但有关"平等"的部分则不然，导致南方出现更多种族隔离制度法令，甚至连在工厂、医院及军队都采取种族隔离制度。

1954 年联邦最高法院，在布朗案中，判定种族隔离的学校并未提供黑人学生公平教育的机会，因此公立学校应该要种族混合。在历经 58 年后，此项法律观念才被推翻，而一连串的非裔美国人民权运动才正式开始。

（二）少数族裔民权运动的领导人物

领导黑人民权运动的灵魂人物马丁·路德·金博士，出生于佐治亚州的亚特兰大市，父亲是教会牧师，家境优渥，属中产阶级，得以接受良好的教育。金于 1955 年取得波士顿大学博士学位，由于看尽了南方的种族不平等待遇，使他在成年后积极投身民权运动。

1955 年，阿拉巴马州蒙哥马利市黑人为反对公共汽车上的种族隔离制度，坚持抵制公共汽车运动达一年之久，使美国最高法院判决公共汽车上的种族隔离违宪。此事件表明，黑人运动由合法斗争发展到非暴力直接行动的新阶段，是黑人民权运动开始的标志。运动以非暴力主义为指导方针，采取抵制、静坐、游行、和平进军等方式。1957 年，南部基督教领袖会议组成，作为民权运动最有影响的组织，负责协调各有关组织的行动，马丁·路德·金任主席。1960 年，南部各州普遍开展在公共场所的静坐示威，显示出运动范围已越出某一城市的局限，主动冲击种族隔离制。1961 年和 1962 年，民权运动的重点分别是反对长途汽车上的种族隔离制和争取南部黑人的选举权。1963 年运动达到高潮。4 月，在种族隔离最严重的阿拉巴马州伯明翰市，爆发黑人抗议示威斗争，迫使当局接受黑人要求。8月,在华盛顿举行该市有史以来规模最大的示威游行,25万黑人和白人同情者举行争取就业和自由的"自由进军"。在民权运动的巨大压力下,美国国会于1964年通过《民权法》,1965年通过《选举权利法》,正式以立法形式宣告美国黑人在选举权方面的限制和各种公共设施方面的种族歧视和种族隔离制度的结束。① 1964年以后,黑人运动走上武装抗暴斗争的道路。

(三)少数族裔民权运动的演变

阿拉巴马州蒙哥马利市是南北战争期间美利坚联盟国的首都,也是实施种族隔离制的代表性城市之一。马丁·路德·金博士于1954年到该市担任牧师工作,1955年成功带领该市黑人公民,以全面罢乘公共汽车的方式来反对公共汽车上的黑白隔离措施。经过一年的长期抗争,终于迫使蒙哥马利市的巴士取消种族隔离措施。这次的罢乘公共汽车运动虽然成效有限,也未全面性废除种族隔离措施,但对全美各地的黑人却起了鼓舞作用,并启发他们的灵感,开始一波波争取民权的运动。

运动的高峰是在1963年8月,金博士在华盛顿的林肯纪念馆前广场聚集了二十五万名群众,并发表他著名的演说《我有一个梦》,这次集会所产生的舆论压力,终于迫使国会在翌年通过《民权法》,宣布种族隔离和歧视政策为非法行为,这成为美国民权运动史的关键事件。

百年前林肯虽解放了黑奴,但黑人平等的公民权在南方却从未得到落实,直到金博士领导民权运动才获得成功,20世纪60年代美国民权运动兴起,对其社会及留学生有很大影响,当时少数民族及妇女的权利均受到重视,开拓了新的视野,金博士也因此获颁1964年诺贝尔和平奖。

一直到1967年,金博士深刻体会到黑人在美国社会饱受歧视,绝大部分是因为经济不平等所引起,经济权才是实质、才是根本原

---

① 杨生茂、路镜生:《美国史新编》,中国人民大学出版社1990年版,第495页。

因，公民权只是装饰。于是，他将公民权的斗争转为经济权的斗争，发起"穷人运动"（Poor People's Campaign）。

不幸的是，1968年4月4日，金博士在田纳西州孟菲斯被射杀身亡，当时他正筹划带领一群同志参与该市的罢工活动。非裔美国人民权运动亦在该年告一段落。

（四）少数族裔民权运动的意义

美国黑人民权运动是现代非暴力运动的典型，在全世界被压迫阶级之中影响深远，它使人们看到可以通过合法的群众运动而获得民主权利的可能，也使人看到世界必将走向民主平等的趋势。黑人日渐高涨的民权运动以及白人种族主义的恐怖活动促使美国政府对民权问题采取比较积极的态度。肯尼迪总统在电视演说中承认自林肯解放奴隶100年来，"但他们的后裔，他们的孩子并未充分获得解放。他们尚未从不公正的桎梏中解放出来，他们尚未从社会的和经济的压迫中解放出来"。[1]

第一，它开创了近代美国大规模群众斗争模式，并促进了社会运动的开展；第二，鼓舞了第三次女权运动的展开；第三，改善了美国在国际社会中的形象；第四，它使平等的观念深入人心；第五，它重塑了美国黑人的形象和信心；第六，它有利于美国社会的稳定；第七，它充实了美国宪政的内容，捍卫了美国宪法的权威和尊严。肯尼迪总统对待黑人民权的态度以及他在任期间采取的一些减轻种族隔离的行政措施，为1964年制定《民权法》奠定了基础。而1964年的《民权法》成为"二战"后国会在支持种族平等方面所颁布的意义最深远、内容最广泛的法案，它为联邦政府取消种族隔离的提供了方法，从而进一步加快了各地取消学校种族隔离的步伐。从某种意义上说，20世纪60年代美国黑人运动维护了少数族裔的人权，促进了美国各民族的融合。

---

[1] 杨生茂、路镜生：《美国史新编》，中国人民大学出版社1990年版，第495页。

第二节 "学校一体化"运动的兴起与发展

种族隔离在美国有着"悠久的历史",美国学校重建运动末期,"吉姆·克劳"(Jim Crow)法律体系在南方建立起来,并逐渐蔓延到联邦各州。以"吉姆·克劳"法律体系为主要内容的制度化少数族裔教育政策的含义指:其一,以种族画线将黑人和白人隔离开来,即实行所谓的"隔离但平等"原则,主要体现为黑白学生分校读书;对教育中对黑人实行公开的种族歧视。1896年,普莱西案建立了"隔离但平等"原则;1954年,布朗案中提出了取消少数族裔教育隔离政策,大力推行"学校一体化"。这一制度激发了整个社会对少数族裔教育的关注,催生了政府一系列教育政策和法律,也促使人们对教育机会平等进行更深入的思考。随着1964年《民权法》的制定和肯定性行动的发展,很多主要的院校开始实施考虑种族因素,并给予少数族裔申请人一定优先对待的录取政策。到了20世纪70年代,肯定性行动在高等教育中的体现从最初的录取政策发展到了学生经济资助、教师及员工的聘任和解聘、职务晋级、培训发展等多个方面。

一、1964年《民权法》与肯定性行动计划

1964年7月2日,当美国总统约翰逊大笔一挥,在美国历史上最为广阔的《民权法》成为法律。在批准1964年的《民权法》时,约翰逊总统在电视演说中,要求所有公民帮助消除美国沿存的侵犯他人人权的残余。这是美国黑人经过长期斗争获得的结果。该法律禁止在雇佣人员、公用事业单位、工会会员资格以及联邦出资项目等方面存在种族歧视。国会对该法律草案,进行了某些修改,然后提交签字以便施行。约翰逊与他的前任肯尼迪为使法案通过做了艰苦的游说议员的工作。这项法令似乎能消除不平等的障碍,为生活在美国的2200万黑人铺设一条公正的大道。约翰逊告诉电视观众,"不承认黑人不可剥夺的权力的日子已经过去","让我们消除种族歧视的温床"。这一立法的里程碑宣布了在学校、公共场所、工作

中的种族隔离为非法。

1965 年，各种大规模的种族骚乱事件在美国相继爆发。国内种族矛盾的加深促使了约翰逊政府的第 11246 号行政令出台。第 11246 号行政令又被称为"平等雇用机会令"，它是肯定性行动计划极为重要的一部分。该命令除了要求所有接受联邦政府商业合同的公司或机构，必须采取肯定性行动计划，来保证所有的申请人以及就职者，在应聘期间不会因种族、宗教信仰、肤色或民族血统而受到歧视外，它还要求拥有联邦合同的承包商在雇佣人员时，必须为黑人等少数族裔留出与其民族比例相应的名额。① 第 11246 号行政令虽未涉及少数族裔高等教育，但促进了肯定性行动计划的确立，对少数族裔给予补偿性的优待和照顾，对美国少数族裔高等教育政策产生了巨大的影响。这些法案带来的第一个好处，就是过去对黑人实行隔离政策的美国大学纷纷向黑人学生开放，这使黑人大学生的入学人数迅速增加。在 20 世纪的前 50 年中，大多数的美国黑人学生在黑人大学中学习。到 20 世纪后期，已经有超过 70% 的黑人学生进入白人占多数的大学读书。此外，居住在美国各地黑人社区中的黑人学生有许多都进入两年制的专科学校学习。

肯定性行动计划（The Affirmative Action Programs）是美国政府为改善黑人和妇女的社会经济状况，确保有关法律的贯彻实施，并最终消除教育和就业领域的种族歧视与性别歧视所制订的，该计划的主要受益者是黑人。该计划的推出与黑人政治、经济、社会地位的提高以及黑人民权运动的蓬勃发展有着密切的关系。而美国白人自由主义者的推波助澜也起到催化剂的作用。

20 世纪 60 年代，能否平等就业是美国黑人所面临的最重要的问题，就业直接关系到其经济状况的改善和社会地位的提高。在就业领域，黑人遭遇的歧视最为严重。经济不景气时最先被解雇的是黑人。在同等条件下，黑人受雇的机会仅及白人的一半，工资只有

---

① Anne S. Pruitt（ed）: *In Pursuit of Equality In Higher Education*. General Hall Inc, 1987, p. 45.

白人的五分之三。① 为了改变此种不公平的状况是肯定性行动计划出台的初衷。肯定性行动计划执行的最主要手段是在就业领域强制实行"配额制",即规定雇主必须雇佣一定比例的黑人雇员,否则就业单位将会受到相应的经济、行政或法律制裁。联邦合同管理办公室等机构在执行该项计划的过程中,在美国联邦最高法院的支持之下,积极消除黑人在就业中所遭遇的各种障碍,以确保配额制的执行到位,使黑白人种能够站在"同一起跑线前"。

平等就业机会委员会、司法部联邦合同管理办公室和联邦法院等机构推行肯定性行动计划的最终目的,是让少数族裔集团成员在申请就业时能够处于比较有利的地位,并使少数族裔集团中的就业人员在其全国总人口中所占的比例持平,即所谓的"平等代表制"(Equal Representation),并据此认为便可消除种族歧视。但在政策执行过程中,"平等代表制"即便能够在少数族裔,特别是黑人的就业过程中得到贯彻实施,也很难消除美国根深蒂固的种族歧视观念与行为方式。白人雇主总是寻找各种借口,而受雇的黑人总是处于非常不利的地位,很难与白人享有完全平等的待遇。

肯定性行动计划对美国的教育界也产生了相当重要的影响,并在一定程度上推动了美国"学校一体化"运动的兴起。② 肯定性行动计划的实施使美国大学的学生和教师队伍的构成发生了重要变化,非白人大学生越来越多地获得进入美国大学进行深造的机会。据统计,到1970年,进入每所著名大学的新生中黑人已占10%以

---

① Nathan Glaier:*Affirmative Discrimination:Ethnic Equality and Public Policy . Indiana Law Journal*,1978,p. 300.

② 见王希:《多元文化主义的起源、实践与局限性》,载《美国研究》,2000年第2期,第44~80页。对于肯定性行动计划同多元文化主义兴起之间的关系,国内学者也有不同看法。如邓蜀生先生认为,"肯定性行动对多元文化主义的兴起有重要影响,但是肯定性行动计划的目标之一未必是促进多元文化。恐怕更多的是为了缓和种族矛盾,在一定程度上弥合种族鸿沟"。见邓蜀生:《美国与移民:历史·现实·未来》,重庆出版社1990年版,第453页。

上；1975 年，美国每所高校都录取了黑人。① 1960—1980 年，美国大学毕业生中少数族裔成员所占的比例由 6%上升到 20%，而同期女大学毕业生在总人数中的比例也由 35%猛增至 54%。② 肯定性行动计划的实施在美国学校教师队伍中产生的影响同样十分明显。根据美国教育部提供的统计数据，20 世纪 60 年代，执教于美国大学的少数族裔和妇女教师寥寥无几。到了 1985 年，妇女教师占美国高等院校教师总数的 27%，其中 10%是有色人种。③ 美国学校教育的多元化倾向日益彰显。

二、贫穷儿童的"补偿教育"：开端计划的推动

20 世纪 60 年代美国人开始认识到在经济繁荣的背后，有 1/3 的人口处于极度贫困之中。这些人中绝大多数是黑人和其他少数族裔，贫穷将他们摒弃在社会生活的主流之外。尤为严重的是，贫穷可能会恶性循环，从父辈传给子女再传给孙辈。学者们开始强调学校要关注受教育结果的平等，要使得每个社会和种族群体的儿童都能以同等水平开始他们的成人生活。而穷人的后代受贫困的影响导致入学时处于不利地位，因此有学者提出社会要负责给这些不利条件以补偿，应该在贫穷儿童中实施"补偿教育"（Compensatory Education）来消除贫困，以长期达到"教育结果平等"。

开端计划（Head Start Project）实施于 1965 年，是美国联邦政府迄今为止规模最大的早期儿童发展项目，开端计划对低收入和少数族裔家庭的儿童有长远的良好的影响。但此计划也遭到人们的批评，认为它未能提升贫穷儿童的认知成绩，是得不偿失的计划。至 2005 年，该计划在 40 年间共为 2300 多万名儿童提供了包括早期教育在内的各种综合性服务，被誉为美国学前教育的"国家实验

---

① Anne S. Pruitt（ed）：*In Pursuit of Equality In Higher Education*，General Hall Inc，1987，p.45.

② 转引自王希：《多元文化主义的起源、实践与局限性》，载《美国研究》，2000 年第 2 期。

③ 王希：《多元文化主义的起源、实践与局限性》，载《美国研究》，2000 年第 2 期。

室",对美国幼儿教育产生了十分重要的影响,使人们在广大范围内开始关注弱势儿童及其少数族裔幼儿教育,开端计划的成功为美国少数族裔初中等教育和高等教育提供了实践上的借鉴。

(一)开端计划的界定

开端计划是一个夏季学前教育方案,服务对象是3~5岁的儿童。其目的是通过专业教育工作者、社区工作人员、指导顾问和家长的共同努力,激发贫困儿童的认知能力,作好入学准备,以适应公立学校的文化,从而打破贫穷恶性循环,使贫穷家庭发生根本性的改变。开端计划的实施是根据马尔丁·德伊奇(Martin Deutsch)、麦克维克·亨特(J. Mcvicker Hunt)以及布卢姆(B. Bloom)等人的研究,人出生后最初几年对以后的学习能力具有极为重要的影响。开端计划便是通过为贫困家庭的孩子提供游戏和材料,唤起他们的好奇心、激发他们的想象力,使他们建立自主意识,从而达到弥补他们文化不利的目的。

开端计划在美国儿童教育与服务方面扮演着重要的引领性角色,正是出于政府的这种价值取向,开端计划把自己的使命定义为:通过为处境不利者子女进行补偿教育的一项教育计划,向低收入家庭的3~5岁幼儿与残疾幼儿免费提供学前教育、营养与健康服务以及其他社会服务来提高儿童的社会性发展和认知发展水平,以消除他们与其他儿童入学前的差异,从而帮助儿童作好入学准备,实现教育机会平等。因此,开端计划是一个综合性的社会服务方案,教育只是其中的一个服务内容,另外还有针对儿童健康、营养等方面为其父母提供的咨询辅导,以及为父母提供就业指导等各种社会服务,这些对该计划的实施效果产生了影响。就教育而言,开端计划主要关注的是帮助学前儿童提升语言和数学能力,这两种能力被认为是以后学业成功的关键和基础。因此,开端计划不仅只关注儿童如何作好入学准备(school readiness),而且还竭力追求优质的早期教育课程。

根据《开端计划的执行标准》,"开端计划是根据《开端计划法》以及其他法律的要求,由开端计划代理机构提供广泛的儿童发展服

务,总体目标是要增强低收入家庭儿童的社会竞争力。社会竞争力
意味着儿童每天能够有效地应对当前的环境和日后在学校和生活中
的责任"①。

(二)开端计划的发展兴起

开端计划兴起于美国的民权时代,是"反贫困之战"的产物。
20世纪60年代,美国人注意到1/5的美国家庭处于贫困状态中,
他们在获得高质量的教育、工作、卫生、保健等社会服务方面受到
不公平待遇。美国政府解决这一问题的对策是增加教育机会,制订
培训计划。同时,受当时占主导地位的环境决定论影响,人们认为
应该加强学龄前儿童的教育,从而打破这个"贫困恶性循环的怪
圈"。美国两位较具影响力的教育心理学家J.亨特和本杰明·布卢
姆分别于1961年和1964年出版了《智力和经验》和《关于人类个性
的稳定与变化》两本书。他们在书中都不同程度地认为智力的发展
很大程度上受环境的影响,而生命最初的4~5年是智力发展最快
速的时期,产生的影响也是最持久的。

正是在这种社会背景下,由经济机会办公室负责人萨金特·施
赖弗(R. Sargent Shriver)主持,联邦政府提出了一种教育补偿计
划——开端计划,即通过关注儿童的早期发展,扩大弱势群体受教
育的机会,消除贫困的恶性循环。1965年,开端计划作为一个为
期6周的暑期计划开始实施,第一年就受到了热烈欢迎,参加开端
计划的儿童数量达到50多万。但当时的开端计划更多关注3~4岁
贫困儿童及其家庭的医疗与身体健康发展状况,并没有承担其他责
任。1969年,开端计划的管理工作从经济机会办公室转交给当时
的美国卫生、教育和福利部,同时把非贫困儿童也纳入其服务
范围。

美国开端计划是由经济机会办公室(Office of Economic
Opportunity)而不是联邦教育署实施的扩大教育机会的努力。开端

---

① Barbara Beatty: *Preschool education in America*. Yale University Press,
1995, p. 33.

计划作为一个全国性的大型项目，为保证质量而制定统一的执行标准是十分必要的。1975 年，开端计划首个服务项目执行标准由美国联邦健康与人力资源部颁布后历经多次修订，其中 1996 年的修订规模最大。为保证执行标准的科学性与实用性，每次修订都建立在广泛的调查与讨论基础之上。最近一次对执行标准的修订是在2009 年 6 月，《开端计划的执行标准》（Head Start Program Performance Standards）（简称《执行标准》），共分九部分，涵盖了标准概要、服务规划、社会服务、健康服务、个人教育项目服务、营养服务、家长参与服务、服务管理、执行程序、资助的范围与条件以及合作项目要求，充分体现出科学实用的特点。

（三）7 种服务执行标准的解释

开端计划的实践主要通过 7 种服务得以推行，具体包括：教育服务、健康服务、家长参与服务、社会服务、营养服务、合作服务。《执行标准》对每项服务都作了详细的规定，涵盖了标准概要、服务范围、服务规划、运作方式等。除服务概要与服务规划部分，标准中其他各部分完全遵循了开端计划的综合性服务要求。科学有效的服务规划是实现服务目的的关键性前提，因此，标准对服务规划作了详细规定。另外，考虑到儿童群体的身心特点，健康服务部分也是细化规范的重点之一。由于开端计划同时制定了独立的家长参与和营养服务执行标准，因此，在针对儿童的服务标准中对这两部分的规范相对简单。《执行标准》中比较复杂的条款都配有详细的实践指导，这些指导既包括操作性强的具体实施建议，也包括支持开端计划实施儿童服务的联邦法案、地方法规及相关的背景知识介绍，以便让职员和家长在全面理解标准的基础上明确自己的角色、职责范围及工作目标与要求。《执行标准》的内容安排大致遵循了人们的认知规律和服务提供的基本程序，共分九个部分。

第一，标准概要。概要明确了标准的目的和应用、重要定义与适用范围，指出标准旨在规范为开端计划招收的 3～5 岁儿童提供的服务，并与联邦法规（Code of Federal Regulations）45 款（简称45CFR）第 1304 部分的相关标准保持一致，适用于所有开端计划的批准机构。

第二，服务规划。作为实现所有服务努力的指导性文献，规划的目的在于保证开端计划中所有要素恰当地参与促进儿童及其父母的一体化，促进服务资源的有效利用。规划内容必须包括及时筛选与服务推荐的程序、可用设施的保证与材料的提供、过渡安置的策略与准备等。

第三，社会服务标准。主要规定了相关机构所应提供的物质与资源保障，包括师资和各种设备的要求，儿童的招收与注册，提出了有效安置与招收程序中的各种要求和注意事项等。

第四，健康和发展服务标准。详细规定了儿童健康和服务的范畴，包括生理健康和安全以及精神健康，儿童的健康评估与审查程序，发展性评估及儿童协调员、家长、综合学科评估小组的职责，尤其以大量篇幅规范了各类儿童招收的资格标准、对儿童健康和发展的治理部门的职责范围以及对实践作了详细的指导和要求。

第五，个人教育计划开发标准(IEPS)。规定了个人教育计划开发人员的入职与培训要求，保证其参与相关会议与安排相应的时间；在开端计划项目中，充分考虑儿童的优势、需要、发展潜能等；对 IEPS 项目的具体内容、范围、相关问题以及指导作了详细的解释与规定，IEPS 项目，包括开发人员、团队成员的构成，申请的程序，完成项目的时限，需达到的目标，教育服务的提供机构与人员职责等。

第六，营养服务标准。重点是要求儿童协调员协同其他职员使特殊服务与营养项目相结合。该执行标准包括"判断幼儿营养"、"营养服务"、"饮食服务"、"家长参与"和"食品安全与卫生"五个方面，每个方面含有若干条标准，其中"营养服务"和"饮食服务"的标准最多最详细。该标准不仅从确保幼儿身体健康的角度制订符合幼儿身体需要的营养计划，且还从幼儿身心和谐的视角来进行具体指导。不仅涉及幼儿膳食营养和餐饮喂养，为幼儿提供充足的营养，满足幼儿身体需要，帮助家庭了解营养与健康之间的关系，还包括进餐环境、注意事项、幼儿参与活动等方面，体现美国在重视幼儿身体健康的同时，也重视幼儿的心理健康：首先，饮食中关注幼儿的情感需要。其次,进餐时支持幼儿的社会性发展。

第七,家长参与服务标准。主要规定了保障父母参与合作的措施,特别规定了儿童协调员在家长参与中的服务事项,如信息与机会提供、家庭计划活动援助、权利与资源获得途径的告知等。家长参与执行标准涉及以下几个方面:(1)开端计划中心帮助家长制订家庭合作目标,并充分利用社区资源为儿童和家长提供服务;(2)帮助家长参与孕产妇教育和服务,为儿童健康发展提供支持;(3)帮助家长参与儿童发展活动使家长更好地了解和促进儿童发展;(4)帮助家长参与儿童医疗、营养和心理健康服务;(5)帮助家长参加社区服务,发挥家长在社区中的作用,提高他们各方面的能力;(6)帮助家长参加过渡性活动(Transition Activities),使家长更好地帮助儿童度过幼小衔接阶段;(7)帮助家长参与家访(HomeVisits)服务,使家长有机会与开端计划工作人员和教师交流儿童的有关情况。

开端计划家长参与执行标准和相关指导:帮助家长制订家庭合作目标;家长参与孕产妇教育和服务;家长参与儿童发展活动;家长参与儿童医疗、营养和心理健康服务;家长参与过渡性活动。

第八,合作服务项目标准。主要规定了合作项目的目标、申请程序、资格、条件、评选、安置的标准,合作时间的最低要求。在遵循《开端计划法》(Head Start Act)以及补充法案的前提下,要求合作项目必须是有益于儿童发展与家庭服务的项目。对合作单位的申请者资格、地理位置,要求非常严格,申请者必须是当地开端计划项目人员或儿童发展和家庭服务人员,要求合作项目时长至少一年。

第九,《执行标准》对残障儿童的执行标准作了系统和详细的要求,其服务标准与其他儿童标准要求文体结构相似,这展示出美国开端计划在不断拓展服务内容与提高服务质量,并不断扩充残障儿童服务的边界。①

---

① U. S. Department of Health and Human Services: *Head start Program Performance Standards*. Head Start Bureau, 2009, pp. 48-52.

(四)开端计划的行为方式

美国开端计划通过结合其传统的教学活动、家庭活动、社会交往活动将其丰富的各种资源富有成效地融入到各种项目与活动中。各种类型的行为方式发挥其各自的优势,在政府、社区组织、家长、咨询员的共同协作下,形成了多种行为模式。《执行标准》要求开端计划的获资助者可任意采用以下四种不同的行为方式:以"中心"服务(幼儿园)为基础(Center-based program);以家庭服务为基础(Home based program);综合服务型(Combination program);家庭看护(a family child care)。①《执行标准》进一步指出行为方式的选择应该根据儿童、家庭及社区的需要,还要考虑儿童的健康、营养以及父母的愿望等因素,由代理机构进行评估,对行为方式作出合适的选择。

1. 模式1:以"中心"服务为基础。

首先,《执行标准》规定了以"中心"服务为基础的模式中,必须有1名教师配备1名助手或两位教师加1名志愿者的师资要求,并对课堂教学的规模与儿童年龄的匹配进行了规定,如表2.2-1所示:

表2.2-1　　模式1中课堂规模与儿童年龄的匹配要求

儿童年龄要求	课堂规模
4~5 岁	17~20 人
4~5 岁(双重制课堂)	15~17 人
3 岁	15~17 人
3 岁(双重制课堂)	13~15 人

其次,规定了该模式的运作方式,可以有两种方案选择。一为

① U. S. Department of Health and Human Services: *Head start Program Performance Standards*. Head Start Bureau, 2009, pp. 55-60.

60

单一制,即采取全日制课堂教学,每周 4~5 天教学,每天 4~6 小时的教学服务,开端计划获资助者至少获得一年的课程服务;二为双重制,指的是 1 位教师一天上午和下午配备两组不同的儿童,并对其年龄以及班级规模进行了详细规定,如表 2.2-1 所示。

2. 模式 2:以家庭服务为基础。

开端计划非常重视家庭在教育活动中的作用,"认为家长对幼儿发展是至关重要的",对家长进行教育及组织家长参与教育活动是保证各个阶段取得成功的因素。因此,模式 2 也开始受到人们的青睐。以家庭服务为基础指的是代理机构提供专业人员到受资助者家庭家访、咨询等服务。一般移民、郊区和农场地区家庭偏好这种模式。《执行标准》规定了模式 2 中必须每周对每个家庭进行家访最低一个半小时,并对工作人员进行职前培训。家访的目的在于帮助家长提高为人父母的技巧,并协助使家庭成为孩子的主要学习环境。家庭咨询业必须帮助家长给孩子提供学习机会,帮助孩子成长和发展。家庭服务一般还要与社会组织活动相结合,要求家长与儿童共同参与,一般提供自我尊重、交往技巧、缓解压力、健康知识、舒缓同伴压力、培养家庭管理的技巧的训练等。

3. 模式 3:综合服务型。

综合服务型是模式 1 和模式 2 的综合,《执行标准》规定综合服务模式必须同时提供课堂教学系列与家访,促进家长与儿童的交流,同时应该平衡模式 1 与模式 2 的两种运作模式。并规定了课堂教学规模与家访人员的相应最低人数组合如下(如表 2.2-2 所示)。

表 2.2-2　综合服务型——课堂教学次与家访次的组合

课堂教学次	家访次	课堂教学次	家访次
96	9	76~79	14
92~95	10	72~75	15
88~91	11	68~71	16
84~87	12	64~67	17
80~83	13	60~63	18

续表

课堂教学次	家访次	课堂教学次	家访次
56~59	19	40~43	23
52~55	20	36~39	24
48~51	21	32~35	24
44~47	22		

《执行标准》规定了综合服务的不同组合规定，如：综合服务每周3天，并提供每月一次的家访(96次课堂教学和8次家访一年)；综合服务每周2天，并提供每月2次家访(64次课堂教学和16次家访一年)；综合服务每周一天，并提供每月3次家访(32次课堂教学和24次家访一年)。

4. 模式4：家庭看护。

家庭看护一般是针对幼儿与残疾儿童提供服务，选择家庭看护模式的代理机构要保证充足的运营时间，并确保为幼儿和残疾儿童提供相关的个别家庭服务计划(IFSP)或个人教育计划(IEP)，并保证室内与室外活动方式相结合，注意幼儿的认知、社会情感培养和身体发育，并注重对儿童的安全保护与监督。要求政策委员会在其中发挥作用。需要提供安全规划、预防儿童受伤，并对各项设备进行安全检测等。

（五）开端计划的管理

从开端计划执行以来，该项目的管理机构与运行机制就一直在发生变化，但不变的是开端计划的政策都是由联邦先行计划处(the federal Head Start agency)、地区办公室(regional offices)、地方获权机构(local grantees)和授权办事处(delegate agencies)多个层级的管理执行机构共同制定的。此外还设有专门的审查小组监察各个获权机构如何以一种独特的方式来实现这些标准，为其提供反馈，以确保地方社区创造并执行满足低收入家庭特殊需要的项目。

《执行标准》提出在中央政府层面，既要保持联邦政府的责任，也要强化州政府在学前教育中的责任，联邦政府也曾提出把开端计划纳入各个州的学前教育体系，由州政府统一协调发展的建议。项目管理机构实行的是理事会负责制。《执行标准》规定地方获权机构和授权办事处采用共同治理模式。开端计划治理结构由政策理事会、政策委员会和家长委员会组成。地方获权机构设有政策理事会，负责决定开端计划的政策方针并每年向组织作年度报告。在授权办事处下，设有政策委员会，下设副会长及若干部门主任等，他们各有分工，负责自己所管辖的工作。家长委员会通常在"中心"基础上建立，其成员必须排除现有获得资助家庭的家长加入，其工作主要是与地方项目管理委员会一起决策和管理项目的一切工作，《执行标准》提出了继续保持此权力的改革建议。政策理事会与政策委员会成员必须包括两种类型的成员：一为现有注册的家长（保证51%的比例）；二为社区代表，社区代表由商业、公立或私立社区成员、市民、专业组织等。各治理组织任期一年。① 理事会实施对协会事务的管理，理事会成员及主任在业务会议上选举产生，在理事会下设有主席办公室、公共事务与交流办公室、财务与行政管理办公室等部门具体负责各项事务。

作为扩大教育机会的手段，开端计划面临越来越多的困境。政府改变了对开端计划的资助政策，由注重质量到注重数量。由于孩子越来越多，结果每个孩子的人均经费变少且在日益下降，教师的质量也有所下降。虽然开端计划是一项由联邦支持的全国性的项目，但并未得到全社会的支持，在普遍认为学龄前儿童的教育是家庭而非社会责任的社会氛围中，人们尤其是中产阶级认可的是，不同经济收入的家庭在教育市场上为孩子购买不同质量的教育服务。而且由于美国存在两大政党，共和党和民主党的政策不一，开端计划也往往处于两党的政治拉锯战中。此计划也遭到人们的批评，认为它未能提升贫穷儿童的认知成绩，是一种得

---

① U. S. Department of Health and Human Services：*Head start Program Performance Standards*. Head Start Bureau，2009，pp. 80-89.

不偿失的教育计划。尽管人们对此计划褒贬不一，但它还是取得了一定的成效。它使全社会关注贫穷儿童营养和保健的需要，并建立起了满足这些需要的机制；它使全社会注意到学前教育的重要性；它使家长参与其中，使他们获得必要的促进孩子发展的经验；它给予参与此项计划的教师日后指导贫困家庭儿童学习和成长的有益经验。

《执行标准》把开端计划机构、家庭和社区很好地联系在了一起，注重以社区服务和资源为依托，为家长和儿童提供高质量的服务。通过各种途径与中心、家庭、社区建立联系，了解各种类型儿童与家庭的情况和所需服务，以便更好地满足儿童和家庭的需要，还详细考察了存在的问题。《执行标准》不仅为今后美国开端计划执行指明了方向，也为儿童学前教育与儿童研究和服务人员提供了理论指导，而更为重要的是，为促进美国开端计划的执行及质量提供了重要保证。

（六）开端计划对美国学前教育发展的积极作用

第一，促进了教育机会均等。从服务对象上看，开端计划以贫困儿童为主要群体，为低收入家庭，特别是处境不利家庭的儿童、残疾儿童提供接受学前教育的机会，改变了以往只有中产阶级家庭的儿童才能接受学前教育的状况，扩大了学前教育的对象，使越来越多的儿童能够享受到教育平等带来的好处。

第二，促进了少数族裔多元文化和语言的发展。向母语为非英语的少数族裔中的贫困儿童及其家庭提供服务也是开端计划的重点项目之一。1960 年至 1993 年间，美国少数族裔人口增长飞快，如开端计划全国地方项目中的黑人儿童由 1993 年的 67% 扩大到 1999年的 70%。如何使这些少数族裔中的贫困儿童获得平等的教育机会受到了社会大众的关注，开端计划为此作了大量的努力。据统计，全国开端计划的地方项目中共存在 140 种语言，儿童和家长都可以从中获得英语学习的机会。同时，各个地方项目还为少数族裔儿童及家长提供丰富多彩的文化活动及大量的多元文化资料。专门面向土著印第安民族儿童的地方项目中心也从最早的 43 个增加到了 20 世纪末期的 487 个。①

第三，促进了贫困家庭的经济独立及社会稳定。家长及其家庭环境是影响儿童发展的最重要因素，开端计划不仅为贫困儿童的家长提供大量的参与儿童生长、健康、认知能力发展的机会，而且为家长提供再学习的机会和职业发展的机会。如帮助家长完成高中学业及提供职业培训等，使家长能够尽量为儿童提供一个较好的家庭环境。同时开端计划对儿童的影响也是长久的。参加过开端计划的儿童在成年后的犯罪率、需要社会服务的比例都明显低于未参加过该计划或参加其他学前教育计划的儿童，而高等教育的入学率、就业率、积极纳税率都高出参加其他学前教育计划或未接受学前教育的同龄人。可以说，开端计划对促进经济增长与社会稳定方面发挥了积极作用。

开端计划的教育公平取向。在探讨教育公平问题时，我们首先要理解什么是公平。美国自由主义思想家约翰·罗尔斯在《正义论》中提出了著名的公平（正义）原则，依据他的公平（正义）理论，对处境不利的儿童进行援助就是公平观的具体体现。开端计划通过为处境不利的儿童提供教育补偿，促使他们在原有基础上获得良好发展，以此来实现教育公平。开端计划所蕴含的教育公平取向主要表现在如下几个方面。

第一，政府以立法的形式促进教育机会均等，并为此持续投入资金。

由于现实中存在着国民社会政治经济地位的不平等，因此，教育机会均等成为实现教育公平的核心问题。保障教育机会均等目的主要是为了改变处于不利地位的社会阶层的教育状况，它"意味着任何自然、经济、社会或文化方面的低下状况，都应尽可能从教育制度本身得到补偿"。政府必须承担和推进教育公平的重任，除了满足一部分儿童接受良好教育的需求之外，还应该对处境不利的儿

---

① Susan Muenchow, Edward Zigler：*Head Start*：*The Inside Storyof America's Most Successful Educational Experiment*. A Division of Harpercollins Publisher, 1992, p. 58.

童进行必要和及时的教育补偿，从而缩小他们与其他儿童之间教育机会的差距。开端计划体现了这一教育公平价值取向。根据美国联邦法律的规定，政府的健康与人类服务部门应向指定的开端计划实施部门提供经济援助。开端计划不向家长收取费用，其经费80%来自联邦政府的拨款，其余主要来自社区。

除了提供资金之外，政府还以立法的形式推进教育公平。《开端计划法》中的"无歧视原则"规定：对于任何歧视种族、信仰、肤色、性别、生理缺陷等的项目、计划或活动，政府的健康与人类服务部门将拒绝给予财政援助。开端计划将获得资助的优先权给予那些最需要帮助的儿童，要求参加该项目的所有儿童中至少应有90%的儿童来自收入低于政府贫困线的家庭。此外，开端计划一直规定残疾儿童的参与比率不得低于总数的10%。开端计划要求所有地区的项目服务中心每年至少对区域内处境不利儿童的家庭进行两次家访，其目的在于更直接地为这些家庭提供服务。这些具体规定保障了处境不利儿童的受教育权利，在相当程度上缩小了他们与同龄其他儿童之间的差距，为他们的入学作好了各方面的准备，促进他们顺利完成学业。

大量跟踪研究报告表明，开端计划用不对等的手段对待强势群体和弱势群体，促进了教育公平，确实对儿童个人和家庭产生了显著影响，也产生了巨大的社会效益。

第二，提供综合性服务，保障儿童未来发展的公平。

儿童因其天资、家庭出身的不同，以至于他们拥有的机会也是不同的。公平的教育并非是平均主义、同一模式的教育，而是能给予每个儿童最适宜的教育条件，使每个儿童能在自己原有的水平上得到最大限度的发展，充分地发挥潜能。开端计划是一个综合性的教育项目，它所提供的针对儿童早期的连续性、综合性服务保证了教育的高质量，使天资各异和来自不同家庭的儿童的潜能得到充分发挥，最终保障了儿童未来发展的公平。

开端计划的总目标是培养儿童高水平的社会能力，使处境不利的儿童能够适应环境，克服障碍，承担生活中的责任。为了实现这一目标，开端计划主要提供四个方面的服务：儿童教育与发展服务、家长参与服务、健康服务、职员素质提高服务。

儿童教育与发展服务主要为儿童提供适宜的学习环境以及多样化的经验，以适合儿童年龄与发展状态的方式帮助儿童实现在社会意识、身体素质、智力水平以及情感状态上的发展，从而全面提高儿童的社会能力。家长参与服务的目的在于帮助家长提高理解能力，增强教育技能，获得关于儿童成长与发展的知识经验，以加强家长在儿童教育上的作用。健康服务就是为儿童提供身体、心理以及饮食营养等方面的综合服务，包括每天进行健康检查，为儿童治病，为儿童提供充足的营养，帮助家长了解营养与健康之间的关系等。职员素质提高服务为家长和在项目中服务的职员提供职业培训机会，从而更好地推动开端计划的实施。开端计划所提供的这些服务不是彼此孤立的单方面服务，而是互相协调的、综合性的服务。

开端计划为处境不利的儿童及其家庭提供综合性服务，帮助儿童为学校生活作好基本准备，其结果是接受特殊教育的儿童数量明显减少，入学后留级儿童的数量也明显减少，低收入家庭的儿童的智商和学业成就都有所提高。这一结果客观地反映了开端计划在为儿童提供全面服务，追求教育公平方面所取得的成效。

第三，重视与家庭和社区的合作，发挥家庭、社区在促进教育公平中的作用。

对处境不利儿童进行教育补偿，仅仅依靠教育机构本身是不够的，还需要充分发挥家庭和社区的作用。按照"生态学"的观点，要使教育影响更为有效，不能只满足于学校教育的几个小时，而要改变儿童生活的环境。只有家庭、社区协调一致，为儿童营造适宜其发展的教育环境，才能使每一个儿童实现最佳的发展。开端计划非常重视家长的参与和对家长的教育。一些美国学者把家长参与视为开端计划的核心所在。开端计划一直信奉这样的理念：要改善儿童的生活，必须使儿童的父母和教师的生活发生相应的变化；缺少家长的参与，就无法改变儿童的生活。在开端计划中，家长是作为儿童的责任监护人、儿童的主要教育者、开端计划以及社区的贡献者等重要角色参与到项目中来的。开端计划的法案中对家长的参与作出了一些规定，例如，地方项目政策小组的成员中必须有51%

的人是目前参加该项目的儿童的家长；家长的参与应属于自愿行为；家长可以以雇员或是志愿者的身份来为项目服务；在项目开展过程中，所有的设施都应向家长开放，家长可以参与其孩子教育发展计划的制订和实施，等等。这些规定给予了家长较大的优先权，以鼓励家长的参与，确保开端计划的服务质量。此外，开端计划还非常重视对家长的教育，通过为家长提供相关的知识和经验，使家长能够正确地教育孩子、改善家庭的经济状况，从而为孩子的发展创造一个有利的环境。

在与社区合作方面，开端计划致力于加强与相关社区机构的沟通、合作和信息共享。这些社区机构包括卫生保健服务提供者（如诊所、内科医生和牙医），心理健康服务提供者，营养服务提供者，为残疾儿童及其家庭提供服务的个人和机构，维护和支援家庭的服务机构，儿童保护机构，当地的小学及其他教育机构和文化机构，儿童保育服务提供者以及任何为家庭提供支持和资源的机构或商业组织。这些社区机构和家庭相联系，形成一个完整的教育服务网络。开端计划鼓励家长参与项目，推进了全社会对处境不利儿童及其家庭和社会环境的关注和支持。从另一方面讲，该计划也在很大程度上减轻了这类家庭的压力，使家长有时间和精力去进行自身的职业培训，获得更多的工作机会。这在一定程度上缓和了社会矛盾，促进了社会公平。

美国开端计划作为消除贫困，打破贫困的一种循环再造手段，受到社会各界的广泛关注。结合约翰逊总统"向贫穷宣战"一系列社会改革措施的出台。教育在此背景之下被推到前台，承担起打破贫困循环的责任。人们强调学校要关注受教育结果的平等，要使得每个社会和种族群体的儿童都能以同等水平开始他们的成人生活。无疑，开端计划作为改变穷人子女受贫困文化影响而在入学时处于不利地位的补偿手段，是有利于消除贫困的一种手段，从而成为达到"教育结果平等"的有益尝试。作为扩大教育机会的手段，开端计划无疑对于改变贫困、少数族裔儿童的教育状况起到很大的作用，也表明了联邦政府对于少数族裔教育资助的肯定与支持态度，同时也为"学校一体化"运动提供了实践基础，也是其发展过程中的重要一环。

三、"学校一体化"发展的模式

继美国国会通过 1964 年《民权法》和 1965 年《初中等教育法》后，联邦政府的司法部，卫生、教育和福利部（HEW）不断加强对各地取消种族隔离的干预。同时，联邦法院也积极介入地方教育，使得取消学校种族隔离的面貌发生了根本性的变化。随着"学校一体化"运动的蓬勃发展，主要产生了两种模式：一种是强制模式；一种是自愿模式。强制模式通常指得到州政府以及学校的有力推动，有较为强硬的法律支撑，通过强制性手段推行的模式，如有名的"校车计划"。自愿模式通常指"学校一体化"运动的推行在"微弱"中进行，是各校自愿自发，而没有强有力的法律规章强制执行的运作模式。

（一）强制模式——校车计划

用校车接送学生一直是学校教育过程中的一部分，不管是城市还是农村，每天都有学生坐校车上学放学。校车计划引起人们的争议是最高法院将其用作取消学校种族隔离的手段。20 世纪 70 年代法院强制的校车计划在很多地方引起了大规模的示威抗议活动。20 世纪 90 年代以来，一些地区已经抛弃了强制的校车计划。

20 世纪六七十年代人们对校车计划产生兴趣缘于各种取消学校种族隔离计划的失败。在布朗案裁决后的十年里，南方及邻近州普遍采用"自由选择计划"，这种计划使南方取消学校种族隔离的工作一直裹足不前，人们需要找到一种更有效的消除种族隔离的办法。在取消种族隔离普遍受到抵制的情况下，强制的校车计划似乎是唯一可行的途径。1966 年科尔曼发表了研究报告——《教育机会均等》（EEOR），将人们的目光再一次集中在隔离的教育制度对少数族裔学生造成的损害上。虽然在长达 737 页的报告中只有 3 页探讨了少数族裔学生就读种族混合学校可能获得的好处，而且科尔曼本人并不相信校车计划会带来教育结果的平等，但人们从科尔曼的报告中仍得出黑人如若被校车送入以白人为主的学校将会获益多多的结论。①

1968年9月，依利诺斯的南荷兰开始采用校车计划，这是最早将校车用于消除学校种族隔离的尝试，一切都在平静中进行，大约800名黑白儿童被平均分开，每天由校车接送到种族混合的学校。1971年，最高法院在"斯万控夏洛特—迈克兰伯格教育委员会案"中对取消学校种族隔离又作出了里程碑式的裁决，即将校车作为取消学校种族隔离的工具。此案是尼克松总统入主白宫后最高法院的第一案。法院在裁决时发现夏洛特—迈克兰伯格学区没有遵守"格林要素"标准，于是要求学区采用约翰·芬格博士（John Finger）提出的"芬格计划"（Finger Plan），此计划要求学校系统理想的黑人比例应在9%～38%之间。② 为使每个学校达此比例，必须额外将1.3万名学生用校车将他们分别运送到远离家门的学校中。法院发现用于取消学校种族隔离的校车计划所涉及的时间和距离并不比学区原有的校车计划多多少，于是裁定使用强制的校车计划以达到实现"学校一体化"的目的。此案的裁决为以后法院涉及用校车运送学生的案件奠定了基础，尽管校车计划从一开始就遭到反对甚至抵制，但在"学校一体化"运动的措施多次失败后，强制的校车计划还是被各地普遍采用。

校车计划一开始便遭到白人家长的反对，1972年3月，200多位反对校车计划团体的领导们聚集在密西根的庞提艾克（Pontiac）策划向华盛顿进军的抗议活动。此前在庞提艾克的一次抗议校车计划的示威中有10辆校车被毁。类似的抗议活动在各地屡屡发生，最引人注目的是1974年波士顿采用校车计划导致的种族骚乱。与美国很多北方大城市一样，70年代的波士顿存在着明显的黑白居住隔离，北部的罗克斯伯瑞（Roxbury）为黑人聚居区，而南部的南

---

① Harry A. Ploski & Warren Marr, II（edt）: *The Negro Almanac: a reference work on the Afro-American*, third edition. The Bellwether Company, 1976, p. 536.

② Harry A. Ploski & Warren Marr, II（edt）: *The Negro Almanac. a reference work on the Afro-American. third editio*n. The Bellwether Company, 1976, p. 525.

波士顿为白人聚居区。1974年，联邦地区法院法官盖瑞逛发现波士顿学校委员会采用隐蔽的策略使学校出现黑白隔离，而且学校委员会一直有意为之，于是裁定用校车计划实现"学校一体化"。校车计划从1974年9月开始，将罗克斯伯瑞的部分黑人学生用校车送到南波士顿的白人学校。南波士顿的白人对此表示了极大的不满，示威者向运送黑人学生的校车投掷石头，导致9名南波士顿中学的黑人学生在校车玻璃被砸时受伤，黑人小学生也未能幸免。10月7日，一位黑人（Andre YvonYean Louis）去南波士顿接妻子时被白人严重打伤，此事件激起了罗克斯伯瑞黑人学生的报复行动。他们砸毁车辆，攻击过路的白人。黑白间的冲突不断升级，最终导致萨根特（Frank Sargent）州长调动了州国民卫队。一年以后，罗克斯伯瑞和南波士顿之间的校车计划被取消，但整个城市重新划分就学片，参与新校车计划的学生由17000人上升到25000人。

校车计划在"学校一体化"领域一直是争议最大的问题，同时对校车计划的效果，学者们也是众说纷纭。科尔曼在其"走向开放学校"（Toward Open School）的讨论中表达了这样的观点，即种族混合学校并不能解决少数族裔学生学业不佳的问题，校车计划使白人大量搬迁到郊区，结果造成更严重的种族隔离。大卫·阿墨（David Armor）20世纪70年代的研究表明校车计划除能增进黑人学生的教育机会，对学业成绩、学业抱负、自我概念的形成及种族关系的改进没有任何帮助。阿墨的结论是，应取消强制的校车计划，鼓励自愿的合校并给予资助。阿墨的结论也受到批评，犹西姆（Elizabet Huseem）、诺曼德（Elarerzee Normand）、史密斯（Marshan Smith）及皮特古（Thomas Pettigrew）认为阿墨使用的评价种族合校成功的标准是不合适的，而且标准定得太高，参与校车计划的黑人学生的学业成绩应与其他黑人学生进行比较，而非白生。川乔治·皮博迪教师学院公共政策研究所的一项研究表明，在减少学校的种族隔离方面强制的校车计划要比自愿的措施更有效。这项研究从1968年开始到1980年结束，对全国最大的40个学区（学生人数超过3万，少数族裔学生的比例是25%～75%）进行了系统的考察，发现在实施强制计划的学区一开始会导致白人的离去，在实施自愿计划的学区虽然开始时白人离去的不多，但随着时间的推移白人的流失也越来越多，最终流失的白人学生比例几乎与实施强制计划的学区一样。① 自愿计划有时会增加黑人学生比例超过"90%"的学校的学生占 90% 的数量，而实施强制计划的学区，学校内黑白学生的比例往往与学区的种族比例相同。

20 世纪 90 年代以来人们对法院强制的校车计划日益不满，纷纷要求取消校车计划：批评者认为校车计划并未像预期的那样，使进入种族混合学校的黑人学生学业成绩有所改善，它增加了家长参与学校事务的难度，使孩子很难形成社区邻里的概念，从而降低了社区生活的质量。更重要的是，它给予孩子们一个不良的信息，即政府根据种族对他们施与不同的对待。而且对黑人儿童而言，校车计划让其觉得做黑人不好，他们需要在白人周围才能学好。

(二) 自愿模式

众所周知，1954 年最高法院对布朗案的裁决虽然使得取消学校种族隔离成为不可逆转的历史潮流，但最高法院并没有为各地提供取消学校种族隔离的具体办法。从 1954—1964 年的 10 年中，南方许多州和邻近州将"自由选择计划"(freedom of choice) 作为取消学校种族隔离的手段。他们将原有的单一种族就读学区打破，重新划分就读学区，学生的安置往往根据邻近学校的原则自动进行。如果孩子的父母不接受学区的安置，学生可以有选择学校的自由，但家长要求转学的结果往往是黑人依然被安置在黑人占多数的学校，白人安置在白人占多数的学校，除非家长提出相反的特别要求。无形中学校委员会将消除学校种族隔离的责任放在了家长的肩上，而且很多学校委员会为学生转学设置障碍，使转学变得困难。如学校委员会并不公开转学的程序，只在有限的时间内接受转学者的申请，即使家长及时提出申请也有可能被否决，而且学校委员会往往对转入白人学校的黑人横加刁难，对转出黑人学校的白人大开绿

---

① Lisa Cozzens：*School Integration in Boston.* http：//www. fledge. wason. org/lisa/blackhistory/citing. html，2010-03-17.

灯。结果南方实行"自由选择计划"的结果依然是白人上白人学校，黑人上黑人学校。与以往不同的是白人学校会零星点缀几个黑人学生，而且常常是白人学校超员，黑人学校学额不满，但学校委员会任由这种状况存在。如马里兰州乔治王子县的格莱那登森林小学在"自由选择"方案下成为全黑人学校，且缺额42人。不到一里之遥的道智公园小学超员62人，只有一名黑生，占学生总数的0.1%。美国人权委员会还发现此县位于黑人聚居区的8所学校中有6所学校在1965—1966学年度学额不足，而邻近的白人学校却超员，对此学校委员会拿居住隔离的现实和邻近学校的概念来掩盖其拖延取消学校种族隔离的用心。乔治王子县的现象在南方并不是特例，绝大多数黑人在这种"自由选择计划"面前并没获得选择的自由，南方及邻近州的取消学校种族隔离成了表面文章。

造成这种困境的原因在于一方面联邦法院没有执行其命令的机构，另一方面联邦政府的执行部门最初也没能承担起取消学校种族隔离的道德和法律责任，当然还有一个重要的原因是当时国会也被南方反对取消学校种族隔离的人所控制。20世纪70年代在实行"学校一体化"运动过程中最引人注目的城市便是波士顿，之所以引人注目是因为在这个公立学校以及教育机会平等理想的诞生地，被看成是"自由摇篮"的地方，1974年法庭裁决的校车计划却导致了大规模的暴力冲突，许多人认为这是继小石城后最重要的取消学校种族隔离案。"学校一体化"运动发展的自愿模式主要还有：

（1）磁石学校。磁石学校是人们在实现学校种族一体化过程中改革教育的尝试，20世纪70年代磁石学校作为反对强制校车计划的有效途径与其他的学生派位计划一道成为强有力的全国性运动。之所以称为"磁石学校"，是因为这类学校通过推出解除入学种族限制、更新课程计划、优化教学环境、完善经营机制等措施，改变学校面貌，使学校能像磁铁一样吸引学生入学。在城市地区这类学校以较高的教育质量吸引了各种族学生入学，在一定程度上改变了美国城市地区公立学校的面貌。磁石学校往往只围绕某一个主题或领域来组织教学，它用最新科技课程或独具特色的课程做"磁石"来吸引学生。如纽约考坡莱广场中学磁石课程计划的特色以国际研

73

究课程为主，课程门类包括外语、政府、政治学、理科、商业、艺术、戏剧和计算机。学生在四年里要学好至少一门外语（主要有法语、西班牙语、汉语、日语等），高年级学生还应选择学校的五类选修课程之一，五类课程包括外交、文化艺术、第二外语、商业、技术。

在大多数学区，磁石学校最先开设的课程往往是表演艺术，如费城和辛辛那提最早的磁石学校都是表演艺术学校（School of Creative and Performing Arts）。从目前来看，各地的磁石学校已开发了非常完备的课程计划。以费城为例，课程计划从外事研究到以社区为基础的教育应有尽有。一般情况下磁石学校都有学术性的课程和职业性的课程。磁石学校之所以受到人们的关注，最主要的原因在于它为自愿取消种族隔离提供了一条途径。人们相信这种学校可以减少中产阶级家庭和白人家庭从实施种族合校的学区中流失，人们希望通过提供独特的有吸引力的课程计划，吸引各种族的学生，从而使学区的人口得以稳定。磁石学校也得到了联邦政府的支持，1976 年国会颁布"紧急学校补助法"（Emergency School Aid Act），后改称"磁石学校资助法"（Magnet School Assistance Act），每年提供大约一亿美元用以为磁石学校方案提供特殊的财政资助。2000 年，联邦政府对 61 个学区的磁石学校进行资助。另外，里根政府在 1984 年把磁石学校作为种族合校案件的院外解决办法。①

磁石学校在有些地方取得了很大的成功，如在佐治亚州的亚特兰大，磁石学校与自愿的"多对少"计划（"多对少"计划允许学生从自己种族占多数的学校转入自己种族占少数的学校，实际的结果是黑人学生从黑人占主导的学校转入白人占主导的学校）一度成为种族合校的途径。佐治亚州的萨万那（Savannah）从 1988 年起耗资5700 万美元建立了 22 所磁石学校，得克萨斯的达拉斯（Dallas）也花费了 2000 多万美元建立"超级磁石学校"。

应该指出的是，在有些学区磁石学校是法院命令的取消学校种

① Erwin V. Johanningmeier: *The Foundations of Contemporary American Education*. Gorsuch Scarisbrick, Publishers, 1987, p. 121.

族隔离计划的一部分，其目的是减少家长对强制取消学校种族隔离的敌意。以波士顿为例，在法院要求取消学校种族隔离的20世纪70年代中期，学区有磁石学校32所，学生可以在一般的种族混合学校和磁石学校间进行选择。据克里斯蒂·拉塞尔（Christine R. SSell）的研究，波士顿的磁石学校受到人们的欢迎，每所学校都有很多申请者。20世纪80年代共和党为激发公立学校的办学活力，提倡自由择校以促进公立学校间的竞争，提高教育质量。到20世纪90年代，磁石学校成为自由择校的组成部分。

（2）教育券计划（voucher plan）。教育券计划是引进市场经济规律办学的尝试，学区按人均教育经费给予学生教育经费代金券，学生可自由选择公立或私立学校，学区在学生注册时根据教育券为每所学校兑现教育经费。目前米洼奇（Milwaukee，威斯康星）和克利夫兰（Cleveland，俄亥俄）是美国仅有的两个由公共资金支持教育券计划的城市。米洼奇的教育券计划最初是由黑人提议的。20世纪六七十年代，取消学校种族隔离并没有给黑人教育带来好处，在强制校车计划下，黑人的辍学率不断上升，学业成绩却一路下降，留级的人数也越来越多，黑人强烈要求州和地方为黑人提供好的学校，好的教育。1970年，黑人家长们首次提出了教育券的想法并要求400万美元教育券拨款，家长们的提议遭到教师工会和全国有色人种协进会（NAACP）的强烈反对（目前这两个团体依然反对此计划）。1989年，在经过了无数次的争论后教育券计划终于获得通过。教育券计划在给予家长为孩子选择学校自由的同时也将学校置于相互竞争的境地，对于黑人来说这不是一件坏事。黑人之所以反对种族隔离的学校，是因为被置于隔离境地的黑人所受的教育是低劣的。取消隔离是必要的，但黑人需要的不仅仅是这个。正如杜波依斯所说："黑人既不需要隔离的学校，也不需要混合学校，他所需要的是教育。"教育券计划在一定程度上满足了黑人家长为孩子选择更好教育的需求。

四、美国推动"学校一体化"运动发展的力量

"学校一体化"运动能蓬勃发展并不是偶然的，这与联邦政府

和各州政府以及学校的有力推动有关。格林案后,"学校一体化"运动开始在美国得以大规模的开展。"学校一体化"运动也被喻为美国少数族裔教育史上具有里程碑意义的事件。这样一个有着重大意义的事件缘何出现?通过对当时社会背景的考察不难看出,"学校一体化"运动的出现一方面是社会时代使然;另一方面,其他因素的协同作用使"学校一体化"运动得以来临。

1. 这源于倡导取消公立学校内种族隔离者的推动,是这些人通过法庭将学校教育中的种族隔离问题呈现在全国人的面前。当布朗案裁决目标基本实现的时候,这些人认为有必要设立一个新的目标,即在全国范围内消除所有种族隔离。

2. 黑人平等意识的觉醒,是黑人追求少数族裔教育平等的原动力。"二战"后,黑人平等意识逐步觉醒,并转化为激烈的主动追求平等权利的斗争。全国有色人种协进会在其机关报《危机》中也阐述了这一观点:黑人参加武装部队,不仅仅是为了要一套军装。这是在为争取地位而战,为使民主制度焕发生机而战。战争使黑人认清了一个现实:平等只有通过斗争才能取得,这种斗争最终发展成了20世纪中期的黑人民权运动,布朗案和格林案作为黑人民权运动的开端,正是这种主动斗争的体现。

3. 黑人经济地位的改善为族裔教育平等提供了坚实的保障。第一次世界大战之后,美国的经济获得了重大发展,特别是北部的工业发展迅速,亟须大量的劳动力资源。而第一次世界大战大量征兵和欧洲移民的减少又使劳动力越来越难以满足生产发展的需要。劳动力缺乏的现状加上黑人在南方受到的种种不公正待遇,导致大量黑人向北方工业城市迁移。而北部城市优越的条件,充分的就业机会,尤其是较高的工资待遇,较好的生活条件也对黑人产生了特别大的诱惑力。通过向北方移民,大量黑人进入北方的工业企业,这一方面为北方经济的进一步发展提供了丰富的劳动力保障,另一方面,黑人自身也从中受益,获得了较南方更为丰厚的报酬,经济实力有了一定增长。另外,随着北方大量黑人的涌入,一些黑人开始从事商业、服务业、制造业等,经济收入有了更大幅度的提高,开始成为黑人中的资产阶级,他们也因此有机会接受更高程度的教育。而教育程度的提高又使他们对自己在美国社会中所处的地位和所受的歧视有了更深入的思考，并逐渐成为带领其他黑人为平等而斗争的进步分子。黑人经济地位的改善也使他们的要求更能获得社会的关注，而只有当全社会开始关注某一问题时，这一问题才可能得到切实而有效的解决。

4. 社会进步组织在其中发挥了很大作用，少数族裔教育平等权在美国的发展表现出来的另一个特点就是社会进步组织发挥了重要的作用，他们或单独，或联合地为原本力量比较薄弱的黑人斗争提供了强大的舆论支持和明确的斗争导向。普莱西案之后，黑人被"合法的隔离"，但白人种族主义分子并未就此罢休，而是掀起了一个又一个残害黑人的种族暴乱。为了维护黑人权利，全国有色人种协进会在 1909 年应运而生，作为一个黑人上层知识分子和中产阶层白人自由主义者的联合组织，它主要是通过法院诉讼的方式来为黑人赢得与白人平等的权利。1942 年，种族平等大会（The Congress of Racial Equality）由一群学生在芝加哥成立，并以在实践中建立所有人不可剥夺的决定自己命运的权力为宗旨，认为对所有人而言最重要的也是最基本的自由就是决定自己命运的权力。在此基础上，种族平等大会发动了一系列争取平等权的活动，而不论对象的种族、性别、年龄和宗教信仰，如 20 世纪 40 年代对《杰姆·克劳法》的反对，20 世纪 50 年代的静坐抗议种族隔离，20 世纪 60 年代的"自由搭乘"，70 年代对"自我决定"的呼吁，直至 20 世纪 80 年代的"平等机会"和 20 世纪 90 年代的"社区发展"，种族平等大会一直在以自己的方式为争取黑人权利持续不断地奋斗着。布朗案判决之后，为了扩大胜利的成果，马丁·路德·金于 1957 年成立南方基督教领袖会议。1960 年，又成立了学生非暴力协调委员会。可以说，没有这些民权组织，布朗案与格林案的胜利是难以想象的，这些民权组织继续推动着黑人民权运动向着更高的阶段发展。

5. 美国人对公立学校的信仰。与欧洲不同的是，美国教育在发展过程中形成了单轨的学制，这种单轨学制建立在吸纳所有儿童接受教育的理想之上。在美国人心中，公立学校面前应该人人平等。当然公立学校的观念并不意味着彻底的平等，在学校内部，来自较低社会经济阶层的孩子可能获益较少，而且社区的社会结构也会对学校的功能产生影响，但这并不影响美国人坚信公立学校应该发挥促进社会平等的作用。可是二战后由于经济的发展和技术的进步，尤其是交通的便利，使得人们有可能将居住区和工作地点分离开来，也使得居住区导致的种族隔离日益成为可能并变得普遍。虽然对于成人来讲居住地和工作地点不再紧密地结合在一起，但对于孩童而言"邻近学校"（neighborhood school）在其生活中依然发挥着重要的作用。这一方面是孩子自身活动区域较小的要求，另一方面也是学区教育政策的结果。根据居住区所划定的就学片使学生只能进入某一所学校，通常是一所离家最近的学校。由于人们在选择居住地点时常会受到经济和种族等因素的制约，再加上"邻近学校"的入学原则，最终的结果是人们所追求的接收不同经济背景、不同种族肤色的公立学校不复存在，取而代之的是精英阶层的郊区学校、中等收入阶层的郊区学校、低收入阶层的郊区学校以及各种类型的市中心学校、低收入阶层的白人学校、中等收入阶层的白人学校、低收入或中等收入阶层的黑人学校，如在大城市黑人聚居区就意味着学校为全黑人学校。这种由居住隔离导致的学校种族隔离也同样背离了早期美国为所有人创立单一学校的理想，因此当制度化的学校种族隔离制度基本被废除后，消除北方这种"事实上的隔离"便成为人们追求的新目标。

消除"合法隔离"所关注的是保护宪法所赋予个体的权利不受州及其机构的歧视与侵害，而消除"事实上隔离"的目标则是从理想社会的构想出发，试图在学校中实现种族融合。通过种族融合的学校教育消除隔离，实现整个社会的种族一体化无疑是一个值得追求的目标，但这个目标的实现不可避免地要与其他的社会目标发生冲突，如人们有选择居住地的自由、学校是社区不可或缺的组成部分，等等。正是因为这些冲突的存在，使得取消学校种族隔离的方法和手段一直处于争论之中。

6. 美国健全的司法系统支撑。20 世纪以来美国少数族裔教育平等问题都是通过司法途径解决的，而且司法判决似乎成为了解决少数族裔教育平等问题的最终途径。究其深层次原因还在于美国三权分立的宪政体制以及由此导致的司法权的优越地位和司法部门的独立性。1803年"马伯里诉麦迪逊案"确立了联邦最高法院的司法审查权之后，更强化了联邦最高法院作为民权守护者的角色。通过司法审查权，美国联邦法院可以因政府行为以及立法机关通过的法律违反宪法而宣告其无效。从而使美国的司法权成为所有实行三权分立国家中最令人敬畏的司法权，也使联邦最高法院从此之后可以更好地为保护公民权利服务。种族隔离这一兼具立法和行政因素的制度也因此容纳在了联邦最高法院的管辖范围之内，必须接受合宪性的审查。当1954年沃伦大法官代表联邦最高法院认为"隔离但平等"原则不再被适用时，被告必须执行。格林案的横空出世为"学校一体化"运动起了巨大的推动作用。

美国有完善和先进的违宪审查和宪法诉讼制度，这两项制度使黑人在对其权利不公正时可将争议提交给法院，由法院直接按照宪法的规定对事实加以审查和处理，并作出最后的判决和救济。布朗案和格林案中原告均因自己的宪法权利遭到了侵犯而义无反顾地提起了诉讼，两个案件的胜利充分证明了这一点。

第三章 初中等教育中的"学校一体化"

初中等教育涉及千家万户,因此取消初中等教育中的种族隔离,实现公立学校种族一体化一直是全社会关注的焦点。继国会通过 1964 年《民权法》和 1965 年《初中等教育法》后,联邦政府的司法部,卫生、教育和福利部(HEW)不断加强对各地取消种族隔离的干预。同时,联邦法院也积极介入地方教育,使得取消学校种族隔离的面貌发生了根本性的变化。黑人一系列法律诉讼的胜利终于使"学校一体化"运动获得了全面胜利。"学校一体化"运动在美国的大规模展开,也标志着学校教育的种族隔离在美国的终结。

第一节 联邦政府的司法介入与初中等 教育"学校一体化"的确立

继国会通过 1964 年《民权法》和 1965 年《初中等教育法》后,联邦政府的司法部,卫生、教育和福利部(HEW)不断加强对各地取消种族隔离的干预。同时,联邦法院也积极介入地方教育,使得取消学校种族隔离的面貌发生了根本性的变化。直到 1968 年,在"格林控新肯特县学校委员会"(Green v. School Board of New Kent County, Virginia)一案中,最高法院确定了有效的"学校一体化"计划的标准——格林要素。格林要素的确立,揭示出"学校一体化"在美国初中等教育领域中的确立。

一、"普莱西诉弗格森案":"隔离但平等"原则的确立

1896 年的"普莱西诉弗格森案"(Plessy v. Ferguson, 163

U. S. 537)中,① 联邦最高法院否认了路易斯安那州法要求铁路公司实行种族隔离车厢的规定违宪,以路易斯安那州法没有与宪法第13、14 修正案相抵触,并重申了州最高法院关于第 13 修正案仅废除了奴隶制和强迫劳动的观点。同时提出法律虽规定了白人和有色人种之间的区别但并没有破坏他们之间的法律平等或重新建立起强迫劳役的意图。对于第 14 修正案,尽管其目标是要实现不同种族在法律面前的完全平等,但事实上并没有有意要废止所有基于肤色的区别、实现社会的平等或违反意愿的种族之间的融合。据此,联邦最高法院维持了路易斯安那州最高法院的判决,并由此确立了"隔离但平等"原则。②

(一)"普莱西案"效应与"隔离但平等"教育政策

美国联邦最高法院通过对普莱西案的判决,肯定了黑人和白人之间所谓的"隔离但平等"的状况,认为黑人和白人之间的差别是基于肤色而天然形成的,根植于社会大众心目中的。法律并没有义务也没有能力来消除大众观念中的这种差别。同时,法律也不应当完全无视这种差别而实行违反意愿的种族之间的融合。因此,只要向黑人和白人提供了同等的设施,就达到了宪法第 14 修正案所规定的不同种族在法律面前完全平等的目标。这一原则的确立在教育领域产生了巨大的效应:

普莱西案后,"隔离但平等"的原则迅速扩展到了教育领域,公立学校皆以此对黑人和白人加以隔离。但很大程度上只是"隔离"被实行,而"平等"并未得到保证。如尽管在邻近学区就有一所学校,但黑人孩子必须每天步行 3 公里去最近的黑人学校上学,因为较近的学校只招收白人学生。普莱西案之后,类似的案件便层出

---

① Ronald L. F. Davis: *The History of Jim Crow-From Terror to Triumph*: *Historical Overview*. CaliforniaStateUniversity, Northridge. http://www.jimcrowhistory. org/history/overview. html, 2013-09-27.

② *The Impact of the Case*: *Separate But Equal*. http://www.landmarkcases. org/plessy/impact_separate_equal.html, 2013-09-27.

不穷，在这些案件中，法院均对种族隔离表示了支持。如 1899 年的"卡明诉里奇孟德县教育委员会案"（Cumming v. Richmond County Board of Education，175 U. S. 528）第一次以普莱西案为先例将"隔离但平等"原则运用到了教育领域。此案中最高法院的全体法官一致认为，在佐治亚州里奇孟德县因财力有限只能设立一所白人中学而不能设立同等的黑人中学的情况下，并不需要关闭该白人中学以达到平等的目的。由此，该案开启了许多地区以财政困难为借口不设立黑人学校的大门。同时也表明相对于"平等"而言，法院更感兴趣的是"隔离"的执行。

最高法院的判决肯定了种族隔离政策的合宪性，由此以种族隔离为主要内容的杰姆·克劳法在南部各州相继通过。自"普莱西诉弗格森案"之后，陆续有人提出抗议，并采取上诉的途径向"隔离但平等"原则发出挑战，直到 1938 年的"盖恩斯诉卡纳达案"（Gaines v. Canada，305 U. S. 337）。① 由于密苏里州专门为黑人提供高等教育的林肯学院没有设立法学院，所以原告盖恩斯从密苏里州林肯学院取得学士学位后申请进入密苏里州立大学法学院学习。但是由于其是黑人而遭到了拒绝。联邦最高法院的判决支持和承认了原告盖恩斯的入学权，说明宪法第 14 修正案中的平等法律保护条款可以用于打破南部的种族教育隔离。而最终推翻"隔离但平等"原则的则是 1954 年的布朗案，并由此引发了追求种族平等的全国性民权运动，使得种族平等政策被列入国家政治议事日程。

（二）"隔离但平等"原则的成因分析

1865 年，南北战争结束，美国进入了为期十年的南方重建时期，其间分别于 1868 年 7 月 9 日、1870 年 2 月 2 日批准了旨在保障公民平等权的宪法第 13、14、15 修正案，规定"在合众国出生或归化合众国并受合众国管辖的人，均为合众国和他所居住的州的公民。无论何州均不得制定或实施任何剥夺合众国公民的特权或豁免

---

① *Ronald L. F. Davis：Creating Jim Crow：In-Depth Essay.* http：//www.jimcrowhistory.org/history/creating2. html，2011-07-11.

权的法律；亦不得拒绝给予在其管辖下的任何人以同等的法律保护"，"合众国或任何一州不得因种族、肤色或以前的奴隶身份而否认或剥夺合众国公民的选举权"。除此之外，还于 1866 年和 1875 年颁布了两个《民权法》。黑人也为争取平等权进行了努力的斗争。那缘何在二十多年后的普莱西案中，最高法院仍对种族隔离持支持的态度？

事实上，这一判决是由当时的历史条件和社会情势所决定的，是社会文化的一种表现，同时也是美国的分权理念在实践中运用的结果。

1. 社会达尔文主义为其提供理论依据。

内战结束后，社会达尔文主义演变成了流行的社会思潮和主导哲学。斯宾塞便认为人类也将会通过弱肉强食、优胜劣汰、适者生存的规律，进化到完美的状态。进化论不仅适用于生物界，而且同样适用于国家与国家、种族与种族、个人与个人之间。通过生存竞争，人类社会划分出国家、种族和个人的优劣，劣等民族和个人注定将被淘汰，这正是社会进化的动力和原因，也是社会进化的结果。

战争的暴力和强制手段迫使南方接受了战争的后果——废除奴隶制。但是制度层面上奴隶制度的强制废除很难从心理层面获得相应的认同效果。南方对重建政策的不断抗争就是他们对废除奴隶制不满的表现。战争结束后南方各州通过的《黑人法典》也表达了他们对废除奴隶制的不认同。因此，一旦奴隶制被废除，黑人获得了人身自主权，至于其后黑人是否能获得与白人同等的公民权利则不是他们主要考虑的问题。以上这些决定了南北战争结束后，黑人不可能在短时间内取得真正平等的公民权利。在此背景下建立的种族隔离制度反而更能获得除黑人以外的占统治地位的白人的支持。

2. 联邦与州分权的理论使联邦保护黑人权利的努力收效甚微。

根据联邦宪法的规定，联邦和州的权力有明确的划分，同时第 10 修正案又明确了宪法没有赋予联邦同时也没有禁止各州行使的权力保留给各州或人民。这一分权理论使得内战后联邦保护黑人平等权利的努力并没有获得理想的效果，因为联邦诸多旨在保护黑人平等权的举措被认为侵犯了属于各州的权力。

首先是 1866 年《民权法》。该法案规定："对于各州以及美国领土内的居民，他们的民事权利和豁免权不应受到任何歧视，不论他们的种族、肤色，或者其先前的奴隶身份；相反，任何种族、肤色的居民，不论其先前的奴役状态或非由己意的奴隶状态，除非是作为被正常程序判定罪行的惩罚，否则都具有相同的权利来缔结契约、履行契约……持有和转让动产和不动产……"但是在对"民事权利"一词的范围上产生了分歧，最后达成的意见是此处的"民事权利"是指公民基于自然的绝对的权利，而不影响各州关于选举权的规定。因此，1866 年《民权法》仅从原则上规定了公民的平等权，这些权利中不包含作为政治权利的选举权，也没有涉及黑人在公立教育和公共设施中的权利。①

其次，1868 年批准的宪法第 14 修正案。该修正案禁止州制定或实施任何剥夺合众国公民的特权或豁免权的法律；禁止州未经正当法律程序剥夺任何人的生命、自由或财产；禁止州拒绝给予在其管辖下的任何人以同等的法律保护。但是在涉及修正案的案件审理中，最高法院对其的理解并未向着有利于黑人的方向进行，而是依照联邦和州分权的理论对重建宪法修正案作出了狭义的解释，1896 年的普莱西案中，最高法院也正是应用该理论认为既然设施是平等的，则并不意味着种族优劣，那么州政府制定在州内公共交通中实行种族隔离的法律只是在行使其权力范围内的治安权。对此，联邦是没有权力加以干涉的。普莱西案不得不依照遵循先例的原则按此理论解释第 14 修正案，同时也由于缺乏了这种直接和强有力的法律依据而作出了"隔离但平等"的判决。②

二、"布朗诉托皮亚教育委员会案"："学校一体化"的确立

应该说，"布朗诉托皮亚教育委员会案"（Brown v. Board of

---

① Paul E. Johnson etc：*American Government*：*People*，*Institutions and Policies*. Houghton，Mifflin Company，1990.

② *School Desegregation and Equal Education Opportunity*. http：//www. Civilrights. org. html，2009-09-18.

Education of Topeka)从法律上为美国黑人等少数族裔接受平等的教育提供了依据，为战后美国民权运动和教育民主化的发展奠定了基础。

(一)布朗案的过程

"布朗诉托皮亚教育委员会案"来自堪萨斯州，该案中，1949年的堪萨斯州法案允许拥有超过15000人的城市在学校中实行种族隔离，托皮亚地区教育委员会据此在其辖区内建立了种族隔离的小学。布朗正是一个居住在托皮亚地区的黑人小学生，在其要进入小学读书时只被允许进入专门给有色人种上学的学校，而无法就近入学，因为附近的学校是专门给白人就读的。①

该案件上诉到了联邦最高法院，在首席大法官厄尔·沃伦的主持下，并于1954年5月17日作出判决宣布公立学校的按人种分校的制度是违宪的。但关于如何救济并没有详细阐述，而是把这个问题留到了1955年的第二次审理中。1955年5月31日作出的关于布朗案的第二个判决明确了废除种族分校制度的基本框架。仍然由大法官沃伦代表法院宣布：强制或许可在公立学校中实行种族歧视的联邦法、州法或地方法的所有条文必须遵守这一原则，即公立学校的种族隔离是违宪的。案件退回地方法院，由地方法院督促被告采取必要和适当的措施以十分审慎的速度(with all deliberate speed)，按照不歧视的原则接纳有色人种进入公立学校就读。

(二)布朗案的效应与"学校一体化"运动

美国联邦最高法院对具有里程碑意义的"布朗诉托皮亚教育委员会案"的裁决，被认为是美国历史上意义最重大的裁决，它对黑人和白人一起或分开接受教育的问题作出了最终裁决，推翻了从1896年"普莱西诉弗格森"一案的裁决中所抽象出来的"隔离但平等"原则，标志着公立学校的种族隔离在美国的终结。以布朗案的

---

①　J. Harve Wilkinson: *From Brown to Bakke*: *The Supreme Court and School lutegratian*, 1959-1978. Oxford University Press, 1979, p. 102.

判决为契机，其他社会领域的种族隔离纷纷受到重大挑战。从 20世纪 50 年代中期开始的由马丁·路德·金领导的黑人民权运动在此后的 20 年里对美国的法律和政治体系施加了充分的压力，各州支持的公共设施中的种族隔离制度最终被彻底瓦解。布朗案的效应由此可见一斑：

布朗案的判决虽然在法律上确认了种族分校制度的违宪性，并要求地方教育委员会以"十分审慎的速度"废除种族隔离实行种族合校制度，但是由于这只是一个概括性的原则规定，没有规定具体的实施措施和时间表，而是把具体的裁量权赋予了下级法院，因而使得持相反意见的南部许多州有机会采取抵制行动，判决的执行也遇到了各种争议和阻力。早在 1954 年佐治亚州州长选举的获胜者就承诺，"即使是上刀山下火海也不能让佐治亚的学校进行种族混合"①。除了直接的抵制外，南部州还在教育费用上偏袒私立白人学校，断绝对黑白混合学校的经费支持，黑白学生混校的活动遇到强大阻力。1957 年，阿肯色州小石城地方法院根据 1954 年最高法院的判决宣布该市中心中学接纳黑人入学，但种族主义者对此进行了顽固的抵制。直到 1960 年，南部学校中实现了黑白混合的学校，尚不足 1%。

尽管黑白混校的活动进展艰难，但黑人的斗争并没有因此停止，他们把废除隔离的运动推向了更广阔的社会其他领域，布朗案也因此成为将民权运动推向高潮的一系列重要事件中的开端，20世纪 50 年代兴起的黑人反对种族歧视、争取平等权利的规模宏大的民权运动进入高潮。

三、美国控杰弗逊县教育委员会案

1966 年，联邦第五巡回上诉法院在"美国控杰弗逊县教育委员会案"（U. S. v. Jefferson County Board of v. Education）中的裁决对卫

---

① Willie C, Garibaldi A & Reed W（et.）：*The Education of African-Americans*. Auburn House，1991，p. 34.

生、教育和福利部取消学校种族隔离的政策给予了有力的支持。①
法院指出，拥有黑人教职员的黑人学校坐落在黑人居住区及白人学
校在白人居住区不能归结于不幸的偶然，而是州政府的行为所致，
它们的存在使得学区有可能利用种族因素操纵就学片，从而保持双
重学校制度。法院裁决学校，委员会对实现"学校一体化"负有积
极的责任，而不仅仅是停止隔离的做法。"美国控杰弗逊县教育委
员会案"是最著名的取消学校种族隔离的案子之一，此后联邦法院
对地方教育的司法介入逐渐加强，众多学区取消学校种族隔离的工
作被纳入联邦法院的监管之下。

四、格林要素的确定

20 世纪 50 年代到 70 年代的多宗案件中，取消种族隔离的方
式逐步从"要求取消种族隔离学校的种族平衡"转变到"取消白人和
黑人学校的区分"。在黑人的抗争下，终在 1968 年"格林控新肯特
县学校委员会"（Green v. School Board of New Kent County, Virginia）
一案中，最高法院裁决"自由选择计划"违宪，与布朗案的原则相
抵触，要求学校委员会立即承担起取消学校种族隔离的职责，并确
定了有效的"学校一体化"运动的标准——格林要素。

（一）格林要素的缘起

20 世纪 60 年代中期，随着《民权法》和《初中等教育法》的颁
布，联邦政府的卫生、教育和福利部（HEW）成为敦促南方和相邻
州取消学校种族隔离的主要力量。1964 年的《民权法》第六条规定
不能因种族、肤色或民族而排除或剥夺任何人享受联邦资金资助项
目的权利，对拒绝执行规定的机构，结果将是"终止或不与资助"。
为保证第六条的有效实施，教育署于 1967 年专门成立人权办公室
（OCR）。《民权法》颁布的直接后果便是加快了南方取消学校种族
隔离的进程。1965 年国会通过的《初中等教育法》（The Elementary

---

① 　Erwin, J.: *The Foundations of Contemporary American Education.* Gorsuch
Scarisbrick, Publishers, 1987, p. 121.

and Secondary Education Act) 又进一步加快了各地取消学校种族隔离的步伐，尤其是增加了对各州公立学校的资助额后，南方各学区更是加快了黑白合校的进度。

1964 年 12 月，HEW 发布了取消学校种族隔离的指导方针，要求各学区的就学片在性质上必须一致，就学片的划分应采取"色盲"的原则，而不许学区为某种利益而恶意改变就学片或设立其他的人为界限。1965 年，联邦第八巡回上诉法院"布里格斯诉埃利奥特"，认为与布朗案逻辑上不一致。① 1966 年，联邦第五巡回上诉法院在"美国控杰弗逊县教育委员会案"中的裁决对 HEW 取消学校种族隔离的政策给予了有力的支持。该案件是最著名的取消学校种族隔离的案子之一，此后联邦法院对地方教育的司法介入逐渐加强，众多学区取消学校种族隔离的工作被纳入到联邦法院的监管之下。同时，HEW 根据《民权法》第六条的规定，提出三种自主取消种族隔离的措施：自由选择计划、邻近学校原则或者前两者的混合。但在实践过程中，许多学校公开抵制"取消种族隔离"。学校委员会拿居住隔离的现实和邻近学校的概念来掩盖其拖延取消学校种族隔离的用心②。20 世纪 60 年代中期，最高法院反对使用"自由选择计划"（北方称"开放入学"，open enrollment），称这些计划是保持种族隔离的托词。

(二)"格林要素"的确立与实施结果

1968 年，在"格林控新肯特县学校委员会"一案中，最高法院裁决"自由选择计划"违宪，与布朗案的原则相抵触，要求学校委员会立即承担起取消学校种族隔离的职责，认为学校学校委员会的义务是"将双重学校系统转变为单一、无种族区分的系统"和"终止

---

① Cozzens，L：*School Integration in Prince George's County.* http：// www. watson. com/Lisa/blackhistory/school-integrationlpgcounty/hew. html，2009-09-23.

② Allen J，Daugherity B &Trembias S：*New Kent School and the George W. Watkins School：From Freedom of Choice to Integration. Washington*（D.C.）*National Park Service*，2003(1).

区分种族身份、黑人学校和白人学校"。法院指出："委员会不得不迅速转变'白人学校'、'黑人学校'的区分，而学校要消除种族歧视的根源和枝节"，并确定有效的"学校一体化"计划的标准——格林要素(Green Factors)。这些要素包括学生安置、全体教职员、交通、设施、课外活动等。① 法院将从学校委员会的具体行为，即这些要素的统计数字来评判其取消学校种族隔离的工作是否遵循了法院的要求。② 格林要素的确立对南方"学校一体化"运动的进程产生了实质性的影响，到20世纪70年代，南方成为全国"学校一体化"比例最高的地区。据哈佛大学教授盖瑞·奥费尔德(Gary Orffield)的研究，1976年，45.1%的南方黑人学生在白人为主的学校就读，而东北部的比例为27.5%，中西部为29.7%。

格林要素标准公布后，触及了少数族裔教育改革的本质，加快了南方取消种族隔离的步伐。格林案件后，法院的治疗方案被广泛执行下去，从此步入防止种族隔离，实行学校种族一体化的时代。1971年，一个关键性案件裁决推动了种族同校的发展进程——"斯万控夏洛特—迈克兰伯格教育委员会案"(Swarm v. Charlotte-Mecklenburg Board of Education)，在该案件中美国法院对取消学校种族隔离做出了里程碑式的裁决，即将校车作为取消学校种族隔离的工具。此案是尼克松总统入主白宫后最高法院的第一案。法院在裁决时发现夏洛特—迈克兰伯格学区没有遵守"格林要素"标准，于是要求学区采用约翰·芬格博士(John Finger)提出的"芬格计划"(Finger Plan)，此计划要求学校系统理想的黑人比例应在9%~38%。为使每个学校达到此比例，必须额外将1.3万名学生用校车将他们分别运送到远离家门的学校中。法院发现用于取消学校种族隔离的校车计划所涉及的时间和距离并不比学区原有的校车计划多多少，于是裁定使用强制的校车计划以达到实现"学校一体化"的

---

① Willie C, Garibaldi A & Reed W (et.): *The Education of African-Americans*, Auburn House, 1991, p. 34.

② *School Desegregation and Equal Education Opportunity*. htttp://www. Civilrights. org. html, 2009-09-18.

目的。此案的裁决为以后法院涉及用校车运送学生的案件奠定了基础。20 世纪七八十年代，"学校一体化"运动的核心是通过诸如校车计划、学校有限选择、磁石学校、重新划分学区等方式将黑人和白人融合在一起。

有限选择计划最早出现在 20 世纪 70 年代，但目前各地采用的大多是米歇尔·阿尔维斯(Michalel Alves)和查里斯·威利(Charles Willie) 1981 年设计的模式。这种模式最早出现在马萨诸塞州的剑桥(Cambridge)，经过不断完善已逐渐系统化。通常家长可在一个中心注册区域内为孩子选择 4 所学校并按志愿进行排列，学区在保证所有学校不超员，并且学校种族构成比例与学区一致的前提下，根据学生志愿对学生进行派位。绝大多数学区 85% 的学生第一和第二志愿能够得到满足(第一志愿75%，第二志愿10%)，90%的学生能够满足一个志愿，约有 10% 的学生志愿得不到满足。① 有限选择计划使得一些学区参与强制校车计划的人数大大减少。

磁石学校是人们在实现学校种族一体化过程中改革教育的尝试，20 世纪 70 年代磁石学校作为反对强制校车计划的有效途径与其他的学生派位计划一道成为强有力的全国性运动。磁石学校也得到了联邦政府的支持，1976 年国会颁布"紧急学校补助法"(Emergency School Aid Act)，后改称"磁石学校资助法"(Magnet School Assistance Act)，每年提供大约一亿美元为磁石学校方案提供特殊的财政资助。2000 年，联邦对 61 个学区的磁石学校进行资助，平均资助额为 1707000 美元。另外，里根政府在 1984 年把磁石学校作为种族合校案件的院外解决办法。

格林要素确立后，大规模的"学校一体化"运动才开始。1968年，55 个学区递交了符合民权法第六条要求的"学校一体化"计划，这些学区中有黑人学生 35815 名，其中 31089 人(86.80%)进入了白人为主的学校。同年，全国的比例是 23.4%，11 个南部州为18.4%，黑人最集中的阿拉巴马、佐治亚、路易斯安那、密西西

① Weaver, T: *Controlled Choice: An Alternative School Choice Plan. ERIC Digest*, 1992(6).

比、南卡罗来纳等州的比例也达到 10.5%。1972 年,"学校一体化"运动达到高峰,这一年在黑人最集中的南部各州学区都开始遵循联邦法院取消学校种族隔离的命令。1974 年卫生、教育和福利部的一份统计报告表明,全国 980 万少数族裔学生中有 320 万在非隔离公立学校就读。① 由于"学校一体化"运动取得了如此大的成功,导致其逐步成为促进教育发展的一个十分重要的榜样。

(三)格林要素的限度与持续

20 世纪 80 年代,"学校一体化"运动进程慢了下来。人们的视线也从南方逐渐转向北方,取消种族隔离的内涵也开始发生变化。前期对于隔离的关注以肤色为标准将黑白学生的就读学区隔离开来,黑人上黑人学校,白人上白人学校。这种有法律依据的黑白隔离称之为"合法的隔离"(de jure segregation),后期人们开始关注由于居住区隔离造成的"事实上的隔离"(de facto segregation)。由于格林要素的确立,使得种族隔离目标是在学校系统中通过使黑白学生在数量上达到平衡来实现学校教育的种族一体化。

20 世纪七八十年代,由于经济的发展和技术的进步,尤其是交通的便利,使得人们有可能将居住区和工作地点分离开来,也使得居住区导致的种族隔离日益成为可能并变得普遍。虽然对于成人来讲居住地和工作地点不再紧密地结合在一起,但对于孩童而言"邻近学校"(neighborhood school)在其生活中依然发挥着重要的作用。这一方面是孩子自身活动区域较小的要求,另一方面也是学区教育政策的结果。根据居住区所划定的就学片区使学生只能进入某一所学校,通常是一所离家最近的学校。这种由居住隔离导致的学校种族隔离,也同样背离了早期美国为所有人创立单一学校的理想,由于难以根除的种族偏见和日渐集中的居住隔离,使取消学校种族隔离的道路充满荆棘。若不从学生构成成分变化视角考察,而是从各种政治势力和教育势力对取消学校种族隔离抵制的角度来衡量,20 世纪 80 年代"学校一体化"运动没有大的进展。在南北方的

---

① Spring, J: *American Education*. McGraw-Hill Companies, 2000, p. 119.

大城市中，原来100%的黑人学校和白人学校只是变成了白人或黑人占90%的学校。即使在种族合校的高峰年代，尼克松总统时期的一些联邦政府机构也反对"学校一体化"，而众议院也竭力限制法院裁决推进的范围。

第二节 初中等教育中"学校一体化"的发展特点

美国的少数族裔教育平等权从"普莱西案"—"布朗案"—"格林案"经历了较大的变化，实现了由原来的"隔离但平等"到后来的"学校一体化"的转变，综观这一发展历程，体现出以下特点：

一、少数族裔教育平等的发展始终以宪法作为依据

从19世纪末到20世纪中期，美国黑人的权益有了较大的上升和改善，黑人为此付出了艰苦而不懈的努力。但是在这个转变过程中，并没有多少暴力斗争的痕迹，究其原因乃是有了宪法这样一个强有力的依据，使广大黑人争取教育平等权利的斗争时有法有据。美国宪法也具有充当斗争武器所要求的特质：

首先，作为美国宪法形成和发展基础的《独立宣言》奠定了美国宪法追求自由和平等的基调。1776年，第二届大陆会议通过的《独立宣言》明确宣布："我们认为这些真理是不言而喻的：人人生而平等，他们都从他们的'造物主'那边被赋予了某些不可转让的权利，其中包括生命权、自由权和追求幸福的权利。"开宗明义地提出了关于平等权的思想，并把它作为人人生而就有的权利和其他权利的基础。作为美国民族独立的战斗檄文和美国立国的宪法性文件，它提出了关于人权理论的重要命题，即与人类的其他权利相比，平等权是首要的权利，是不言而喻的天赋权利。

其次，美国宪法修正案为黑人追求平等提供了最直接的帮助，直接促成了美国少数族裔教育平等问题的改善。如果说《独立宣言》和美国宪法只是在思想上开化了黑人，那么内战修正案则直接从现实行动上激发了黑人，使黑人的斗争从地下走到了地上。宪法第13修正案明确规定不得蓄奴或强制性奴役，第14修正案禁止非

经正当程序剥夺合众国公民权利,第 15 修正案则禁止否认或剥夺任何公民的选举权。这三个修正案由低向高,由浅入深对黑人的权利给予全方位的保障,构成了黑人合法斗争的根本前提和依据。自此,黑人以这三条重要的宪法修正案为依据,开始通过诉讼的方式寻求权利的司法保护。虽然过程艰难而曲折,但最终通过布朗案的胜利达到了他们所期盼已久的结果。

再次,美国的宪政文化为黑人利用宪法斗争提供了可能。在美国有比较完善和先进的违宪审查和宪法诉讼制度。这两项制度使黑人在其权利不公正时可将争议提交给法院,由法院直接按照宪法的规定对事实加以审查和处理,并作出最后的判决和救济。普莱西案和布朗案中原告均因自己的宪法权利遭到了侵犯而义无反顾地提起了诉讼,虽然两个案子的判决结果不同,但至少他们都有权利起诉,可以说他们寻求救济的机会是相同的。而机会恰恰给予身处不利境地的人们以继续战斗的希望,只要希望不死,机会存在,就有胜利到来的一天,布朗案的胜利充分证明了这一点。

二、以司法判决作为解决种族平等问题的最终途径

美国黑人的平等权在从普莱西案到格林案的发展过程中,从 19 世纪末到 20 世纪中期的种族平等问题都是通过司法途径解决的,而且司法判决似乎成为了解决少数族裔教育平等问题的最终途径。究其深层次原因还在于美国三权分立的宪政体制以及由此导致的司法权的优越地位和司法部门的独立性。

1787 年美国宪法确立的一个最重要的原则就是"三权分立"和"制约与平衡"原则,并且利用最先的三条明确规定了国家的立法权、行政权和司法权的归属。这种宪政体制保证了联邦法院的独立性和法官的中立性,使其在审理案件时可以最低程度地受到其他权力的干预,做出的判决也更具有公正性。1803 年"马伯里诉麦迪逊案"确立了联邦最高法院的司法审查权之后更强化了联邦最高法院作为民权守护者的角色。通过司法审查权,美国联邦法院可以因政府行为以及立法机关通过的法律违反宪法而宣告其无效,从而使美国的司法权成为所有实行三权分立国家中最令人敬畏的司法权,也

使联邦最高法院从此之后可以更好地为保护公民权利服务。种族隔离这一兼具立法和行政因素的制度也由此容纳在了联邦最高法院的管辖范围之内，必须接受合宪性的审查。当 1954 年沃伦大法官代表联邦最高法院宣告"隔离但平等"原则不再被适用时，被告必须执行。

三、种族平等问题在初中等教育中并没有得到彻底的解决和根除

虽然布朗案首次明确否决了普莱西案确立的"隔离但平等"原则，但是由于判决并没有明确具体的实施措施和时间表，在执行上造成了很大的困难，从而决定了实现种族平等问题的长期性和艰巨性，也决定了它不可能仅仅通过一个联邦最高法院的判例而得到彻底的解决，即使在今天种族问题在美国仍然没有得到根除。布朗案判决之后，美国公立学校开始以黑白合校的方式消除种族隔离，但一直到 1965 年，也就是布朗案第二个判决之后的第十年，美国南部在取消种族隔离方面的进展仍微乎其微。前南部同盟的州内，只有得克萨斯取得的成效较大，但到 1965 年时也仅有 7.8% 的黑人学生与白人学生同校，阿拉巴马、阿肯色、佐治亚、密西西比和南卡罗来纳等州中，与白人学生同校的黑人学生不足一个百分点。

为推动"学校一体化"运动的顺利进行，联邦最高法院不得不在 1971 年"斯万诉夏洛特—迈克兰伯教育委员会案"的判决中命令使用校车将学生从一所学校接往另一所学校以保持种族分布更为均衡的做法，来取消公立学校中的种族隔离。但是这仍然难以完全杜绝种族歧视现象，黑人在美国仍然是出于绝对弱势的种族，不论是在教育方面还是在社会经济、政治方面均远远落后于白人。

布朗案之后，美国的种族平等权还出现了一些新的发展动向，1978 年的"巴基诉加利福尼亚州大学董事会案"（Regents of University of California v. Bakke, 438 U. S. 265）中，加利福尼亚州大学为少数族裔保留了新生名额而没有录取入学考试成绩较优异的白人巴基，巴基认为这个规定违反了 1964 年《民权法》和宪法第 14 修正案的平等保护条款，是对自己的歧视，因而提起了诉讼。很显

然，本案中加利福尼亚大学为少数族裔保留录取名额的做法是对处于弱势的少数族裔的一种特别照顾，使得他们能在相比白人较困难的处境下有机会接受高等教育，但是这种特别的照顾却构成了对白人的"反向歧视"，因为在这种制度下，白人只有以比黑人更高的分数才有可能获得与黑人一样的被大学录取的机会。最高法院最后作出了一个双重判决：加利福尼亚州大学应当录取巴基，同时允许大学在招生时出于多样化的考虑可以将种族作为一个考虑因素。

这种种迹象表明，取消种族隔离是一个长期的过程，同时也给黑人争取教育平等权以动力。格林案后，最高法院裁决各州对消除合法隔离的痕迹有不可推卸的责任，各州不能仅仅采用种族中立的政策作为纠正以往过错的措施，判断一个州是否消除了隔离的痕迹还需从诸如入学政策、课程计划等一系列更广泛的因素入手，法院倾向于发布一个专门的标准。"学校一体化"得到广泛流行。在格林要素精神下，对打破高校以及教职人员的种族隔离也设立类似规定。1969 年"星格顿控杰克逊市属独立学区案"（Singleton v. Jackson Municipal Separate School District）为教师安置确立了"星格顿标准"（Singleton Standard），即学区中每所学校黑人教师的比例要与学区中黑人教育工作者的总比例一致。① 20 世纪 70 年代卫生、教育和福利部加大了督导各地取消种族隔离的力度，于 1977 年颁布了高校取消种族隔离的"阿丹姆斯标准"。

进入 20 世纪 90 年代后取消学校种族隔离出现了新的趋势，这些趋势表现在两个方面：一是有关解除法院强制学区实行取消学校种族隔离的案子日益增多，就近入学成为一时之尚；二是对少数族裔学生的学业成绩日益关注，从关注取消学校种族隔离本身，即主要关心学生派位以达到种族融合转到关注学校内部的公正和融合。1991 年在"俄克拉何马教育委员会控德外尔"（Board of Education of Oklahoma v. Dowell）一案中，最高法院判定已实行隔离的学区采取了取消隔离的实际行动，可以解除这些学区法院要求的强制校车计

---

① Ploski H & Marr W（ed）：*The Negro Almanac：a reference work on the Afro-American*. The Bellwether Company，1976，p. 3.

划。根据这个裁决,学区更容易从法院强制的"学校一体化"命令中解脱出来。1992 年,在"佛瑞曼控皮慈"(Freeman v. Picts)一案中,最高法院裁决可以取消学区在"学校一体化"过程中的命令,同时最高法院对"实际的"取消学校种族隔离的行动又做了进一步解释。在此案中法院裁决在学校各个方面未完全达到规定的标准之前,可以宣布学区实现了"一体化"(Unitary),但学区对取消学校种族隔离计划必须有充分的保证。换句话说,一个学区没有必要完全达到"格林要素"标准,取消学校种族隔离可通过渐进方式达到。这一系列案件意味着多年来影响教育和财政政策的强制性取消学校种族隔离制度的终结。① 20 世纪 90 年代以来,一些学区已经取消或正在取消实行了多年的校车计划,宣布采取"色盲"的学生派位计划,让孩子们重新回到邻近学校。1998 年,美国地区法院法官皮特·迈斯特(Peter J. Messitte)宣布在未来 6 年内结束乔治王子县的强制校车计划,要求建立 13 所邻近学校。②

重新回到邻近学校的观点受到包括黑人等少数族裔在内的许多人的支持,但在种族日益多样化的时代,取消学校种族隔离的方向不会改变,而且它的范围更加深远。它不仅要求打破黑白间的隔离,还要打破所有种族间的隔离和隔膜。人们不仅要通过打破隔离增加种族接触交流的机会,避免偏见的产生,同时,还要求为黑人孩子提供和白人同样质量的教育。人们开始关注消除学校内部的隔离,中学所有的课程和教育服务一体化,使学生在种族融合的学校内有平等参与和表现的机会。

① Harper S R & Quaye S J: *Student organizations as venues for Black identity expression and development among African American male student leaders*. Journal of College Student Development, 2007, 48(2).

② Weiler J: *Desegregation trends in the 1990s*. ERIC Digest; 1998, p. 4. http: //www. accesseric. org81, 2009-10-21.

第四章 "学校一体化"进程中的少数族裔高等教育

与中小学一样，高校中取消种族隔离也经历了一波三折的过程。尤其是头十多年的时间里，白人对取消种族隔离或消极抵抗，或公开反对。但历史的潮流是阻挡不了的，20 世纪六七十年代伴随着联邦政府一系列法律和政策的出台，高校中的种族隔离被纷纷打破。1967 年联邦政府要求在高等教育领域实施反对歧视的"肯定性行动"，这使得大量黑人得以有机会进入历史上隔离的白人精英学校。20 世纪 60 年代末一些学校开始实施开门入学政策，使得进入白人高校的少数族裔学生人数激增。20 世纪 70 年代，传统黑人高校和部落学院也积极吸纳白人学生，但大量少数族裔学生逐渐进入白人院校而带来的入学人数锐减使其地位不可避免地受到影响。1977 年教育部人权办公室（OCR）认可了传统黑人高校在满足黑人教育需求方面的独特作用，使一些学校避免了被关闭和合并的命运。但取消种族隔离并非是一路坦途，20 世纪 80 年代依然有一些州没有达到人权办公室在 1977 年制定的取消高校种族隔离的"阿丹姆斯标准"。即使在今天，有些州的公立高等教育机构中依然存在着以往种族隔离的痕迹。而且黑、白学生在入学率上依然有很大的差距，这都预示着消除种族隔离是一个长期的过程，同时也提醒黑人还要继续争取自身平等的权利。

第一节 取消种族隔离进程中的少数族裔高等教育三个大案

美国少数族裔高等教育发展过程中存在三次重大的司法挑战。

一为 1970 年"阿丹姆斯案"确立了高校取消种族隔离的统一标准，力图实现种族的"分离之墙的拆除"，于是消除种族隔离和种族歧视，实行黑人、白人合校，成为美国少数族裔高等教育政策的主要目标；二为 1978 年巴基诉加利福尼亚州大学董事会一案，即肯定性录取政策违反了民权法，在少数族裔学生录取中实行"配额制"是违宪的，建议以种族中立或无种族色彩来取代肯定性录取政策；三为 1992 年"美国控佛迪斯案"，该案的裁决直接关系到传统黑人高校的前途，因此它可以说是继 1954 年布朗案后影响少数民族高等教育的最重要的案件。这三个案子在美国种族隔离和种族平等的发展史上具有非常重大的意义，正是最高法院的这三个里程碑似的判决勾勒出了内战后美国少数族裔高等教育平等权的发展历程。

一、种族高等教育平等与"分离之墙的拆除"——阿丹姆斯案

(一)"阿丹姆斯案"的由来

"阿丹姆斯标准"的出台，历经了一个跌宕起伏的发展过程。从罗斯福总统开始，美国各届政府都设定了取消种族隔离的相关政策，投入了大量的人力物力，用于推进此方面的改革。"隔离但平等"原则使得黑人、白人学生不能共校，白人高校的招生政策中也常出现歧视性条文，将黑人学生拒之门外等。

加速"阿丹姆斯标准"推行的直接原因，应归功于非裔美国人为争取民权而进行的斗争。为了争取与白人相同的受教育机会，黑人进行了不懈的斗争。阿肯色州公立学校对种族隔离制度的抵制、学生的静坐示威、华盛顿示威游行及其公车联合抵制行为，皆促使美国政府将种族问题的处理提到议事日程上。1956 年美国联邦政府颁布的教育法案，明确指出要将是否取消种族隔离，作为学校获得政府援助的必要条件。尽管如此，在现实社会的方方面面，废除种族隔离的行动仍旧遭到各方的抵制，非裔美国人被迫采取合法的与非法的、暴力的与非暴力的、直接的与间接的手段去捍卫自身的权益，这些行动直接影响了民权法制定之前的政府决策。美国的政

治精英们，已经意识到前民权运动越来越多地受到广大民众的支持，对种族隔离现象的暴力抵抗，已经日渐成为一个重大的社会问题，意识到政府迫切需要采取行动以缓和这些矛盾。因此，在1960 年总统大选期间，肯尼迪曾公开发表"荣登总统宝座后，会比以往任何一位总统更多地考虑民权问题"的言论，为了既能兑现对非裔的承诺，又不至于疏离国会中的南部民主党成员及其南部白人选民，他选择了一个折中的办法，即签署第 10925 号行政令，以此代替签署颁布民权法。该行政令宣布美国政府有明确的义务，推动和保证所有的人不分种族、信仰、肤色或民族血统，在申请联邦政府的职位时，在争取联邦政府合同时，享有平等的机会。该命令要求，合同承包商不得因种族、信仰、肤色或民族血统而歧视任何雇员或求职者，合同承包商必须依照肯定性行动行事，以确保求职者在受雇和雇员在晋升时，不会因其种族、信仰、肤色或民族血统而遭受拒绝。根据第 10925 号行政令的要求，政府部分专设了平等就业机会总统委员会，以指导与监督公平就业问题。第 10925 号行政令成为了《民权法》第七条规定的前身。

尽管在 20 世纪 60 年代末人权办公室要求存在种族歧视遗迹的各州递交采取行动的具体方案，但很长一段时间内人权办公室并没有为各州制定高校取消种族隔离的统一标准。格林案后，最高法院裁决各州对消除合法隔离的痕迹有不可推卸的责任，各州不能仅仅采用种族中立的政策作为纠正以往过错的措施，判断一个州是否消除了隔离的痕迹还需从诸如入学政策、课程计划等一系列更广泛的因素入手，法院倾向于发布一个专门的标准。"学校一体化"得到广泛流行。在格林要素精神下，法院对打破高校以及教职人员的种族隔离也设立了类似规定。1969 年"星格顿控杰克逊市属独立学区案"为教师安置确立了"星格顿标准"，即学区中每所学校黑人教师的比例要与学区中黑人教育工作者的总比例一致。20 世纪 70 年代卫生、教育和福利部加大了督导各地取消种族隔离的力度，于1977 年颁布了高校取消种族隔离的"阿丹姆斯标准"。1970 年，全国有色人种协进会（NAACP）的法律保护和教育基金会（Legal Defense and Education Fund）代表 31 名学生和两名公民对卫生、教

99

育和福利部以及人权办公室在敦促北卡罗来纳州遵守《民权法》第六条时的行政不作为提起诉讼，这就是著名的"阿丹姆斯案"（Adams v. Richardson），该案最大的意义在于制定了取消种族隔离的指导性标准——"阿丹姆斯标准"。

（二）"阿丹姆斯标准"的确立与实施

从"阿丹姆斯案"中可知此案涉及的州被称之为阿丹姆斯州，还有阿肯色、佛罗里达、佐治亚、路易斯安那、马里兰、密西西比、北卡罗来纳、俄克拉何马、宾夕法尼亚、弗吉尼亚、阿拉巴马、特拉华、肯塔基、密苏里、俄亥俄、南卡罗来纳、田纳西、得克萨斯和西弗吉尼亚等州。1973年"阿丹姆斯案"的判决要求存在实施种族隔离高等教育之嫌的各州尽快消除种族隔离。此案持续了很长时间，全国有色人种协进会（NAACP）的法律保护和教育基金会（Legal Defense and Education Fund）作为原告一直未变，其间卫生、教育和福利部以及后来教育部的部长几经变更，此案的名字曾更名为"阿丹姆斯控卡里法诺"（Adams v. Califano）、"阿丹姆斯控倍尔"（Adams v. Bell）等。① 1977年6月，法院要求联邦政府为各州取消高等教育中的种族隔离制定统一的标准。作为回应，人权办公室制定了取消高校种族隔离的指导性标准，又称"阿丹姆斯标准"，内容包括：

①任何一州黑人高中毕业生进入两年制和四年制高等教育机构的比例要与白人高中毕业生的比例相同。

②传统白人四年制高等教育机构中的黑人人数每年都要有一定比例的增长。

③到1982—1983学年传统白人院校中黑白、学生比例之差至少要减少50%。

④各州中黑人居民毕业于本科和进入研究生院的比例要等同于

---

① Kennedy Meier, Joseph Stewat S Jr and Robert E. England: *From No Schools to Separate Schools to Desegregated Schools: Toward Equal Educational Opportunity*. Kendal/Hunt Publishing Company, 1996, p. 129.

白人居民相应比例。

⑤增加进入传统黑人院校的白人比例。①

除此之外对打破教职人员的种族隔离也作出了类似的规定。该案件判决的目的是消除原来采取种族隔离教育制度的各州中"高等教育中双重制度的痕迹"。标准要求各州的公立高校不仅要切实实现学生和教职员工的种族融合(如黑人进入白人院校,白人进入黑人院校),而且还要在高等教育的各个层次为少数族裔学生提供更多的入学和成才的机会。标准认可了传统黑人高校在满足黑人学生需要方面所发挥的独特作用,强调要通过改善黑人院校的物质条件,增加对其财政援助等方式来支持黑人高校的发展,还要求黑人高校通过开设热门课程或其他学校没有的课程的方式来增加非少数族裔学生的数量。

卡特政府时期,"阿丹姆斯标准"再度受到关注。② 1978 年,卡特政府颁布了"统一方针",该方针指出任何在种族、性别、民族雇佣问题上违规操作属于违法行为的同时,也指出雇主可以从现实情况出发,如果他们能够对雇佣率没有达到标准作出合理解释的话,就可以免遭政府取消合同的制裁,这在一定程度上,对"阿丹姆斯标准"不顾现实所需,一味采取强制性与限制性的做法作出了修正。"阿丹姆斯标准"的确立,促使美国的民权政策向前迈进了一大步,它为美国的社会历史增添了崭新的一页。

(三)"阿丹姆斯标准"的影响力

"阿丹姆斯标准"作出的调整,扩大了黑人等少数族裔接受高等教育的机会,在阿丹姆斯精神的推动下,不同肤色的学生源源不断地涌入美国各类高校。根据美国教育部的统计,1970 年美国大

---

① Kennedy Meier, Joseph Stewat S Jr and Robert E. England: *From No Schools to Separate Schools to Desegregated Schools*: *Toward Equal Educational Opportunity*. Kendal/Hunt Publishing Company, 1996, p. 129.

② Kennedy Meier, Joseph Stewat S Jr and Robert E. England: *From No Schools to Separate Schools to Desegregated Schools*: *Toward Equal Educational Opportunity*. Kendal/Hunt Publishing Company, 1996, p. 129.

学毕业生中，少数族裔成员仅占总数的6%，到1988年，少数族裔的比例上升至20%，同期的女性大学毕业生在总人数中的比例由35%上升到54%，女性博士学位获得者在总人数中的比例由10%上升至37%。①

推行"阿丹姆斯标准"也促使了弱势群体教师聘用率的大幅提高。为了适应大学里日益增多的少数族裔研究课程，改善少数族裔学生的学习环境，在教师招聘上，各校制定硬性指标，规定录用少数族裔及女性教师，以兼顾不同肤色、不同群体学生的需要。在美国历史上，大学教师往往是白人男子垄断的行业，少数族裔很少有人能够问津。"阿丹姆斯标准"要求消除少数族裔在就业上的障碍，客观上刺激了以白人为主体的大学教师身份的多样化。受惠最大的是黑人教师，1976年全国共有全日制黑人教师7000多人，1985年增至19451人，其中1117人在白人院校任职，8273人在黑人院校任职。② 少数民族教师数量的增加，有利于学生成分日益多元化的大学开设相关少数族裔的课程，有利于为少数族裔学生提供现实中的学习榜样，有利于营造多元化的校园文化氛围，有利于增加大学对少数族裔学生的吸引力，也有利于在少数族裔、校方乃至整个社会之间架起一座能够相互有效理解与沟通的桥梁。

"阿丹姆斯案"的判决虽然在一定程度上加快了高等教育机构取消种族隔离的步伐，但却给黑人高校带来了一些问题，来自公私两方面的支持发生了转向，也流失了部分有望入学的生源。应该说大多数法院的判决和政府的政策对维持黑人高校的独立地位具有积极的意义，但有些判决和政策产生的负面影响也威胁到黑人高校的生存，因此这一时期黑人高校在保持自身独特性的同时，不断完善自身，以吸引更多的学生入学。尽管各州在实践中并没有完全遵循"阿丹姆斯标准"，但由法院要求实施的取消种族隔离计划还是取

---

① *School Desegregation and Equal Education Opportunity*. http：//www. Civilrights. org. html，2009-09-18.

② Charles V. Willie，Antoine M. Garibaldi & Wornie L. Reed（ed）：*The Education of African-Americans*. Auburn House，1991，p. 112.

得了一些进展。例如,州和联邦对黑人高等教育以及黑人院校的财政支持有所增加;教育部(1980年建立)针对黑人高校制定了教育工作核定制度;势力强大的白人院校想通过合并以取代黑人院校的企图受到阻止;提高黑人高校入学和毕业标准的建议也未能实现;白人高校中的黑人学生继续增加,许多黑人高校的白人学生数量也有所上升。20世纪70年代中期之后取消种族隔离的社会环境使高等教育中的黑白差距在缩小,但黑人高等教育也受到挑战。[1] 1987年12月"阿丹姆斯案"的诉讼终结虽然否决了白人院校对黑人院校的吞并企图,但进入21世纪,越来越多州的高校开始取消主要针对黑人和女性给予优先照顾的肯定行动,美国的政治、经济和社会环境、种族构成及高等教育系统发生了巨大的变化。[2] 种种迹象表明,取消种族隔离是一个长期的过程,同时各种取消种族隔离的努力也给黑人争取教育平等权利以动力。从这些进步就推断出黑人获得了与白人完全同等的地位那就有些武断了。我们只要对教育状况进行更深入的考察,就会发现黑白人教育间依然存在巨大的差异,黑人在整个20世纪所追求的平等教育并没有因为种族隔离制度的废除而彻底实现,相反,新的隔离和不平等还在以各种新的面目出现。2002年2月,全国黑人州立法委员会议(National Black Caucus of State Legislators)发布了一篇题为《缩小教育差距》(*Closing the Educational Gap*)的报告,报告指出,"在布朗案宣布种族隔离违宪50年后,对众多黑人孩子而言高质量的教育依然是遥不可及"。取消种族隔离使黑人教育获得了前所未有的发展动力,但制度化种族隔离的取消并没有使黑白人在教育上的差距彻底消失。应该说打破种族隔离的教育制度,实现学校教育的一体化是20世纪黑人教育取得的重大成果。但黑白教育的差异不是一个简单的教育问题,只要种族歧视不根除,黑人就还需在追求平等教育的道路上继续跋涉。

---

① Anne S. Pruitt (ed): *In Pursuit of Equality in Higher Education*. General Hall Inc, 1987, p. 48.

② *School Desegregation and Equal Education Opportunity*. http: // www. Civilrights. org. html, 2009-09-18.

二、"逆向歧视"与司法审判的两难抉择——巴基诉加利福尼亚州大学董事会案

在民权运动声势浩大的 20 世纪 60 年代，"肯定性行动"政策得到了全美大多数高等院校的积极响应。而加利福尼亚州大学在美国大学校园中是自由化和激进化的杰出代表。在此背景下，戴维斯分校为了增加医学院学生的多元性，消除种族歧视和纠正以往录取政策上对少数族裔的不公正待遇，特别设立了优惠和照顾少数族裔申请人的配合制，结果引发了轰动美国朝野的"巴基诉加利福尼亚州大学董事会案"（简称"巴基案"）。

1978 年，白人学生艾伦·巴基（Allan Bakke）因未被加州大学戴维斯分校医学院录取而状告该校在新生录取时实行配额制。巴基一案实际上给美国最高法院出了一个极为棘手的大难题。"肯定性行动"录取政策是否违宪的重大诉讼案并不仅是一个法律问题，同时也是一个错综复杂的政治问题。种族矛盾问题历来是美国政治上的敏感话题，稍不留神就会引发社会骚乱。这一案件在全国引发了一场对平权措施和逆向歧视问题的大辩论，最高法院最终受理了本案。对于"肯定性行动"政策这种复杂敏感的政治问题，左右为难的最高法院引人注目地采取了沉默和观望的态度。法官们意见甚是相左——四票支持学校的做法，四票反对，只有一名法官用含糊其辞的语句建议法院作出巴基胜诉的判决。

加利福尼亚州大学在 20 世纪 60 年代曾是全美大学争取平权运动的排头兵，在 70 年代因设置录取定额和巴基案名噪一时。1978年，巴基案的判决给"肯定性行动"定了底线，即肯定性录取政策违反了《民权法》，该判决裁定少数族裔学生录取中实行"配额制"是违宪的，但种族因素可成为录取的考虑因素之一。很多学者认为"肯定性行动"属于种族意识政策，而建议以种族中立或无种族色彩来取代肯定性录取政策。1997 年加利福尼亚州大学董事会趁当年加利福尼亚州全民公决废除平权法案之际投票通过决议，宣布加利福尼亚州大学今后在招生、雇人、工程招标时不再照顾少数族裔和妇女，从而使加利福尼亚州大学成为美国第一个公开宣布废除

"肯定性行动"政策的公立机构。加利福尼亚州大学宣布废除"肯定性行动"政策一事表明，这项特殊照顾政策只是一个具有临时性和补偿性的民族政策，绝非是一个修改美国社会中竞争规则的永久性法律，它是不可能无限期地实施下去的。

自巴基案后，关于少数族裔教育相关案件，法院一直遵从"种族中立才是消除种族主义的最好的办法"的观点。布什总统任佛罗里达州州长时，主张学校在招生中不再考虑种族或民族因素。布什提出学校的多样化，是在校园多样化和公平对待之间寻求平衡，承认美国社会确实存在种族因素，种族中立政策是达到学校多元化最好的方法，摒弃种族因素为前提，极力强调反对种族分类，提倡肤色色盲。直到 2003 年，联邦最高法院才在格拉茨案和格鲁特案中对紧密裁制提出种族中立的审查标准："种族中立选择。这是指大学在采取肯定录取政策之前应当慎重考虑是否存在同样可以达成多元化学生群体目标的种族中立的录取办法。"

三、终止还是继续：关于传统黑人高校的争论——美国控佛迪斯案

曾有美国学者认为，黑人争取求学的奋斗是美国教育史上辛酸而感人的一章。可以说，传统黑人高校的发展极为艰难与曲折。1975 年，密西西比高等教育黑人委员会（Black Mississippians Council on Higher Education）对密西西比州未能贯彻执行 1964 年《民权法》第六条提起诉讼，该案最初称为艾俄斯控沃勒案（Ayers v. Walter）。该案延续长达十几年，后来佛迪斯当上了州长，该案便被称为佛迪斯案。最高法院对佛迪斯案的裁决直接关系到传统黑人高校的命运，有人称它是继 1954 年布朗案后影响黑人高等教育的最重要的案件。

1992 年，美国联邦最高法院撤销了第五巡回上诉法院作出的密西西比州已消除了种族隔离痕迹的判决，指出仅仅采用和实施种族中立的政策不足以证明一个州完成了消除其双重教育制度的职责。法院从四个方面指出密西西比州的高等教育系统依然存在种族隔离的痕迹：第一，密西西比州公立高校的招生建立在美国大专院

105

校测试(ACT)分数基础上,传统的白人院校录取的分数高于黑人院校,这对在 ACT 考试中成绩较低的黑人构成了歧视,导致白人集中在白人高校,黑人集中在黑人高校。第二,高校间广泛存在着多余的课程重复。多余的重复指的是两所或两所以上的学校设置同样的非基础性课程计划。法院发现在三所黑人院校中本科课程有35%、研究生课程有90%,毫无必要地重复了白人院校的设置,而在黑白学校之间设置重复课程正是"隔离但平等"原则的要求。因此法院要求密西西比州证明自己这样做的合理性。第三,密西西比州高校的分类也有以往合法隔离之嫌。密西西比大学、密西西比州立大学和南密西西比大学被定位为"综合性"大学,它们在资金获得和课程设置等方面具有黑人院校无法比拟的优势。黑人院校被归为"地方性"或"城市"大学。这种分类在一定程度上影响了学生对学校的选择,从而使以往的隔离得以维系。第四,根据州法律建立的8所高教机构(白人5所,黑人3所)是为了保证种族隔离,因为其中的4所(黑人2所,白人2所)学校中每一所相隔的距离不超过35英里。法院一方面要求密西西比州对这种明显的不合理作出解释,另一方面要求下级法院必须对这8所四年制公立高校进行考察,以确定其目的是不是为了实行种族隔离,同时提出可能的补救办法是:对其中的学校进行关闭或合并。①

佛迪斯案的裁决对黑人高校带来了负面影响,虽对黑人传统高校继续存在给予支持,却确立了新的标准,最高法院判决黑人高校的继续存在以及确保了黑人继续治理黑人高校的权力,但否决了黑人高校的特殊地位与优惠政策,让黑人高校的未来变得扑朔迷离起来。最后应指出,尽管黑人高校是种族隔离制度的产物,无论黑人高校有朝一日是否会完全消失,其历史贡献是客观存在的。其最大成就是培养了大批黑人高层次人才。曾经在近一个世纪中,其他高校几乎不招收黑人学生,而实际上是黑人院校为他们提供了接受高等教育的途径。

美国少数族裔高等教育的平等权从"阿丹姆斯案"—"巴基

---

① Julian B. Roebuck & Komanduri S. Murty: *Historically Black Colleges and Universities: Their Place in American Higher Education*. Praeger, 1993, pp. 50-51.

案"—"佛迪斯案"的发展过程中，司法判决似乎成为了解决少数族裔教育平等问题的最终途径。美国少数族裔高等教育政策何去何从，真正一言九鼎的还在于美国最高法院。如今美国社会的种族构成，早已告别了黑白分明的时代。随着南美移民的激增，拉丁裔美国人即将成为全美最大的少数族裔群体。再加上亚裔美国人的增长，原有的种族结构近年来已发生了重大变迁。所谓"后种族时代的美国"只不过是奥巴马带给人们的一个美好想象而已。当白人不再占人口多数以及欧洲文化不再成为占据绝对优势地位的主流文化之时，当"肯定性行动"政策不消自灭之后，在美国这种多民族与民族"沙拉盘"式混合的多元文化环境中，强势民族如何与弱势民族共处，强势群体如何与弱势群体共存，恐怕将是美国社会自立宪建国、解放奴隶、新政变法、"二战"、民权运动等历史性大变动之后面临的全新挑战。

第二节 取消种族隔离的民族院校

美国少数族裔高等教育的不平等是美国教育不平等的一个重要表现。在美国所有少数族裔中，美国黑人以及土著人在高等教育领域中遭遇的民族不平等以及民族歧视长期以来都是美国经济与社会发展的隐患。美国民族院校在美国少数族裔高等教育发展中有着不可替代的作用，其中美国传统黑人院校以及部落学院在培养美国少数族裔大学生以及少数族裔文化的传承方面发挥的作用是美国少数族裔高等教育中浓墨重彩的一笔。美国民族院校通常都选址在地理相对偏僻的地方，学生生源在全美大学比率较少，同时面临经费困难、教师工资待遇较低、学生学业成就不高以及就业情况不佳等困境，但在"学校一体化"进程中艰难跋涉的民族院校，同样发挥了重大作用。

一、取消种族隔离中的传统黑人院校

（一）传统黑人院校的缘起与发展

自从 1619 年第一批黑人被贩运到北美以后，黑人文化就开始

在那里扎根。但是，由于自由的黑人很少，作为奴隶的黑人要维护自己的信仰和文化是难以想象的。美国内战前，奴隶制度完全剥夺了黑人的受教育权。"虽然黑人为美国社会所忽视，但是无论是新教传教团体还是天主教传教团体却都没有遗忘他们"，如 1701 年在英国成立的"海外福音传播会"和 1810 年在美国成立的"美国海外传教会"(ABCFM)都派出了大批传教士深入到黑人种族聚居区开展传教和教育活动。

内战前白人和黑人之间的种族划分，以及奴隶和自由人的区分，导致黑人教育思想在美洲还不具备存在的土壤。只是在内战后，在新近获得自由的奴隶的领导下，原先在奴隶和自由黑人社区秘密存在的对知识和教育的渴望，才开始得到公开的发展。黑人学校教育才有了发展的土壤，而黑人教会早已为这一运动的发展奠定了基础。事实上，美籍非洲人学校在美国早已存在了，纽约市用于分配学校资金的学校调查显示，纽约市共有 6 所慈善学校，其中就包括非洲人免费学校，有学生 51 人，这一数字略低于慈善学校学生的平均数 71 人。国教会于 1701 年成立了"海外福音会"，专门致力于基督教义的宣传和与此有关的文化基础知识的传播。在"海外福音会"成立之前，国教会就开展了使黑人信奉上帝的工作。"海外福音会"在耶稣基督的名义下，把拯救黑人的灵魂作为其首要的任务。针对资金缺乏的问题，"海外福音会"号召虔诚的教徒进行捐助。为此，各教派及其信徒积极开展教育黑人的活动，早在 1704 年就由传教士创办了第一所黑奴学校。殖民地时期，教会是办教育的中坚力量，美国建国前所成立的多所学院，包括哈佛学院、威廉·玛丽学院、耶鲁学院、新泽西学院、英王学院、费城学院、布朗学院、王后学院和达特茅斯学院，都由各宗教流派创办，其中不少学院陆续培养了一些黑人学生。总的来说，早期虽有接收黑人的学校，但还不是太多。

在 1787 年，美籍非洲人父母便向州立法机关提出申请，请求建立自己的学校，原因是对学校长期以来把坐到"黑鬼的座位"上去的举动作为惩罚白人儿童的做法不满。1789 年，《马萨诸塞教育法》要求，城镇每年提供 6 个月的初等教育，为约 200 户的社区提供文法学校。此后，波士顿便建立了综合性的城市学校系统，这一时期，波士顿的黑人人口还不多，波士顿没有任何法律或传统排除黑人进入学校。因此，黑人的子女既可进入私立学校，也可进入公立学校。为了保护自己的孩子免受白人儿童的歧视，1798 年，美籍非洲人委员会中申请为其子女建立隔离的学校体系，波士顿学校委员会否决了这一请求，当然否决的理由并不是反对隔离，而是担心法国人、苏格兰人、爱尔兰人、德国人也提出同样的申请。1800年，66 位美籍非洲人再次提出申请，并得到波士顿许多上层人物的支持，但再次被学校委员会否决。最后，1802 年，委员会在主教堂开办了一所私立非洲人学校，1806 年在波士顿黑人聚集区培根山的非洲人聚会所建立了一所永久性的美籍非洲人学校，这所学校获得了黑人和白人的私人资助，并最终获得了学校委员会的资助。由此可见，北方地区，人口少以及对歧视的不满，黑人教会开办并资助了自己的学校。19 世纪初，在宗教和世俗、公立和私立界限还很模糊的情况下，以教会为基础的传教士学校在为美籍非洲人服务着。19 世纪 30 年代以后，接收黑人学生的学校逐步多了起来，也培养了不少高素质的黑人人才。由莱曼·比彻的儿子爱德华·比彻（Edward Beecher）任院长的伊利诺伊学院是一所基督教教育机构，该院积极接收黑人学生，对黑人进行教育培养。1833 年，牧师约翰·杰伊·希彭（John Jay Shipperd），在俄亥俄州建立了奥伯林学院（Obelin College），该学院课堂向黑人开放，雇佣废奴主义者做导师，并收留黑人逃亡者。奥伯林学院曾一度经济严重困难，长老会教徒刘易斯·塔潘（Lewis Tappan）为其提供了基金支持。①

　　1861 年，林肯就任美国总统，4 月 12 日美国内战爆发，在多方促使下，1862 年 9 月 22 日，林肯签了《解放宣言》。1863 年 1 月 1 日，《解放宣言》正式生效，宣言宣布："所有的生活在那些仍在继续与联邦军队对抗的南方各州的黑奴立即获得永久的自由；联邦军队将承认并保证黑人的自由"。在奴隶制下黑人便表

① Julian B. Roebuck & Komanduri S. Murty: *Historically Black Colleges and Universities: Their Place in American Higher Education.* Praeger, 1993, p. 67.

现出对知识和教育的渴望，因此，一旦获得解放后他们便开始着手建立学校。联邦政府 1890 年颁布《莫雷尔法案 II》，以赠地款的形式在实行种族隔离的州建立了一批"隔离但平等"的公立黑人赠地学院。联邦政府创立的自由民局，在重建时期与其他一些机构合作，建立了若干所黑人师范学校，如现在的霍华德大学（Howard University）和亚特兰大大学（Atlanta University）等。另外，教会、慈善组织和黑人自身建立了许多私立黑人学校。这一时期的美国传统黑人院校有了初步发展，但当时它被划为只能提供技术课程或基本文理知识的职业技术学院或师范学院。1896 年最高法院在普莱西诉弗格森一案裁决中将"隔离但平等"这一教育政策确定下来并合法化。这一判决造成了传统黑人院校（HBCUs）与传统白人院校（HWCUs）在教育资源、教育机会和学术水平方面的极不平等，也是导致黑白人教育至今仍存在较大差距的法律根源。为了帮助落后的南方黑人从精神到道德，从知识到能力等方面都适应白人社会的需要，19 世纪上半叶北方教会在美国北部和中部建立了许多私立慈善学校和具有教育功能的教堂，为黑人提供免费教育，如 1837 年最早由教友派（Quakers）在宾夕法尼亚建立的"有色青年学院"（Institute for Colored Youth）即现在的智利州立大学（Cheyney State University）。这些学校当时设置虽是初等教育水平的课程，却为黑人接受正规高等教育开了先河，成为当时黑人踏入主流社会、改变命运的唯一途径。

20 世纪上半叶，由于基金会的大力支持和黑人教育家的努力奋斗，HBCUs 在数量和层次上都有显著提高。到"二战"前，大部分黑人高校已取消了中等教育的计划，不少黑人学院增设了学术性课程，还有部分院校增设了高等教育学科或专业，有些院校还逐渐开始了研究生教育，HBCUs 开始成为被各地区高校联合会认可、能授予学位的高等教育机构。随着文化程度和法律意识的提高，黑人开始运用法律武器争取平等的受教育权。在全国有色人种协进会（NAACP）律师们帮助下，莫瑞和斯外特（Heman Marion Sweat）等一系列诉讼案的胜利，终于导致了 1954 年的判决。在隔离但平等制度下，传统黑人院校不仅为那些被法律和习

110

俗阻隔在高校外的黑人提供了接受高等教育的机会，还在促进种族和解方面作出了极大努力。但这一时期 HBCUs 由于无法摆脱黑白分离的境况，在师资、资金和学术水平上远逊色于白人院校，仍然依附于白人院校。而当时两位黑人领袖——布克·华盛顿和威廉·杜伯依斯关于对黑人实行职业教育还是自由教育的争论，不但促进了 HBCUs 从学院过渡到高水平的大学，而且影响了美国整个国家高等教育的办学方向，使美国高校类型多样化。1954 年联邦最高法院对布朗案裁决的结果是"隔离但平等"的原则违宪，种族隔离的学校不合法，从此美国黑人教育进入了一个取消种族隔离制度的时代。这一时期，在政府和最高法院一系列法令和政策支持下，白人高校中的黑人学生人数大为增加，同时，HBCUs 的学生总数也迅速上升，但黑人学生人数的增长速度慢于白人院校，而且黑人所占比例逐渐减少。

总之，20 世纪六七十年代取消种族隔离的社会环境，即使黑人院校摆脱了从属于白人院校的地位，但一些私立黑人高校也开始出现了生存危机，公立 HBCUs 的地位亦受到挑战。另外，这一时期的黑人虽然获得了与白人平等的受教育机会，却没有获得同等的教育质量和教育结果。20 世纪 60 年代民权运动的主要问题集中在如何维护 HBCUs 在高等教育中的地位及形成统一的教育体制上面，但到 1974 年，黑人教育工作者才意识到 HBCUs 要更具实力和竞争力，才不至于被白人高校吞并。

我们可以看出，在任何时代，任何民族，任何社会都需要一个反映社会进步和广大人民精神追求的组织或机构。从 HBCUs 创建之初，其历史使命就已奠定：它是为在这个社会中处于不利地位的弱势群体，主要是黑人服务的，培训黑人适应主流社会的技能与品质，也注重培养黑人在未来社会中促进种族融合及黑人社区发展的领导才能。基督教在欧洲落地生根，成为欧洲人普遍接受的信仰，又渐进式地走向蜕化这一历程。HBCUs 与基督教的关系，单纯地用"HBCUs 是个宗教组织"来概括，则充其量是对其"形"的描述。基督教创办黑人院校，不仅是一桩历史事实，而且是现代精神信仰演进的逻辑环节。教化在大学，与知识结合为一体而获得了现代合法性与正当性。HBCUs 在历史上为美国社会和黑人民族培养了优秀的黑人领导者和高质量的黑人毕业生，是非裔美国人争取领导权的支撑力量。美国伟大的黑人思想家杜伯依斯毫不怀疑地向所有人宣布了黑人院校对美国黑人的适当性和重要性。他说："如果没有黑人学校和大学，实际上黑人又要回到奴隶制度。"①

由此可见，美国传统黑人院校(HBCUs)，是指 1964 年以前建立的黑人学校机构组织，是在全国范围内得到承认并获得政府认可、批准，是由美国全国高等教育机会平等委员会(NAFEO)指定，由美国各州授权创办，或为初级学院，或为授予学士学位而提供的教育性场所。HBCUs 不但代表着黑人高等教育的发展方向，同时也为美国高等教育作出了巨大历史贡献。黑人之所以能够在美国生存下来，主要是教育使他们具有了顺应统治阶级文化的能力。教育一方面发挥了社会同化的作用，让美国黑人逐渐褪去黑色特征成为地道的美国人；另一方面教育也提升了美国黑人的个人素质，增强了他们与恶劣生存环境作斗争的能力。

HBCUs 不仅在基督教与政权分离的近代意义上，而且在独立于政治、经济与大众媒体的现代意义上，构成美国现代社会所必需的一个特殊领域。

(二)"学校一体化"运动进程中的传统黑人院校

19 世纪 60 年代后期，《莫雷尔法案》的资金分配意向，开始面向全美所有学生，特别是新解放的黑人。1890 年，美国国会通过《莫雷尔法案Ⅱ》，要求各州高等教育的双系统(所有白人和非白人)为两个系统提供土地，美国国会于 1965 年推出其 HBCUs——南加州大学的援助计划。20 世纪 70 年代中期之后取消种族隔离的社会环境使高等教育中的黑白差距在缩小，但传统黑人高校开始面临生存的挑战。1987 年 12 月"阿丹姆斯案"的终结虽然让白人院校

---

① Julian B. Roebuck & Komanduri S. Murty: *Historically Black Colleges and Universities: Their Place in American Higher Education.* Praeger, 1993, pp. 87-88.

对黑人院校的吞并企图破灭，然而 HBCUs 的支持者担心 HBCUs 难逃被白人院校合并的命运，更忧虑 HBCUs 中白人学生的增长最终会使其丧失存在的意义；1992 年在"美国控佛迪斯"一案中，最高法院裁决密西西比州高等教育系统仍旧存在种族隔离痕迹，最高法院判决黑人高校的继续存在以及黑人继续治理黑人高校的权力，但否决了黑人高校的特殊地位与优惠政策。① 这个判决结果让 HBCUs 维持生存和追求改善的问题变得更为严峻；② 进入 20 世纪，越来越多州的高校开始取消主要针对黑人和女性给予优先照顾的"肯定性行动"政策，美国的政治、经济和社会环境、种族构成及高等教育系统发生了巨大的变化，HBCUs 内部各组成要素也反映出复杂性和多样性的特点。HBCUs 学生来源及特征发生了微妙的变化。HBCUs 的总体情况如下(见表 4.2-1)：

表 4.2-1 **2001 年 HBCUs 的总体情况**

	HBCU 注册学生	HBCUs 学生/全美大学生	HBCUs 黑人学生/所有黑人学生
学生性别			
男性	112874	1.6	13.5
女性	177111	2.0	12.6
学生学习方式			
全日制	222453	2.4	18.4
非全日制	67532	1.0	5.6
学校类型			
2 年制院校	29438	0.5	1.8
4 年制院校	260547	2.7	21.3

① Julian B. Roebuck & Komanduri S. Murty：*Historically Black Colleges and Universities：Their Place in American Higher Education*. Praeger, 1993, pp. 65-66.

② Julian B. Roebuck & Komanduri S. Murty：*Historically Black Colleges and Universities：Their Place in American Higher Education*. Praeger, 1993, pp. 87-88.

续表

	HBCU 注册学生	HBCUs 学生/ 全美大学生	HBCUs 黑人学生/ 所有黑人学生
学校性质			
公立院校	210083	1.7	11.8
2 年制院校	28737	0.5	1.8
4 年制院校	181346	2.9	23.2
私立院校	79902	2.2	16.4
2 年制院校	701	0.3	1.4
4 年制院校	79201	2.3	18.2
总数	289985	1.8	12.9

数据来源：U. S. Department of Education's National Center for Education Statistics：*Integrated Postsecondary Education Data System (IPEDS)*, *Spring 2002 survey*. http：//nces. ed. gov/pubsearch/pubsinfo. asp？pubid＝2013342.

该部分数据基于美国教育统计中心（U. S. Department of Education's National Center for Education Statistics，简称 NCES）的统计数据，NCES 调查有关各教育阶段学生入学率、性别比例、族裔构成、教育机构分类、办学规模、学生学业成就等方面内容。该部分根据 NCES 的翔实资料，认为传统黑人院校生源开始多样化，黑人学生所占比例逐渐减少，黑人女生入学数与获取学位数一直呈上升趋势，并逐渐超过了黑人男性。传统黑人院校的学生大多缺乏学术准备、家庭收入较低、消费水平低于全美平均水平。学生资金来源主要是政府财政拨款和贷款。

1. "学校一体化"运动进程中的 HBCUs 学生来源及其特征。

（1）学生性别比例及其变动趋势。

1976—2001 年，女生占 HBCUs 入学总学生数比例由 53%上升到 61%，而男生入学人数几乎没什么增长。1980—1981 年度的统计数据显示，在所有美国黑人获得的专业学历中，女性占 44%；在法律和医学专业的黑人毕业生中，大约 40%是女性。1990—1991

年度起，HBCUs 有 60% 以上的副学士学位、学士学位和硕士学位是由女性赢得的。第一专业学位获得者的黑人女生数也一直保持上升趋势。博士学位层次中黑人女生这三十年一直保持快速增长的势头，从 1992—1993 年度开始 HBCUs 黑人女博士人数首次超过黑人男生。HBCUs 的黑人女学生在 2001 年各个层次获得的学位数都比黑人男生多。1976—2001 年，HBCUs 性别差距一直呈逐渐上升的趋势(见图 4.2-1)。这种差距在副学士学位数量上表现得更为明显。黑人女性除了有"肯定性行动"这一客观优势而导致入学人数和增长率皆优于黑人男性以外，还有黑人男性的高中辍学率及压力比女性大，老师和家长对黑人男孩在学校比黑人女孩的学术期待更低，在少数族裔小学和中学适合黑人男生的课程更少也是其原因。

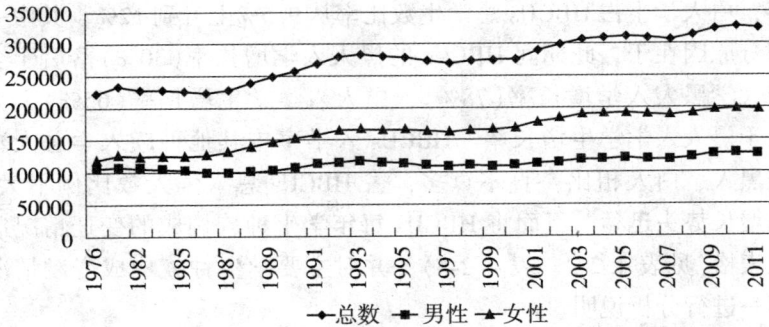

图 4.2-1　HBCUs 学生性别比例及其变化(1976—2011)

数据来源：U. S. Department of Education's National Center for Education Statistics：Table 283. *Fall enrollment in degree-granting historically Black colleges and universities*, *by sex of student and level and control of institution*：*Selected years*, 1976 *through* 2011. http：//nces. ed. gov/pubsearch/pubsinfo. asp? pubid=2013342.

　　HBCUs 学生性别比例的历史分析表明，HBCUs 的一个突出特点就是有女生的高比例。1976—2001 年数据显示，HBCUs 总的入学人数增长实际上是由加入 HBCUs 的大量女性学生引起的。从 20 世纪 70 年代初起，HBCUs 女生入学人数就已经多于男生，而且比例一直持续上升。

（2）学生来源的多样性：学生的种族构成。

在讨论了 HBCUs 学生性别比例以及变动情况之后，需要讨论学生来源的种族构成及其结构变化，HBCUs 学生种族构成的总体情况统计结果充分显示（见表 4.2-2），1976—2001 年，HBCUs 总的入学人数虽然在不断上升，但它的总入学人数占全美大学入学人数的比例和黑人学生占全美大学人数的比例却呈下降趋势，HBCUs总入学人数从占全美大学的 2% 下降为 1.8%。1976 年，HBCUs 黑人入学人数占了全美大学黑人入学人数的 18.4%，此后一直下降至 2001 年的 13%。1976—2001 年，由于白人和其他种族学生的加入，HBCUs 内部种族构成开始变化。HBCUs 中黑人学生占的比例在这期间有所减少。1976 年，黑人学生占 HBCUs 全部入学人数的85%，2001 年黑人构成 HBCUs 全部入学人数的 82%。1976—2001年，白人学生占 HBCUs 总学生数比率从 9.5% 上升到 12%。其中一部分原因在于，此期间 HBCUs 的黑人入学增长率（30%）落后于全美大学黑人入学增长率（78%），白人入学学生增长率（65%）大大高于黑人入学学生增长率。HBCUs 入学率中其他种族入学总人数与黑人、白人相比一直不算多，占 HBCUs 总入学人数比例不大，但增长势头迅猛。下面将 HBCUs 每年学生种族构成的变迁情况制成表格（见表 4.2-2、表 4.2-3），并对主要学生种族构成变动情况逐一进行分析说明。

第一，1976—2001 年，所有入学人数中增长最快的是亚裔和太平洋岛民，增长了近 4 倍；其次是拉丁裔增长了近 1 倍；印第安人增长了近 70%；外国留学生从 80 年代占总数 5.4% 的顶峰下降到 2001 年的 2.3%。拉丁裔、亚裔和印第安本地学生入学数分别从3442 人、649 人和 230 人，增长到 6665 人、2369 人、623 人。外国留学生人数从 1.2 万人减少到 6782 人。如图 4.2-2 所示。

第二，HBCUs 黑人学生获得学位的比例下降，白人获得学位的比例上升。数据表明（见图 4.2-3），1976—2001 年，HBCUs 授予的副学士、学士、博士和第一专业学位的数量基本是上升的，但授予的学士学位占全美院校学士学位的比例却在这些年间略有下降。其中授予博士学位的数量增长得最快，其次是第一专业学位的

116

表 4.2-2 四年制（公、私）大学学生种族构成情况（1976—2001）

学校类型与学生种族	学生注册人数								
	1976	1980	1990	1994	1995	1998	1999	2000	2001
总数	206676	218009	240497	259997	259409	248931	249169	250710	260547
白人	18664	21528	30825	30875	30560	26257	25792	24533	24613
少数族裔总数	181232	184066	201776	223321	223316	216708	218752	219913	229478
黑人	179848	181237	197857	218565	218379	211822	213729	215172	224417
拉丁裔	581	1079	1873	2099	2336	2246	2365	2344	2442
亚裔和太平洋岛民	608	1347	1738	2234	2119	2133	2131	1918	2125
美洲印第安人	195	403	308	423	482	507	527	479	494
非本地居民外国人	6780	12415	7896	5801	5533	5966	4625	6264	6456
公立	143528	155085	171969	187735	186278	174776	175364	175404	181346
白人	17410	20586	28893	29225	28744	24709	24181	23082	23144
少数族裔总数	122894	126362	138068	154440	153656	146810	148034	148909	154686
黑人	121851	124236	134924	150682	149661	142985	144124	145277	150831
拉丁裔	426	639	1428	1655	1859	1779	1900	1849	1922
亚裔和太平洋岛民	464	1125	1421	1736	1706	1630	1570	1376	1503
美洲印第安人	153	362	295	367	430	416	440	407	430
非本地居民外国人	3224	8137	5008	4070	3878	3257	3149	3413	3516
私立	63148	62924	68528	72262	73131	74155	73805	75306	79201
白人	1254	942	1932	1650	1816	1548	1611	1451	1469
少数族裔总数	58338	57704	63708	68881	69660	69898	70718	71004	74792
黑人	57997	57001	62933	67883	68718	68837	69605	69895	73586
拉丁裔	155	440	445	444	477	467	465	495	520
亚裔和太平洋岛民	144	222	317	498	413	503	561	542	622
美洲印第安人	42	41	13	56	52	91	87	72	64
非本地居民外国人	3556	4278	2888	1731	1655	2709	1476	2851	2940

资料来源：U. S. Department of Education's National Center for Education Statistics：*1976 and 1980 Higher Education General Information Survey*（HEGIS），*Fall Enrollment in Colleges and Universities*；*1990 through 2001 Integrated Postsecondary Education Data System*（IPEDS），*Fall Enrollment Survey*（IPEDS-EF：90-99），*Spring 2001*，*and Spring 2002*. http：//nces. ed. gov/pubsearch/pubsinfo. asp? pubid＝2013342.

表 4.2-3　　　两年制(公、私)大学学生种族构成情况

学校类型与学生种族	学生注册人数								
	1976	1980	1990	1994	1995	1998	1999	2000	2001
总数	15937	15548	16655	20074	19316	24541	25043	24970	29438
白人	2376	2834	3591	5088	4960	8196	8047	8175	10295
少数族裔总数	13394	12535	12999	14833	14237	16286	16782	16488	18817
黑人	10457	9752	10825	11597	11039	11923	12678	12067	14221
拉丁裔	2861	2692	2048	2913	2937	3958	3833	4068	4223
亚裔和太平洋岛民	41	50	98	195	189	313	194	230	244
美洲印第安人	35	41	28	128	72	92	77	123	129
非本地居民外国人	167	179	65	153	119	59	214	307	326
公立	13308	13132	15077	18785	18448	23827	24340	24321	28737
白人	2344	2822	3585	5083	4957	8170	8042	8174	10292
少数族裔总数	10844	10203	11454	13647	13457	15621	16094	15849	18119
黑人	7919	7425	9280	10416	10264	11259	11991	11429	13523
拉丁裔	2858	2688	2048	2909	2933	3957	3833	4068	4223
亚裔和太平洋岛民	33	49	98	194	188	313	193	230	244
美洲印第安人	34	41	28	128	72	92	77	122	129
非本地居民外国人	120	107	38	55	34	36	204	298	326
私立	2629	2416	1578	1289	868	714	703	649	701
白人	32	12	6	5	3	26	5	1	3
少数族裔总数	2550	2332	1545	1186	780	665	688	639	698
黑人	2538	2327	1545	1181	775	664	687	638	698
拉丁裔	3	4	0	4	4	1	0	0	0
亚裔和太平洋岛民	8	1	0	1	1	0	1	0	0
美洲印第安人	1	0	0	0	0	0	0	1	0
非本地居民外国人	47	72	27	98	85	23	10	9	0

资料来源：U. S. Department of Education's National Center for Education Statistics：*1976 and 1980 Higher Education General Information Survey（HEGIS），Fall Enrollment in Colleges and Universities*；*1990 through 2001 Integrated Postsecondary Education Data System（IPEDS），Fall Enrollment Survey"（IPEDS-EF：90-99），Spring 2001，and Spring 2002*（This table was prepared in April 2004）. http：//nces. ed. gov/pubsearch/pubsinfo. asp? pubid＝2013342.

	1976	1980	1990	1994	1995	1998	1999	2000	2001
◆ 总数	222613	233557	257152	280071	278725	273472	274212	275680	289985
■ 白人	21040	24362	34416	35963	35520	34453	33339	32708	34908
▲ 少数族裔	194626	196601	214775	238154	237553	232994	235534	236401	248295
✳ 黑人	190305	190989	208682	230162	229418	223745	226407	227239	238638
✳ 拉丁裔	3442	3771	3921	5012	5273	6204	6198	6412	6665
● 业裔和太平洋岛民	649	1397	1836	2429	2308	2446	2325	2148	2369
─┼─ 美洲印第安人	233	444	336	551	554	599	604	602	623
── 非本地居民外国人	6947	12594	7961	5954	5652	6025	4839	6571	6782

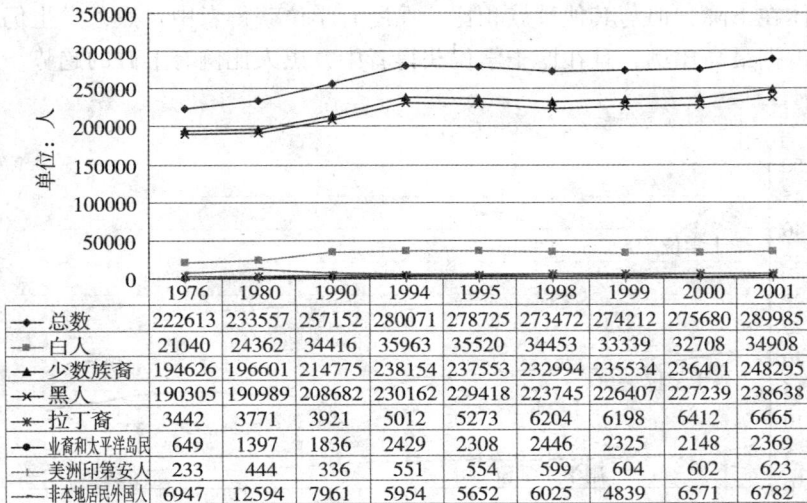

图 4.2-2　HBCUs 学生种族构成的总体情况（1976—2001）

数据来源：U. S. Department of Education's National Center for Education Statistics：*1976 and 1980 Higher Education General Information Survey* (*HEGIS*)，*Fall Enrollment in Colleges and Universities*；*1990 through 2001 Integrated Postsecondary Education Data System* (*IPEDS*)，*Fall Enrollment Survey* (*IPEDS-EF*：*90-99*)，*Spring 2001*，*and Spring 2002*. http：// nces. ed. gov/pubsearch/pubsinfo. asp? pubid=2013342.

授予量，但 HBCUs 授予的硕士学位数量明显下降，这可能与 HBCUs 授予学士学位数量的增长速度慢于其他院校的增长速度有关。与 1976—1977 年度相比，2000—2001 年 HBCUs 有更少比例的黑人获得了学士学位（占全美所有黑人学士学位的 35% 比 22%），这一时期虽然 HBCUs 黑人获得学士学位的数量在上升，但其他类型的院校黑人获得学位的数量增长得更快一些。从图 4.2-3 可看出，HBCUs 授予黑人的学士和硕士学位占全美黑人比例一直呈较明显下降态势，而授予黑人副学士学位的数量占全美黑人的比例一直最少；而 HBCUs 授予黑人第一专业学位占的比例波动较大，但从 1990—1991 年度最低谷到 2000—2001 年度占的比例则一直在上升。虽然从 1976 到 2001 年，HBCUs 黑人学生获得学位的比例总体在下降，但与其他种族相比，在所有学位获得者中，黑人学生仍占据最高比例，且在博士学位获得者中，黑人比例有上升的趋势。

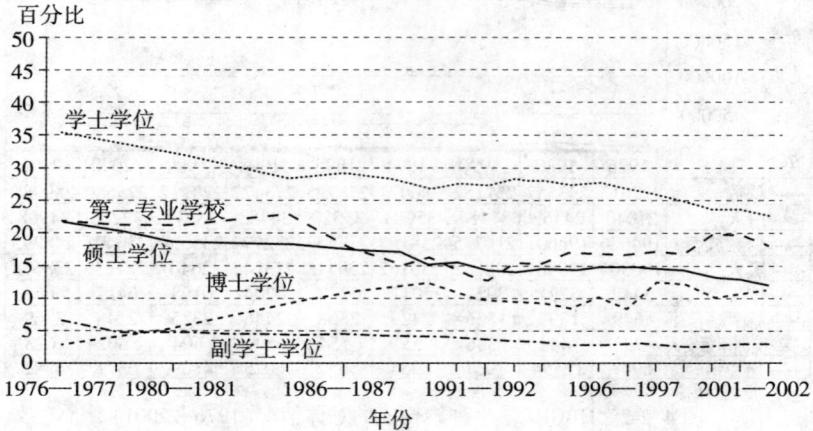

图 4.2-3　HBCUs 黑人学生学位授予比例（1976—2001）

数据来源：U. S. Department of Education's National Center for Education Statistics：*Fall enrollment in degree-granting historically Black colleges and universities, by sex of student and level and control of institution：Selected years,* 1976 *through* 2011. http://nces. ed. gov/programs/digest/d11/tables/dt11_256. asp，2013-07-20.

　　第三，较高比例黑人学生进入 HBCUs 的公立学校。HBCUs 的类型结构也与其他高等教育机构不同。数据显示，它有较高比例黑人学生入读四年制 HBCUs，2000—2001 年度有 90% 的学生就读于四年制 HBCUs，10% 学生就读两年制 HBCUs（见表 4.2-2）。这种增长主要发生在公立的 HBCUs（1976 年为 72%，2001 年为 78%）。1976—2001 年，公立 HBCUs 入学人数占全美公立大学百分比一直较为平稳，而私立 HBCUs 中无论入学人数或占所有大学比率一直呈较明显的下降趋势。1976—2001 年，HBCUs 黑人进入四年制公立 HBCUs 的比例一直处于缓慢增长趋势（1976 年为 58.6%，2001

年为 59.4%)，白人进入四年制公立 HBCUs 的比例则处于增长趋势(1976 年为 8.4%，2001 年为 10.9%)，其增长幅度大于黑人增长幅度。

美国统计中心资料表明，公立 HBCUs 入学人数增长的部分原因是由于两年制院校的扩展。两年制 HBCUs 的发展中，两年制公立 HBCUs 入学人数呈适度增长，私立 HBCUs 学生入学率则明显下降(见表 4.2-3)。黑人仍旧是公立 HBCUs 两年制最高比例学生，而进入私立两年制 HBCUs 的黑人比例有下降的趋势。白人学生进入公立两年制 HBCUs 有较高幅度的增长(1976 年 2344 人、2001 年 10292 人)。一个值得注意的现象，拉丁裔学生在两年制公立 HBCUs 学生比例上一直处于上升趋势，但在私立两年制 HBCUs 的学生比例中却处于下降趋势。其中，HBCUs 入学人数的增长是由部分时间制学生构成的，这种增长模式也发生在其他高等教育机构，但在 HBCUs 则更为明显些。

(3)家庭背景与教育机会。

为进一步探究 HBCUs 学生来源特征，我们对于 HBCUs 学生的家庭背景进行了分析。资料显示，HBCUs 父母的经济地位、收入和教育程度总体比白人院校(HWCUs)的黑人学生明显要低。全美公立大学生消费水平一直呈增长趋势，公立 HBCUs 学生消费水平趋势与全美公立大学呈现一致，但 HBCUs 公立高校消费水平低于全美公立大学。资料显示，2000—2001 年加入美国黑人学院联合基金会(UNCF)的最大比例学生，来自年收入少于 25000 美元的家庭，虽然黑人在这个国家占最低收入阶层的最大比例，然而家庭收入大于 75000 美元的 HBCUs 黑人家庭已占 20%，同时数据显示就读 UNCF 的学校学生家庭收入与就读其他类型高等教育机构学生家庭收入之间的差距在缩小。

数据表明，在美国各类高校中 HBCUs 学生获得资助的比例也要高于其他类型高校，同时也高于全美大学平均水平(见图 4.2-4)。研究表明，家庭低收入、较多孩子造成的贫穷、居住的不稳定和父亲很少参与他们孩子们的生活，可能严重影响了所有少数族裔群体中在大学就读和毕业的男性学生，这些倾向可能对美国黑人男性来说更明显。

美国教育部 2000 年一项研究表明几乎有 39% 的黑人男性在获得学士学位前辍学, 与之相比有 35% 的黑人女性辍学。在 20 世纪 80 年代有更多的黑人学生选择就读 HWCUs, 但到 20 世纪 90 年代, 许多美国黑人学生开始对 HBCUs 蕴涵的历史和文化传统产生兴趣, 因此也开始重新考虑加入 HBCUs。绝大多数研究都发现在 HBCUs 就读的, 是那些由于经济或学术障碍几乎不可能进入大学学习的学生, 财政资助和较低的学费是那些学生选择加入 HBCUs 最重要的两个理由。传统黑人院校在特殊财政资助的启动与补救计划方面, 一直具有优先权。但随着 HBCUs 财政资源短缺的状况日趋严重, 学生贷款拖欠率造成联邦政府对部分传统黑人院校的资助日趋减少, 从而造成近些年 HBCUs 黑人学生流失到白人院校。HBCUs 仅有三分之一的黑人学生获得奖学金或捐助款, 而在白人院校则有一半的黑人学生在他们的整个大学期间拥有奖学金或捐助款。甚至黑人学生就读的中学类型(黑人中学或白人中学), 也会对黑人大学生选择大学产生不同的影响。

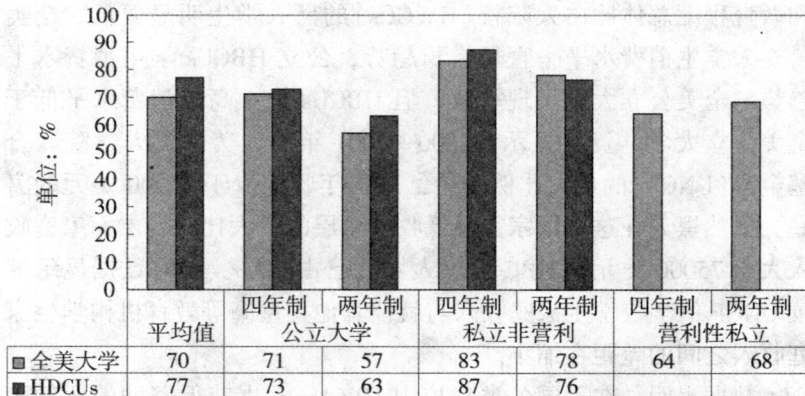

	平均值	四年制公立大学	两年制公立大学	四年制私立非营利	两年制私立非营利	四年制营利性私立	两年制营利性私立
全美大学	70	71	57	83	78	64	68
HDCUs	77	73	63	87	76		

图 4.2-4 HBCUs 分类别全日制本科生获取资助比例/全美大学全日制本科生(2001)

资料来源:U. S. Department of Education's National Center for Education Statistics:*Integrated Postsecondary Education Data System (IPEDS), Spring 2002 survey*. http://nces. ed. gov/pubsearch/pubsinfo. asp? pubid = 2013342.

2. 教职员工情况。

（1）教职员工总体结构。

2000—2001 年度 HBCUs 全体雇员为 54551 人，其中女性占 54.1%。① 全职人员数量大大多于兼职人员，全职人员和兼职人员中都是女性比重大于男性，专业人员中女性教师数量与男性基本相等。在四类专业人员中，女性从事行政管理和科研教学这两类占的比重少于男性，而从事教学和科研的助手及非教师专业人员，女性多于男性；非专业人员中女性数量多于男性，在此类人员中，女性主要集中在书记员和秘书这类职位，技术和辅助专业人员中女性略多于男性；而服务与维护人员中女性大大少于男性，不到40%；从事熟练手工工作的女性最少。公立四年制 HBCUs 雇员总数均大大高于公立两年制 HBCUs，公立院校 HBCUs 雇员总数也高于私立院校。私立四年制 HBCUs 专业人员中的女性所占比例大于男性；而在公立四年制 HBCUs 专业人员中的女雇员少于男雇员；公私立两年制 HBCUs 专业人员中的女性雇员均多于男性，主要原因在于女性从事教学和科研的专业教师数多于男性。2000—2001 年度传统黑人院校 14100 名全职教师中，72%是少数族裔。全职教师中的58%是男性，42%是女性。HBCUs 的黑人构成了全职教师中的60%，而白人则占 27%。②

2000—2001 年度 HBCUs 中无论哪一个层次的职位，黑人员工所占的比例都最高，其次是白人。从性别构成情况来看，黑人女性员工总数大于黑人男性员工，白人雇员则相反。数据分析表明，HBCUs 中担任非教师的专业人员和研究助手的黑人女性人数多于男性，在此行列中，白人女性则少于白人男性。从事教学和研究的教师行列中，男性皆多于女性；与全美所有院校相比，HBCUs 中

---

① Stephen Provansnik, Unda L. Shafer, Thomas D. Snyder: *Historically Black College and Universities*, *1976 to 2001*. U. S. Department of Education Institute of Education Sciences, NECS, 2004, p. 73.

② Stephen Provansnik, Unda L. Shafer, Thomas D. Snyder: *Historically Black College and Universities*, *1976 to 2001*. U. S. Department of Education Institute of Education Sciences, NECS, 2004, p. 81.

专业人员所占全体教职员工中比例要低一些，HBCUs专业人员占总数的65.8%，全美院校比例为69.2%；HBCUs教师占35.1%，而全美院校教师占36.1%；HBCUs专业人员中行政人员所占比例为7.6%，明显高于全美院校的4.9%；HBCUs教学与研究助手占的比例仅为1.5%，全美院校则是8.5%。在非专业人员中传统黑人院校的服务与维修人员所占比例为10.3%，则明显高于全美院校，[①] 与1976年相比，黑人员工构成并没有太大改观。HBCUs的后勤人员与管理人员过多，是HBCUs投入产出的效益一直比其他类型院校低的原因之一，专业人员少从一个侧面反映出HBCUs的科研项目少、科研资金缺乏和科研能力相对较弱的情况。

（2）教师的种族构成。

到2001年秋季，HBCUs专职教师中黑人在所有学术层次与种族中所占的比例皆为第一位。包括黑人在内的少数族裔教师已占HBCUs教师总数的71.8%。亚裔教师和国外聘请教师人数增长较快，亚裔教师已提升至少数族裔教师的13%，聘请外国教师人数与拉丁裔教师人数非常接近。[②] 总体上看，HBCUs男教师数量要高于女教师。与1976年比，原先教师的性别鸿沟随等级提高而增大的情况有所改善。1976年，助教与讲师行列中显示出女性多于男性，从助理教授到教授这些层次是男性多于女性，黑人教师同样如此，另外白人教师的性别鸿沟要大于黑人。

2000—2002年，虽然男教师的总数量仍旧多于女教师，但助教中女性数量少于男性，讲师和助理教授这两个职位女性多于男性，尤其是黑人助理教授女性数量已超过男性，因此，黑人教师性别鸿沟的缩小尤为明显，但白人教师的性别鸿沟仍旧比黑人高。主要原因是白人女性不像白人男性那样多地选择在黑人院校工作，或

---

① Stephen Provansnik, Unda L. Shafer, Thomas D. Snyder：*Historically Black College and Universities*, *1976 to 2001*. U.S. Department of Education Institute of Education Sciences, NECS, 2004, p. 78.

② Stephen Provansnik, Unda L. Shafer, Thomas D. Snyder：*Historically Black College and Universities*, *1976 to 2001*. U.S. Department of Education Institute of Education Sciences, NECS, 2004, p. 80.

者她们不会把整个职业生涯都留在黑人院校。当然，一些女性从劳动力岗位上退下来，尤其是在生育孩子期间，也会使白人女性教师减少。黑人女性教师多为单身女性和单亲母亲，可能是她们比白人女教师更能坚持留在工作岗位的主要原因。全职女性教师所占比例一直处于不断下降状态。这一组成模式主要归于两个原因：第一，女性进入教学岗位要比男性迟，因此给她们提供的高等级教师职位自然就要低一些；第二，与男性教师相比，因为是多方面的原因（更少的研究成果；低数量的出版记录；令人不满意的表现），使女性在高等级上得不到提升，此外还包括那些与家庭和生活有关的变化或是由于不公正对待（如，对女性的性别歧视），这些原因导致女性比男性更多地离开学校或暂时离开学校。

总之，HBCUs 的黑人在教师和职员两部分的组成中都占了最大比例。除了教师外，女性在专业人员的其他岗位与非专业人员两部分数量都超过了男性。黑人与其他种族的群体相比，也更多地被聘用担任更高职位。2000—2001 年度，HBCUs 行政管理人员与非专业人员占职员总数比例要比教师占的比例高，但比 1976 年行政人员的比例略有下降。

（3）教职员工的工资收入。

按 2000—2001 年度美元不变比值计算，从 1976—1977 年度至 2000—2001 年度 HBCUs 教职员工年平均工资从 42346 美元提高到 48379 美元。但近三十年间 HBCUs 教职员工平均工资一直低于全美院校平均工资。而 HBCUs 专职教师的性别鸿沟随等级而增大的趋势未得到根本改观。HBCUs 的教职员工收入随着教师职位的升高而不断增加，在这期间教授工资提高最多。传统黑人院校男性教师工资收入占全美院校的比例从 1976—1977 年度占 81% 下降到 2000—2001 年度的 78.4%。除了助理教授到教授这三个级别的教师工资有所提高外，讲师和助教的工资一直维持在 1976—1977 年度水平；在 1976 年至 2001 年期间，HBCUs 所有职位女教师平均工资都有提高，占全美院校的比例略微下降；从 1976—1977 年度到 2000—2001 年度，传统黑人院校的教师平均工资水平处于全美院校教师平均工资水平的 80% 左右(范围从 79% 至 84%)。①
HBCUs 教师工资水平低是其不能吸引到高水平教师的一个重要因
素,从而导致学校科研水准一直无法提高。

3. 学校和学生的财政资助。

公私立 HBCUs 学生学费在近三十年一直持续上涨。在 1996—
1997 年度,私立非赢利 HBCUs 收入的 22% 来源于学生学费和杂
费,在 2000—2001 年度,该比例增长至 25%。与此同时,公立
HBCUs 流动资金的 14% 也来自学费和杂费;到 2000—2001 年度,
已增至 20%。按 2000—2001 年度美元比值不变计算,从 1976—
1977 年度到 2000—2001 年度,公私立 HBCUs 每名全日制等值
(Full-Time-Equivalent)(FTE)学生的教育和一般性支出处于持续增
长中,但与全美公立院校相比,每位 FTE 学生的支出要少得多
(7732 美元:10662 美元)。② 造成这种差距的原因与 HBCUs 中的
科研和奖学金这两项指标占的比重要远低于全美院校平均水平有
关。但教学支出占总支出的比重则与全美院校平均水平相近。公立
或私立 HBCUs 在研究性支出这一项中无论金额或所占比例都要比
全美院校平均水平低。而私立四年制非赢利 HBCUs 总的消费支出
额也比所有私立非赢利院校小,原因在于此类私立四年制和两年制
HBCUs 在教学支出和科研上都远低于全美私立院校,这也是私立
HBCUs 比四年制 HBCUs 生存危机更为凸显的原因之一。

从 1976—1977 年度至 2000—2001 年度,公立 HBCUs 的流动
资金财政收入呈持续增长的趋势。其中州政府的拨款一直占最大比
重,从 1976 年至 1993 年联邦政府拨款占总收入的第二位,但自
1989—1990 年度至 2000—2001 年度,HBCUs 学费占总财政收入的
比例超过了联邦政府拨款,由第三位上升到第二位。1976—1977

---

① Stephen Provansnik, Unda L. Shafer, Thomas D. Snyder: *Historically Black College and Universities*, *1976 to 2001*. U.S. Department of Education Institute of Education Sciences, NECS, 2004, p. 85.

② Stephen Provansnik, Unda L. Shafer, Thomas D. Snyder: *Historically Black College and Universities*, *1976 to 2001*. U.S. Department of Education Institute of Education Sciences, NECS, 2004, p. 87.

年度至 2000—2001 年度，占总的财政收入第四位的是销售和服务收入，第五位的是当地政府拨款，位居第六位的是其他资源，居第七位的是私人捐款与合同收入，基金会收入排最末。私立非赢利 HBCUs 的流动资金财政收入从 1996—1997 年度至 2000—2001 年度一直呈上升趋势，其中联邦政府拨款一直占第一位，学费占第二位，私人捐赠占第三位，附属医院收入占第四位，附属企业占第五位，投资回报占第六位。从 1976—1977 年度到 2000—2001 年度，公立 HBCUs 流动资金支出一直持续上升，其中学术资助与科研费用和奖学金占总支出比例都略有提升，但教学设备运转及维护费用占总支出的比例呈下降趋势。私立 HBCUs 流动资金支出大体如此，但从 2000 年到 2001 年，私立 HBCUs 学术资助和科研费用占总支出比例忽然急剧下降，如科研费用从 5.4% 下降到 0.9%，但院校支持从 18.8% 迅速上升到 38.3%[①]。这是政府对私立 HBCUs 支持大幅度减少，院校自身必须承担更多的一个信号。

2000—2001 年度，公立 HBCUs 全日制本科生获得的总财政资助，包括联邦、州或地方政府、院校、学生贷款等所有层面上的财政资助要大大超过私立 HBCUs。公立 HBCUs 学生获得的四类资助款项中，联邦政府的资助占第一位，其次是学生贷款，第三是州或地方政府资助，排在末位的是院校资助，而私立 HBCUs 和全美有学位授予权的私立院校同类学生获得的资助款排序是学生贷款占第一位，其次为联邦资助，第三是州或地方政府的资助，最后是院校资助。在非赢利四年制私立 HBCUs 就读生，获得联邦平均资助款项比全美院校学生获得的联邦拨款要多。进入两年制和四年制公立 HBCUs 就读的学生从院校资助项目中获得的平均财政资助款项比全美公立院校要低，而两年制和四年制私立非赢利 HBCUs 则相反。由此可知，联邦政府对公立和私立四年制 HBCUs 学生资助要大于全美院校平均水平，说明联邦政府的拨款和资助是维持 HBCUs 生

① Stephen Provansnik, Unda L. Shafer, Thomas D. Snyder：*Historically Black College and Universities*，*1976 to 2001*. U.S. Department of Education Institute of Education Sciences，NECS，2004，p. 88.

存和发展的最重要的支持力量。联邦、州政府及学校对公立和四年制 HBCUs 学生的资助要远远大于对私立和两年制 HBCUs 学生的资助。这也导致了私立两年制 HBCUs 教育教学质量比公立或四年制 HBCUs 低，学术声誉下降，而逐步面临生存危机的原因之一。但有一点值得关注，私立两年制 HBCUs 在学生服务与机构支持上却比全美院校做得更好。

根据数据显示，尽管 HBCUs 每名学生的教育性和一般性支出比非 HBCUs 少很多，但 HBCUs 的教学支出要远远超过科研支出，从而与白人院校基本持平。这也是 HBCUs 生存至今仍能在美国黑人高等教育和劳动力市场占有一席之地，为美国社会作出较大贡献的一个重要因素。HBCUs 在科研支出上的比重要比全美院校平均水平要低，且呈持续下降的趋势，这也是 HBCUs 科研水平要低于白人院校的最直接原因。但 HBCUs 在院校支持和学生服务上比全美院校支出更多，而且服务质量也更高。这也能凸显出 HBCUs 为大量黑人和其他少数族裔学生提供支持性学习环境的一个极为显著的优势。但近些年，HBCUs 持续上涨的学费也显示出美国经济不景气和高等教育逐渐市场化的趋势。这更是 HBCUs 接受政府资助不断减少、不少私立学校陷入财政危机的一个重要表现。

(三) 影响 HBCUs 发展的因素

20 世纪 70 年代以后，随着美国"学校一体化"运动的开展，美国少数族裔高等教育领域正悄悄地出现了一场革命。20 世纪 70 年代以来，随着种族隔离制度被废除，HBCUs 开始出现生存危机。随着时间的推移，美国黑人追求教育公平的环境已发生巨大的改变，HBCUs 在原有问题更加突出的同时面临新的挑战和危机，并以各种形式表现出来。HBCUs 生源出现多样化，以往黑人占据绝大多数比例的情况开始打破，越来越多的白人逐渐在其中占据相当比重，这一比重保持到 20 世纪末。

1. HBCUs 与环境因素。

20 世纪 70 年代以来，美国黑人的经济、政治和文化地位有了一定程度提高，黑人中产阶级数量得到较快增长。年收入超过 5 万

128

美金(计入通胀因素)的黑人家庭从 1966—1967 年的 9.1% 增加到 2000—2001 年的 27.80%。从 1965 年至 1997 年，少数族裔接受高等教育的机会也有相当程度的增加。美国人口的种族构成发生了巨大变化，2002 年美国少数族裔人口已占总人口的 25%，拉丁裔首次(占总人口的 12.5%)超过非洲裔(占总人口的 12.3%)成为美国第一大少数族裔群体，在一些州少数族裔人口比重已超过白人，同时美国种族构成也日趋复杂和多样化。① 这些重要转变使得美国人的价值观，各个种族或阶级之间的经济、政治及社会力量对比发生了质的变化，人们对待平等和公平概念的理解和态度也发生了极大转变。这些变化，使得有些学者认为，美国虽然种族隔离教育制度已废除，但是带有二元体制痕迹的 HBCUs 的继续存在，会加大黑人与白人的隔阂，并将延缓种族融合的进程。

2. HBCUs 与政策态度。

20 世纪 60 年代的美国黑人革命，标志着美国非裔运动迈出了具有历史意义的一大步。1965 年 9 月 24 日，约翰逊总统签署第 11246 号行政命令，实施"肯定性行动"。1977 年 6 月，法院要求联邦政府为各州取消高校教育中的种族隔离制定统一的标准。作为回应，人权办公室制定了取消高校种族隔离的指导性标准，又称"阿丹姆斯标准"。

"阿丹姆斯标准"公布后，阿丹姆斯州高校的黑人入学率有较大幅度的增长，1978 年比 1976 年增长近 3%。其中 30% 的黑人进入传统的白人四年制院校，33% 的黑人进入传统的黑人四年制院校，其余的进入两年制学院(大多为白人院校)。尽管出现了黑人入学人数增长的趋势，但各州在消除以往种族隔离影响方面的努力是不尽如人意的。1992 年，在佛迪斯案中，联邦最高法院裁决各州对消除合法种族隔离的痕迹有不可推卸的责任，并指出各州不能利用"种族中立"的原则作为措词而推卸责任。1994 年，教育部对

---

① U.S. Department of Commerce, Bureau of the Census: *Statistical Abstract of the United States*, 2000. The National Data Book, Claitors Pub Division, 2000, p. 120.

实施了取消隔离计划的各州再次发布了指导性的方针，重申在考察各州高等教育中取消种族隔离时，遵循 1992 年佛迪斯案的精神。这些政策变化加速了美国"学校一体化"的进程，使得更多少数族裔学生进入 HBCUs。

3. HBCUs 与财政支持。

资金的严重缺乏是 HBCUs 的最突出体现，也是造成 HBCUs 教育资源缺乏、财政出现危机及学术水平落后的直接因素。从学生选择传统黑人院校或白人院校的理由来看，HBUCs 提供特殊的教育项目以及较低的学费这两个理由占据很大的比例（见表 4.2-4）。1984 年，全国科学基金会（The National Science Foundation）拨给 HBCUs 的专款还不到全美所有院校的 0.4%，社团基金会资助对象的前一百名中没有 HBCUs，同时，HBCUs 在获得的政府拨款和各方捐款也在不断地减少。1998 年，《高等教育法》修正期间，大约

表 4.2-4　　学生选择传统黑人院校或白人院校的理由

择 校 理 由	黑人院校的黑人		白人院校的黑人	
	男性	女性	男性	女性
我的亲戚想要我来这	15.8%	13.6%	9.3%	8.0%
我的老师建议我到这	10.9%	4.30%	5.0%	8.4%
这所学院有着非常好的学术声誉	51.9%	56.4%	48.3%	59.1%
我获得了财政支持	28.0%	24.5%	32.1%	34.1%
我在其他任何地方都不被接受	5.3%	3.3%	2.9%	2.4%
有朋友一直在这所学校	20.7%	18.5%	12.8%	10.1%
这所学院提供特殊的教育项目	38%	30.1%	25.6%	33.7%
这所大学院的学费很低	18.2%	12.6%	10.8%	16.2%
我的指导顾问向我建议	11.7%	8.8%	9.8%	12.1%
我想住在家里	11.5%	11.8%	7.30%	4.0%
一个朋友向我建议	12.6%	10.5%	7.7%	4.2%

资料来源：Astin & Cross：*Black students in higher education：Conditions and experiences in the 1970s*. Westport, Greenwood Press，1981，pp. 11-17.

有三分之一的 HBCUs 群体贷款率超出了法律规定的极限，因此，它们的学生面临着不能继续获得联邦贷款的危险，这对于严重依赖联邦学生贷款才能吸引大量学生入学的 HBCUs 来说，无疑是一场严峻的考验。在 1996 年至 1999 年期间，联邦政府对 14 所贷款拖欠率超过 25% 的黑人院校调查发现，HBCUs 中高拖欠率学生的父母平均的总收入为 22489 美元，比那些低拖欠率的学生父母的平均收入（30321 美元）低 26%。与其他院校相比，HBCUs 普遍获得的捐赠较低、院校奖学金较少、学生毕业率较低。另外，HBCUs 的学术资源缺乏、学生学术准备更低、教师学术层次更低、家庭背景更为不利、公共政策缺乏支持等多种因素造成其学术和科研水平不高。

4. HBCUs 与性别因素。

1964 年的《经济机会法》(*The Economic Opportunity Act*) 以及 1965 年的《教育法》(*The Education Act*) 为美国黑人女性创造了新的受教育机会。美国政府还不断地制订帮助美国非裔女性参与高等教育的计划和战略。这些计划和战略包括鼓励非裔女学生积极参与大学的学术生活、多为她们创设学术发展的机会以增加她们获得学术成功的几率、帮助她们克服学术上的困难和不足、为她们提供财政援助、为她们提供与高级院系以及研究者合作的机会从而获得学位等。应该说，美国少数族裔高等教育中女性的学术水平、受教育规模、相关课程设置、就业等方面得到了很大的进步和发展。

美国黑人女大学生通常学习非常用功，相应在学业成绩上也经常超过男性，这点不仅表现在中学，到了大学更是如此。近些年，获得学士学位的黑人女大学生的人数逐步超过了男性，这一特征不仅表现在白人院校，也表现在黑人院校。而 HBCUs 的建立和发展也为美国少数族裔高等教育获得合法的政治权利创造了条件，也使更多的黑人女性进入 HBCUs 学习。20 世纪七八十年代以来，美国相继成立了许多相关的救济协会和机构，在推动少数族裔女性高等教育事业发展上起了很大的作用。美国学者研究表明，黑人院校中单一性别的院校女子学院或男子学院如斯皮尔曼学院，它们对学生的学术发展比男女合校的院校更有利于黑人学生。

5. HBCUs 与黑人自身因素。

HBCUs 相关问题产生的一个内在而本质的因素在于美国黑人自身存在着阻碍其发展的严重弱点。美国黑人家庭一直被舆论认为人数太多、女性为家长、家庭成员受教育不足、缺乏教养又贫穷，与处于同一阶层的底层白人、亚裔和拉丁裔、美国印第安本地人相比，这些问题在底层黑人家庭、社区以及学校中要严重得多。

美国黑人中产阶级的增加并没有给整体黑人民族和黑人院校带来更大的希望与实惠，因为这些中产阶级几乎已完全被白人文化和价值观同化，即使美国黑人中(包括黑人女性)最成功的典范，也坚持白人主流社会价值观和美国主流政治观点，赞成取消"肯定性行动"。黑人中产阶级的成功反而造成了黑人凝聚力的分化和隔阂，并已经开始逐渐侵蚀黑人社会的集体主义。HBCUs 在许多黑人大学校园里有较高的犯罪事件，而这一问题有深层的文化和心理因素。研究发现 HBCUs 新教师在学习非正式组织文化方面较艰难，他们很少有可利用的渠道从年长黑人教师那里获得政策、资源和规则等方面信息。

6. HBCUs 与联邦政府作用。

联邦政府一直比较认可 HBCUs 在教育黑人方面的独特作用，1965 年颁布的《高等教育法》便是联邦政府支持 HBCUs 的例证。20 世纪 70 年代末 80 年代初以来，联邦历届政府对 HBCUs 采取的大多是积极扶助的政策。

卡特总统当政期间曾制订过一个旨在加强和扩大 HBCUs 的计划，里根总统有关 HBCUs 的第 12320 号执行令也尤其引人注目，此令要求进一步消除以往歧视对 HBCUs 造成的影响。1986 年国会通过了 HBCUs 作为 1986 年《高等教育法》第三条中的第二部分的法案。法案授权给予黑人高校 10 亿美元的专门补助，1987 年，国会批准的款项为 5.07 亿美元，每一个符合条件的黑人高校至少得到了 35 万美元。布什总统在 1989 年 4 月 28 日发布了有关 HBCUs 的第 12677 号执行令，要求采取积极措施发掘黑人高校的人力资源，加强黑人高校提供高质量教育的能力，扩大黑人高校参与联邦项目及从中受益的机会。此令由教育部中学后教育办公室(Office of Postsecondary Education)协调联邦 27 个部门执行，之所以选择这些

132

部门是因为联邦给予大学资金中的 98% 都由这些部门控制。此令还要求在教育部内设立一个咨询机构——传统黑人高校总统咨询委员会(the President's Board of Advisors on HBCUs),负责督导每年黑人高校参与联邦项目的进展,并在激发私人机构支持黑人院校发展方面为总统提供咨询。①

1991 年,布什政府又实施了一项引起争议的计划,现有的黑人高校根据该计划对其任务与课程设置进行分类,以便联邦各部门能根据需要分配精力和资金,同时私人基金会也可以根据此分类来决定其资金的投向。此举受到了众多黑人高校校长的非议,他们认为这可能导致黑人院校出现"等级"现象,导致联邦及私人资金流向一小部分院校,造成富校更富,穷校更穷的后果。克林顿总统上任后对黑人高校的地位也多次给予肯定。1993 年 11 月 1 日,他签署了第 12876 号执行令,要求联邦各机构制定每年拨发给黑人高校的资金目标,并且由管理和预算办公室(Office of Management and Budget)来监督命令的执行,以此来扩大黑人高校在国内事务中的影响力。1997 年,克林顿政府拨付给 17 所传统黑人高校 650 万美元的补助金,帮助它们改善学校所在社区的环境,每所学校差不多可得到 40 万美元。克林顿说:"长久以来,惟有传统黑人高校向寻求高等教育的黑人敞开了机会之门。如今,在我们创纪录的资助下,这些学校继续培养我们中的某些最有头脑之士,并且超越学校之门将学校周围贫困的社区变成实现美国梦的前哨。"除了这项住房和城市发展部的补助金,克林顿还将 1997 年 9 月 15—25 日定为"全国传统黑人高校周",借此来让更多的人认识了解和支持黑人高校。乔治·布什总统则沿袭了老布什的做法,在联邦教育部内也设立了咨询委员会。②

---

① Julian B. Roebuck & Komanduri S. Murty: *Historically Black Colleges and Universities: Their Place in American Higher Education*. PRAEGER, 1993, pp. 101-106.

② Julian B. Roebuck & Komanduri S. Murty: *Historically Black Colleges and Universities: Their Place in American Higher Education*. PRAEGER, 1993, pp. 111-167.

联邦政府根据 1965 年《高等教育法》第三条对黑人院校的财政资助一直没有间断，1995—2000 年，联邦政府对黑人院校的财政支持增长了 36.5%，对传统黑人专业及研究生院(HBGIs)的支持增长了 58%，2001 年用于黑人高校的投入持续增长，黑人院校获得的财政支持从 1.69 亿美元上升至 1.85 亿美元，专业学院和研究生院也从 4000 万美元增加至 4500 万美元。2002 年"加强传统黑人院校计划"(Strengthening Historically Black College and Universities Program)给予黑人院校的资金为 1.97 亿美元，给予黑人专业及研究生院的资金为 0.48 亿美元，受益院校达到 98 所。在布什政府 2003 年财政预算中给黑人本专科院校增拨 740 万美元，给黑人研究生院增拨 180 万美元。① 此后五年，联邦政府对传统黑人院校的财政资助从 1.8 亿美元增加到 3.2 亿美元。② 2002 年 1 月，在马丁·路德·金生日纪念会上，联邦教育部长罗德·佩格(Rod Paige)指出政府将继续支持黑人院校。他说："我们必须继续支持那些为少数裔族及处于不利地位的学生提供高等教育机会的机构"，"为了做好这项工作我们已经动用了所需的资源，我们还将继续努力以保证在美国的每一个学生都能如愿以偿，确保没有一个孩子掉队"。

应该说联邦政府对黑人院校的支持是有目共睹的，但对生均经费只相当于全国平均水平 90% 的黑人院校而言，它们每年所获的联邦大学资金只占全美院校的 4%。从未来的发展看，到 2020 年，黑人将占美国总人口的 14%，要想使黑人院校更好地发挥服务黑人的作用，联邦政府还应在政策和资金上加大扶持的力度。

尽管对黑人院校的争论还在继续，我们有理由相信黑人院校还将得到进一步发展。这不仅仅是因为有联邦政府的支持，更重要的是黑人需要它们。作为黑人进入主流社会的过渡地，它们还将继续

① *Ecomomic Impact of the National Historically Black Colleges and Universities.* http：//www. nces. ed. gov/fastfacts/display. asp? id = 667，2010-08-08.

② William H. Gray：*The Case for All-Black Colleges.* http：//www. accesseric. org/resources/ericreinew/vol 5 no3/black. html，2011-03-17.

发挥白人院校无法替代的作用。

二、取消种族隔离进程中的美国部落学院发展问题研究

20世纪60年代，随着美国民权运动的蓬勃开展，美国原住民族开始重视自我的公民权与教育权，美国政府也意识到发展原住民族高等教育的重要性，开始立法保障原住民族的教育权，允许原住民族建构合乎自身需求的高等教育体系。同时为了唤起原住民族的族群意识，保存部落文化，许多部落民族也认为必须发展属于自己的高等教育。1968年，美国第一所部落学院（Tribal Colleges）纳瓦霍社区学院（Navajo Community College）成立，此后其他部落学院相继在加利福尼亚州、北达科他州和南达科他州建立。至2010年，美国共有36所部落学院/大学，其中两年制公立学院22所、四年制公立大学5所、两年制私立非营利性学院6所、四年制私立非营利性大学3所。2007年，在部落学院注册入学的学生人数为17255人，其中原住民族学生占80%。

美国部落学院地理位置大多位于美国北部，且地理位置偏远，办学模式与社区学院类似，生源主要来自印第安裔为主的全国250多个部落。目前，部落学院主要为两年制学院，具有副学士学位（协士学位）授予权，以及其他短期职业培训证书授予权；有9所部落学院具有四年制学士学位授予权，其中2所具有硕士学位授予资格。虽然各学院在招生规模、培养重点（人文科学、技术能力、自然科学）、占地位置（林地、沙漠、冻土带、乡村保留地、城市）、学生人数（全部或是大多数为土著人、来自许多不同部落或是极少数的几个部落）等方面不尽相同，但是部落学院的共同使命是传承部落文化和为当地社区服务。正如卡耐基教学促进基金会主席所说，"每一所部落学院的创办是为了保存每一个部落的文化遗产"。卡捷特（1994）在《遥望高山》（Look to the Mountain）中写道，部落教育是真正的"内成的教育，即一种通过个体自身和研究主要人际关系来活跃和点亮个体本我的教育"。他描述了印第安教育得到认可的基本要素，即"每个人、每种文化都有能让他们幸福和积极发展的基本潜质"。关注个体的发展，部落学院将重点放在"维

135

系当地人民文化传承"上，目标是"为部落开发人力资源"。①

进入 21 世纪，越来越多州的高校开始取消主要针对少数族裔和女性优先照顾的"肯定性行动"，美国的政治、经济和社会环境、种族构成及高等教育系统发生了巨大的变化，部落学院内部各组成要素也反映出复杂性和多样性的特点，美国部落学院开始面临生存的挑战。面对挑战，他们也在探索新的办学模式，不仅仅通过课程来教授和体现文化，而且通过解释和重新定义文化，增强使命感，来面对现代化社会的需要。部落学院还与一些组织建立了合作关系，如：美国的内政部、农业部、住房与城市建设部、国家科学基金会、国家航空航天局。他们还与美国其他大学合作开展研究和教育项目，来关注气候变化、农业的可持续发展、水质、野生动物数量的变化和糖尿病预防等问题。②

(一)部落学院的治理结构

美国部落学院在历史发展过程中始终是具有高度自主办学权的高等教育机构。但是，它与当地自治政府(部落)、联邦政府关系比较协调，已经形成了既相互独立又相互协作的治理结构。部落学院在促进原住民族教育发展中当有其独到之处。随着治理问题的日益被关注，部落学院更是以其独特的治理结构改革路径，探索新的治理结构模式。我们可以从外部治理机制和内部治理结构进行分析。

1. 外部治理机制。

(1)联邦政府。

联邦政府在部落学院治理中通过立法与财政拨款两种方式对部落学院进行调控。一是立法，制定影响部落学院发展的相关法律法规政策；二是财政拨款，直接对部落学院进行财政拨款。

第一，立法。制定关于印第安人的教育法律法规也是联邦政府

---

① Krumm，Bernita L：*Tribal Colleges：A Study of Development，Mission，*and Leadership. ERIC Resource Center，http：//eric. ed. gov，1995，p. 7.

② American Indian Higher Education Consortium（AIHEC）：*Annual report，2008-2009.* http：//www. aihec. org/about/documents/AnnualReport08-09. pdf，2010.

对部落学院实施管理的一项重要手段。20 世纪 70 年代，部落学院成立后，联邦政府制定了一系列有关印第安人教育的法案，这些法案在保证印第安个体接受高等教育的同时，也在一定程度上帮助部落学院克服了成立之初面临的种种困难。如《纳瓦霍社区学院援助法》(*Navajo Community College Act*，1971)、《印第安人教育法》(*Indian Education Act*，1972)、《印第安人自决和教育援助法》(*Indian Self-Determination and Education Assistance Act*，1975)、《部落自主社区学院援助法》(*Tribally Controlled Community College Assistance Act*，1978)等。20 世纪 80 年代，里根政府时期关于印第安人政策的基本原则是减少印第安人对联邦计划的依赖，将其责任更多地分担给地方政府和印第安人个体。随即，联邦政府开始逐渐削减对保留地的财政资助，对印第安高等教育和部落学院的拨款也相应减少。在部落学院纷纷成立和发展的关键期，联邦政府对待印第安教育的消极态度给部落学院的生存和顺利发展设下了一定的困难和障碍，但相反却促使部落学院学会自筹资金和自我管理。1998年，克林顿政府颁布了《关于美国印第安和阿拉斯加土著教育的第13096 号行政令》(*American Indian and Alaska Native Education*，*Executive Order* 13096，1998)，完全承认部落学院在美国高等教育系统的合法地位，承诺为贫困印第安人民接受高等教育提供更多机会，并加强部落学院传承部落文化的办学使命。

不同时期，联邦政府提供给部落学院的政策、制度环境，大体上遵循着支持部落学院发展和印第安"自决"的路径。部落学院越来越多地参与联邦政府有关印第安教育事务中，也学会了在受制于政府规章制度的同时，与政府交涉，争取更多的合法权利，使自身的特色得以保持，使印第安高等教育朝着最适合本民族的方向发展。

第二，财政拨款。部落学院经费主要源于联邦政府拨款，这是部落学院与普通社区学院相比的最大区别。部落学院不受其所在州政府的管理，也不从州政府那里获取办学资金，他们的主要运行资金很大程度上依赖于联邦政府。① 联邦政府以一种"托管"的方式

---

① Fann，Amy：*Tribal Colleges*：*An Overview*. http：//www. eric. ed. gov 2002，p. 8.

对部落学院进行管理，"托管"印第安人的资源和福利。

部落学院的办学资金在成立之初完全依赖于联邦政府的供给。1978 年 12 月，卡特总统签署了《部落自主社区学院援助法》，又称《部落学院法》，该法案是政府对部落学院进行拨款的主要法律依据。该法案中明确规定了资金拨放的标准，例如：根据各部落学院印第安学生入学人数（称为印第安学生总人数 Indian Student Count，或 ISC）决定分配资金的数额，但非印第安学生不计算在内，平均每个印第安学生拨款 6000 美元，最高拨款总额不超过 4000 万美元。① 但由于种种原因，自该法案实施以来，联邦政府从未按标准向部落学院发放过足额的资金。因此各部落学院必须积极地寻求多渠道的资金来源，与联邦政府相关的，例如，通过《高等教育法》中的"学院发展计划援助"获得办学资金。② 这些额外筹集的资金有助于实现部落学院内部更多的教育项目。此外，还有联邦立法授予部落学院赠地地位（Land Grant Status）。③获得赠地地位就意味着部落学院可以获取更多的资源，从而引进更多的教师和设备，来进行独立的农业调查研究或是与四年制院校合作办学。③

（2）美印第安高等教育联盟。

美印第安高等教育联盟（American Indian Higher Education Consortium，简称 AIHEC）是连接联邦政府和部落学院之间的纽带，它在影响联邦出台有关印第安高等教育政策方面起着巨大的作用。1972 年，美印第安高等教育联盟正式成立。这是一个唯一的、独特的、具有国家性质的美印第安人组织。尽管该联盟是独立于各个部落学院之外的一个国家性组织，但它是由美国特许部落学院的校长们组成董事会来管理。董事会挑选一部分成员组成执行委员会，

① 饶琴：《美国印第安保留地高等教育发展研究》，浙江师范大学硕士学位论文，2006 年。

② American Indian Higher Education Consortium（AIHEC）：*Tribal College an*：*An Introduction*. http：//www. aihec. org/colleges/documents/TCU_intro. pdf，1999，p. 2.

③ Fann, Amy：*Tribal Colleges*：*An Overview*. http//：www. eric. ed. gov，2002，p. 3.

监督联盟及其成员所组织的活动。其最重要的职责是限制部落斗争和追求成员学院的目标达成统一，加强他们的集体使命感，在确保基本办学资金得以维持的同时，并在整个联邦政府系统中寻求新的资金来源。例如，2009 年，奥巴马政府将一项 5000 万美元的一次性支付款项纳入 2010 年度财政预算，随后，国会将这笔钱拨付给了部落学院。值得注意的是，在过去的两个年度财政（2009—2010）中，AIHEC 已经在联邦预算和拨款中为部落学院保留了 TCU 专项，甚至增加了他们的具体条目。①

1973 年，联盟确定了其组织的使命，并在 1984 年修改后描述为：维持美印第安教育应有的质量标准；确保能参与教育立法、政策、规章、制度和财政预算的制定和管理；协助部落学院建立一个稳定的财政基础；鼓励印第安民众更多地参与制定和完善部落高等教育政策过程。② 同时，联盟也为印第安高等教育提供领导阶层，并制定促进教育发展的公共政策，通过宣传、研究和倡议来建立一些方案，来保护和传承印第安语言和文化。通过联盟的独特地位与作用，它为新成立或正处于困境中的部落院校提供技术援助，为社区和部落民族服务，从而带领部落学院不断进步。

在美印第安高等教育联盟的作用下，部落学院继续实现共同努力，从高等教育的各个方面来影响政策的制定和方案的建立。例如，部落学院能在关键领域获得来自联盟的技术援助；与其他部落学院、联邦机构、其他教育机构和潜在的合作伙伴之间建立工作关系；为新成立的机构提供经验指导；并设计新的方案来解决发展领域的需要等。③

（3）部落社区。

部落学院在社区服务中也发挥着至关重要的作用。例如，在

---

① American Indian Higher Education Consortium（AIHEC）：*Annual Report*, *2008-2009*. http：//www. aihec. org/about/documents/AnnualReport08-09. pdf, 2010.

② American Indian Higher Education Consortium（AIHEC）：*Tribal College*: *An Introduction*. http://www.aihec.org/colleges/documents/TCU_intro.pdf,1999,p. 2.

③ American Indian Higher Education Consortium（AIHEC）：*About AIHEC*. http：//www. aihec. org/about/index. cfm.

1996—1997 年度，22 个部落学院提供成人基础教育，补习教育，或制订高中同等学历计划(NCES，1990—1997)。当地社区居民通过接受这些教育获得了相应的文凭后，许多人继续修读学位课程。例如，Sitting Bull 学院实施了"基础方案"(Project Basic)，这是一种为边远地区的保留地居民提供移动课堂的成人学习项目(美国印第安大学基金会，1996)。①

因为大多数的保留地经济停滞不前，部落学院还积极寻求促进地方经济发展的办法。除了增加创业商务课程，十几所高校赞助企业孵化器或小企业发展中心，以鼓励私营部门的增长。这些中心提供了一站式、以社区为基点的技术援助和咨询服务。例如，隆米保留地的西北印第安学院有其自身的商业援助中心，并在华盛顿的七个其他保留地建立了这样的中心。通过这一项目的远程教学，学生可以获得创业资格的证书。除了开设创业资格副学士学位课程外，Haskell 印第安民族大学还提供针对部落学院教师的培训计划，开发和讲授印第安企业家的案例研究(Foley Chuckluck，1998)。②

最后，学院作为部落成员的聚集点为社区提供了许多服务。部落学院的很多学生都承担着家庭的责任，学校常常在校园里为学生开办儿童日托设施。例如，1996 年至 1997 年度就有十所学院提供了此类设施，并且也对社区居民开放。另外，学校还提供非处方药物的服用咨询、营养咨询以及其他服务。Leech 湖部落学院还与部落政府开办名为"成长项目"的合作项目，试图通过改善社区居民传统印第安谷类膳食结构，来解决保留地糖尿病患病率高的问题(美印第安大学基金会，1996)。③

---

① American Indian Higher Education Consortium (AIHEC)：*Tribal College an*：*An Introduction.* http://www. aihec. org/colleges/documents/TCU_intro. pdf，1999, p. 2.

② American Indian Higher Education Consortium (AIHEC)：T*ribal College an*：*An Introduction.* http://www. aihec. org/colleges/documents/TCU_intro. pdf，1999, p. 2.

③ American Indian Higher Education Consortium (AIHEC)：*Tribal College an*：*An Introduction.* http://www. aihec. org/colleges/documents/TCU_intro. pdf，1999, p. 2.

（4）认证机构。

同主流高校一样，部落学院的发展和管理也受到美国高等教育认证机构的影响。认证制度是美国保障和提高高校或专业教育质量的重要手段。高等教育认证是一个以院校自我评估和同行评价为基础，以满足公众问责和提高学术质量为目的的过程。① 美国联邦教育部按区域划分了六个最主要的地区认证机构承担包括社区学院在内的全国大部分认证任务。这六个主要认证机构分别是：新英格兰院校认证协会（NEASC）、西北部院校认证协会（NWCCU）、中北部院校认证协会（NCA）、中部各州院校认证协会（MSCHE）、南部院校认证协会（SACS）和西部院校认证协会（WASC）。部落学院按照其所属的划分区域来选择认证机构进行认证。虽然不同的区域认证机构针对不同的被认证院校有着不同的标准，但共有的标准有：学校使命和效益；学生的教育项目、计划、资源及服务；办学人力、物质、技术和财政资源；学校的管理与行政等。而考虑到部落学院自身的独特性，对它们的认证内容重点放在了以下五个方面：第一，部落学院的宗旨，包括提供满足个性化的职业教育、保存部落语言和文化、为没有教育经历的居民提供成功的教育、为社区居民提供终身学习的机会；第二，部落学院的办学规模、师生人数、教学设施及资源；第三，部落学院的管理和组织结构，董事会、校长、教师代表会和学生代表会等；第四，部落学院的办校财政资助和其他支持；第五，部落学院的地理位置和环境。②

通过认证机构的鉴定和认可，除了有利于部落学院办学宗旨的实现，保证教学质量外，还有一些其他的积极影响。例如：便于部落学院独立地对学校内部事务进行管理和改善；通过认证的学院之间学分可以互换，从而便于学生转学申读更高级的学位；一些私立基金会通常将认证作为判断一所学校或学术项目质量是否可靠的指

---

① 李延成：《美国高等教育认证制度：一种高等教育管理与质量保障模式》，载《高等教育研究》，1998 年第 6 期。

② Wallace B. Appelson & Martha Mcleod：*Accreditation Factors Unique to Tribal Colleges*. Distributed by ERIC Clearinghouse，1994.

标，从而考虑是否给予资助。因此，部落学院通过认证可以获取更多新的资金来源。

2. 内部治理机制。

部落学院内部治理结构中只拥有一个单独的管理机构，即董事会，部落学院在董事会领导制下，校长的职责是负责法律关系、系统规划。部落学院非常重视社区、学生及其家长的需要，部落学院肩负解决社区重要问题的责任，为社区服务是其自身的理念。它在其内部设立咨询机构，鼓励成员积极参与管理，为社区的利益服务。同时设立学生服务中心，满足学生需求。

（1）董事会。

大多数部落学院是由学院董事会（委员会）来管理，与其他主流高校董事会主要由校外人士组成一样，部落学院董事会成员由部落政府行政人员选出，他们绝大多数来自当地印第安社区。董事会充当着部落政治和学院之间的缓冲器，在政策制定者、职员选择委员会和当地部落学院监督者三方之间扮演着调停者的角色，他们拥有学院特许的自治权。这些重要的职责使得部落学院董事会在印第安社区具有独特性，大多数美印第安决策制定机构（包括部落管理委员会），在做重要决定前必须征询内部秘书处的认可，而部落学院董事会则不需要。但是，董事会成员深知他们的决策是怎样影响其社区与特许他们的部落政府之间的长期关系。① 董事会董事制定部落学院的发展目标和教育政策。董事会成员通常包括学生代表，参与投票选举董事会的成员，在学校政策规定过程中表达出学生的心声。表 4.2-5 中列举了海湾米尔斯社区学院（Bay Mills Community College）董事会的成员构成，从表 4.2-5 可以看出，董事会成员构成充分表现出了多元的特点，为印第安社区肩负有解决社区重要问题的责任，为印第安保留地社区服务是其自身的理念。其分类涵盖了从海湾米尔斯社区成员、大特拉弗斯带齐佩瓦印第安人成员、齐

---

① Karen Gayton Swisher, John Tippeconnic: *Next Steps: Research and Practic to Advance Indian Education.* Eric Clearing House on Rural, Vol. 11, 1999, p. 264.

佩瓦印第安人部落成员、学生会主席代表，各成员来源呈不均匀分布，体现了部落学院的性质和特点。例如，董事会主席、副主席、秘书成员以及其他 4 名委员和当然委员皆来自于海湾米尔斯印第安社区，这与部落学院服务印第安保留地社区理念是相适应的。

表 4.2-5　　　　海湾米尔斯社区学院董事会成员构成

Teeple, Dwight	董事会主席
海湾米尔斯印第安社区成员	
LeBlanc, Richard	副主席
海湾米尔斯印第安社区成员	
Lufkins, John Paul	秘书
海湾米尔斯印第安社区成员	
Rohl, Jane	董事
大特拉弗斯带齐佩瓦印第安人成员 (Member, Grand Traverse Band of Chippewa Indians)	
Boulley, Angeline	董事
齐佩瓦印第安人部落成员 (Member, Sault Tribe of Chippewa Indians)	
Perron, Kurt	董事
海湾米尔斯印第安社区成员	
Lufkins, John L.	董事
海湾米尔斯印第安社区成员	
LeBlanc, Joe	董事
海湾米尔斯印第安社区成员	
Carrick, Terry E.	当然委员(Ex-Officio Member)
海湾米尔斯印第安社区成员	
学生会主席(每年选举产生)	当然委员(Ex-Officio Member)

资料来源：海湾米尔斯印第安社区官方网站(http://www.bmcc.edu/about_bmcc/regents.html)。

（2）校长。

校长对外代表学校行使权力，对内负责执行董事会制订的校务计划。校长多来自印第安部落，与当地部落、社区、其他教育机构以及联邦有关部门联系紧密。了解印第安民族文化，学习成功办学经验，接收各方相关信息，打通更多筹资渠道，为学校的发展创造条件。

校长在管理学校事务时面临着种种特殊的难题，包括学校固有资金和设施的短缺；（印第安裔和非印第安裔）教师的招聘与保留；与学生有关的财政、交通、儿童需求问题；教育准备不充分；还有许多情况下，由于环境和气候条件等人为难以控制的问题。此外，部落学院的领导还必须与社区建立联系，精通当地文化以确保学校所关注的焦点始终处于各项工作的中心。拜德伍德和蒂尔雷认为，"部落学院的领导是群体价值观和利益的帮助者和促进者，他们以优秀的品德代替独裁统治，通过展示能力和拥护组织基础价值观来发展权威"①。

（3）教师与学生。

部落学院非常关注学生的需求，他们比传统高校的学生享有更多的权利，他们的利益也受到更多的关注。学生作为大学利益相关者的利益表达机制，通常要调动自己的力量通过学生自治来实现。与其他大学组织一样，部落学院学生社团中组织最健全、成员遍及全校的是学生会。学生会通过自身和其他的学生社团，推动学生课外活动的开展；为学生提供许多日常生活上的服务；参与周围印第安保留地社区的服务工作；联系协调其他学生社团；学生会的主席及主要干部担任有关学生问题的主要顾问，代表学生成为董事会的当然委员。

应该说，学生作为部落学院治理结构中的重要利益相关者，具有特殊的地位。一方面部落学院发展了学生服务体系，但另一方面，在学校事务决策方面，学生却没有多大的发言权。虽然大多数部落学院都有非常活跃的学生管理协会，但是其作用和传统高校的学生管理协会相比，非常有限。大多数部落学院学生一般在教师委员会和行政人员委员会中没有席位，而且部落学院学生似乎对此也

---

① Krumm, Bernita L: *Tribal Colleges: A Study of Development, Mission, and Leadership.* ERIC Resource Center, http: //www. eric. ed. gov, 1995, pp. 9-10.

并不热衷，这可能与他们树立的学习目标有关。但部落学院却非常注重学生服务顾问的工作。部落学院这一系列特征与人口统计学中典型的印第安学生特征有很强的相关性。

在具体的培养过程中，针对大多数学生没有高中文凭，文化基础薄弱的状况，很多部落学院开设了预科教育或同等学力的课程方案（Conti & Fellenz, 1991）。① 印第安学生可以按照自己的兴趣或者实际需要来选择适合自己的课程学习。考虑到历史上印第安人长期受到美国白人的歧视、隔离与同化，印第安文化和教育一直未被尊重，印第安人民也未真正领悟到自身的重要性等问题，部落学院更重视对学生自信心和自我认同感的培养。结合部落学院学生在学习生活中的特殊需要，如儿童看管、交通运输、财政和情感上的理论援助等，各个部落学院在出台相应政策来尽可能全面满足这些需求的同时，更注重营造一种能令他们在身体和精神上感到舒适、被接纳、受尊敬的"家"的学习环境。在具体的教育过程中，教师会依据每位学生的学习目的、个性特点、文化程度等实际情况，灵活地展开教学活动，以学生的角度来思考和处理学生事务问题，教学活动取决于学生的便利性而非教师的便利性。据此可以认为，部落学院以学生为中心，绝不是片面迎合学生需要或者讨好学生，而是意味着把学生利益放在首位，对学生需求作出更快反应。同时，学生可直接派代表向管理层提出自己的要求。这些对学生的学业成功有着重要作用。许多学生通过学习，加深了对本民族的认识，增强了对民族文化的认同感，也感到自身的存在和背负的使命有着独特的价值和意义。

3. 美国部落学院治理结构的特征。

纵观美国部落学院的治理格局，大体上与主流公立大学类似，如：从政府获得直接的专款资助，同时受到政府政策的管理和干预；学校主要由董事会和校长来共同管理；为学生提供通识教育、专业学科教育以及职业教育；通过开设课程和开展活动来解决社会或社区的需求和问题，从而为社会或社区服务，等等。但作为主要服务于原住民和部落社区的高等教育机构，部落学院区别于主流公

---

① Krumm, Bernita L. *Tribal Colleges: A Study of Development, Mission, and Leadership*. ERIC Resource Center, http://www.eric.ed.gov, 1995, p. 8.

立大学的治理特点，主要体现在以下几个方面：

第一，从外部来看，首先，联邦政府一方面承认印第安人和阿拉斯加原住民的自治权，一方面也制定专门针对部落学院的教育法律条款，来兑现对其拨款和相关资助的承诺，以及实施对部落学院的间接管理；其次，部落学院有属于自己的国家性组织——美印第安高等教育联盟，它是部落学院参与联邦政府事务的一种重要途径，能为部落学院在联邦政府的定期规划中争取到更多的资金和帮助。另外，联盟为部落学院帮他们清晰地理解和确立了一个共同使命——即"保存、增强、促进和教授"本部落的文化和语言。① 在联盟的支持和鼓励下，部落学院围绕使命努力发展，不间断地对其使命进行检测，每项工作都按照连续性和适合社区的标准来评估。

第二，从内部治理来看，首先，部落学院的办学初衷是为原住民提供高等教育机会。结合印第安民族贫困的社会实情和基础薄弱的教育背景，部落学院基本不设置招生门槛，以副学士学位和职业培训为主要教育计划，传授专业基础知识，培养生存的本领和能力，为以后的升学和求职作准备；其次，部落文化是印第安教育的中心，是构成部落学院使命的基本要素。在白人营造的"解决印第安问题"政治氛围中，为保存原住民民族文化，防止被主流价值观所同化，部落学院将复兴和传承民族文化作为学校使命，并将印第安文化和语言设置为学生的主修核心课程。使印第安学生通过吸收部落文化知识，坚定信仰，加强民族认同感与使命感。因此，部落学院更乐于聘用印第安裔教职人员，以便更好地为学生服务和实现学院的使命。教师也以教学辅导为主，一般不会有从事科学研究的任务。再次，部落学院逐步加强与外部的联系。不仅通过课程来教授和体现文化，而且通过解释和重新定义文化，增强使命感，来面对现代化社会的需要。部落学院还与一些组织建立了合作关系，如：美国的内政部、农业部、住房与城市建设部、国家科学基金会、国家航空航天局。他们还与国内其他大学合作开展研究和教育项目，来关注气候变化、农业的可持续发展、水质、野生动物数量

---

① Krumm, Bernita L: *Tribal Colleges: A Study of Development, Mission, and Leadership*. ERIC Resource Center, http: //www. eric. ed. gov, 1995, p. 5.

的变化和糖尿病预防等问题。① 另外，部落学院的学生大多是家庭的第一代大学生，也是家庭的经济支柱，担负着多重角色，部落学院也努力提供相应措施来帮助他们顺利完成学业。这是在主流公立大学难得一见的。

（二）部落学院师资现状

由于部落学院的属性与特色不同于一般大学，再加上印第安籍师资的匮乏，故部落学院的师资与一般大学有所差异。学校经常聘请部落中的长者和具有原住民文化知识的人士授课，传递部落传统文化。当教师欲讲授印第安语言与文化时，必须通过部落内部专家的认可才能给部落学院授课。根据2006年美国印第安高等教育协会的统计，部落学院印第安籍教师的平均比例为61.21%，非印第安籍教师为38.79%。其中，女性印第安教师约占印第安籍教师总数的62%，男性印第安教师约占38%。在部落学院的总教师人数中，女性教师占57.9%，而男性教师占42.1%。② 由此可以看出，女性较男性更愿意投入民族高等教育事业。另外，部落学院原住民籍师资所占比例高于其他同类型学校，与学生具有共同的族群文化，更能将部落传统文化运用在校务运作及管理上，满足原住民学生对教育和生活的需求，充分彰显部落学院的文化特性。

和主流社区一样，部落学院的教师也分为专职教师和兼职教师两种。依据不同学院的实际情况，两类教师的配置各自不同，但绝大多数部落学院中的专职教师所占比例较大，极个别学院的教师全部为专职。一项数据表明，在1997年秋季学期，平均每所部落学院聘用约30个教职人员，而且几乎有一半的教职工是女性，其中68%以上为全职。专职教师主要教授理论性、基础性较强的课程。兼职教师主要讲授实践性、应用性较强的课程。部落学院在招聘专

① American Indian Higher Education Consortium（AIHEC）：*Annual report*，*2008-2009*．http：//www. aihec. org/about/documents/AnnualReport08-09. pdf，2010.

② Richard A. Voorhees：*Characteristics of Tribal College and University Faculty*，2003（8）．http：//www. collegefund. org/userfiles/file/TCUFacultyPaper11. pdf，2012-6-14.

职教师时，不仅考察应聘者所学专业、获得的学位和是否有教师资格证书，而且也要求其所学专业不宜过窄，应具有较广阔的学识，了解学院的办学目标，能关心爱护学生，对于担任职业技术教育的教师则必须具有相应的职业技术经验，持相关的工作执照。招聘过程一般是：先由系里的教授组成聘任委员会对应聘者作初步考察，再经院长批准，最后上报董事会。①

专职教师的主要任务是教学，但学校鼓励有精力和对科研有兴趣的老师从事学术研究。他们的研究涉及许多领域，包括：水文学、分子细胞生物学、考古学、社区健康、环境科学、航空航天工程、高等制造工序等。② 部落学院的教职人员中有4%的人是部落历史学家或年长者。虽然他们接受的正规教育不多，但却是自己所教授学科领域内的专家。③

在讨论了部落学院教师性别比例、类别情况之后，需要讨论教师的种族构成及其结构变化，虽然不同部落学院印第安裔与非印第安裔教师人数所占比例不同，但普遍而言，部落学院的教职员队伍中非印第安裔所占比例明显超过印第安裔。印第安教职人员的短缺是部落学院长期存在的问题。2006年美国印第安高等教育联盟的统计数据显示，部落学院非印第安裔教师的平均比例为61.21%，印第安裔教师为38.79%。④ 由于白人和其他种族教师的流入，部落学院内部教师种族构成开始发生变化，印第安教师人数占30%，白人占67%。部落学院教师种族构成中其他种族教师总人数与印第安人、白人相比一直不算多，占部落学院总教师人数比例不大（见图4.2-5）。部落学院中印第安教师占的比例在近几年逐步有所减少（参见图4.2-6）。与全美大学教师种族构成鲜明相比，部落学

---

① 吕兵、张莅颖：《美国社区学院师资管理及启示》，载《河北大学成人教育学院学报》，2000年第4期。

② American Indian Higher Education Consortium（AIHEC）. *Annual report*, *2008-2009*. http：//www.aihec.org/about/documents/AnnualReport08-09.pdf, 2010.

③ 饶琴：《美国印第安保留地高等教育发展研究》，浙江师范大学硕士学位论文，2006年。

④ 陈洪：《美国部落学院：现状、特点与困境》，载《高等教育研究》，2011年第8期，第101页。

院中集中了较高比例的印第安人，而在全美大学的印第安人比例少于1%；白人84%；黑人5%；增长较快的有亚裔和太平洋岛民5%；其次西班牙裔3%（见图4.2-7）。

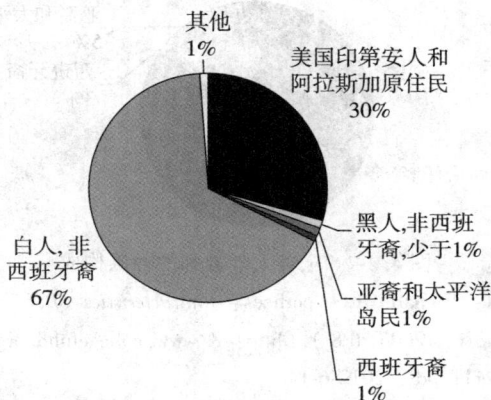

图 4.2-5 美国部落学院教师的种族构成

数据来源：Richard A. Voorhees：*Characteristics of Tribal College and University Faculty*，2003（8）. http://www.collegefund.org/userfiles/file/TCUFacultyPaper11.pdf，2012-6-14.

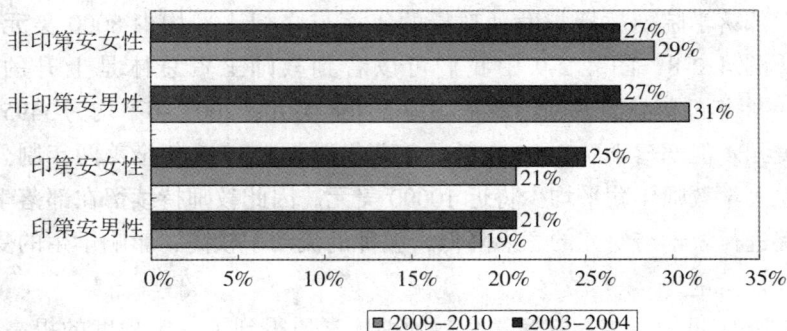

图 4.2-6 部落学院教师的性别与种族构成变化（2003.04—2009.10）

数据来源：American Indian Higher Education Consortium（AIHEC）：*AIHEC AIMS Fact Book*，2010. http://www.aihec.org/resources/documents/AIHEC-AIMSreport_May2012.pdf.

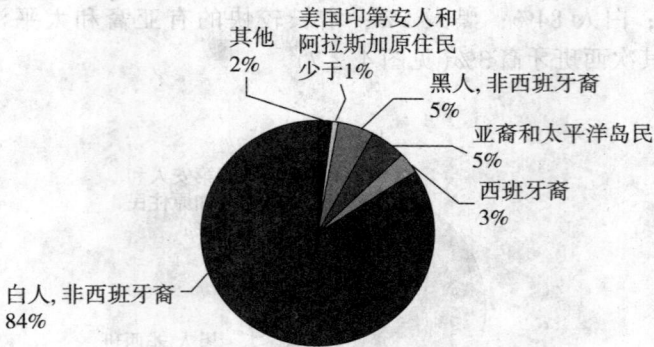

其他
2%

美国印第安人和
阿拉斯加原住民
少于1%

黑人,非西班牙裔
5%

亚裔和太平洋岛民
5%

西班牙裔
3%

白人,非西班牙裔
84%

图 4.2-7　全美大学教师的种族构成

数据来源：Richard A. Voorhees：*Characteristics of Tribal College and University Faculty*，2003（8）. http：//www. collegefund. org/userfiles/file/TCUFacultyPaper11. pdf，2012-6-14.

　　从师资的薪金看，部落学院教师的薪金普遍低于四年制高等教育机构教师的薪金。部落学院的教授、副教授与助理教授的年薪平均比四年制高等教育机构少 22000 美元，部落学院教师的薪金与私立两年制的高等教育机构相比，部落学院教授年薪高出 6800 美元，但部落学院副教授与助理教授的年薪与之相比平均少 8000 美元。从图 4.2-8、图 4.2-9 中我们可以看到教师工资总体是上升的，1998 年部落学院教师年薪平均为 26768 美元；2003 年平均为 34951 美元。但部落学院 2003 年教师年薪仍然要比 1998 年全美两年制公立大学教师年薪平均少将近 10000 美元。因此教师持续留在部落学院进行教学与研究的意愿降低，教师的流动率较高，影响学生的受教育质量。

　　21 世纪以来，部落学院教师整体素质得到了一定程度的提高。但与全美大学相比，部落学院教师与其他类型大学差距仍然较大。2003 年，部落学院教师学位情况如图 4.2-10 所示：部落学院教师的博士学位/专业学位占 11.3%；硕士学位占 48.6%；学士学位或更低占 38%。其他公立型大学教师的学位学历总体情况要远高于

150

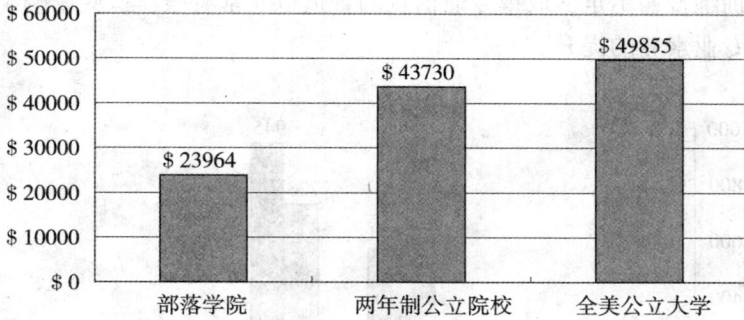

图 4.2-8 部落学院全日制教师年收入对比(1996—1997)

数据来源：Richard A. Voorhees：*Characteristics of Tribal College and University Faculty*，2003（8）．http：//www. collegefund. org/userfiles/file/TCUFacultyPaper11. pdf，2012-6-14.

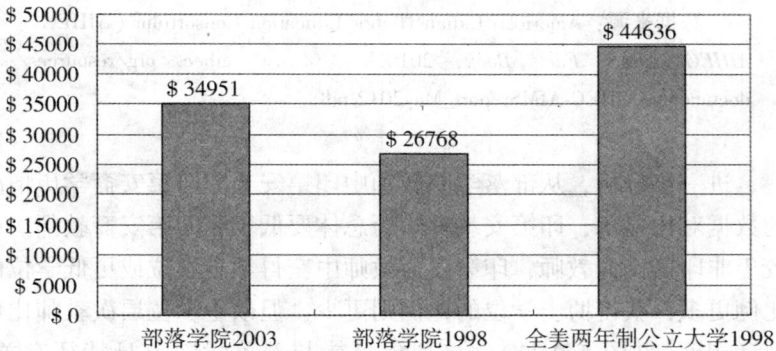

图 4.2-9 部落学院教师工资水平

数据来源：Richard A. Voorhees：*Characteristics of Tribal College and University Faculty*，2003（8）．http：//www. collegefund. org/userfiles/file/TCUFacultyPaper11. pdf，2012-6-14.

部落学院教师。部落学院教师学历总体情况显示，硕士学位占最大比例，其次是学士学位，最低比例的是博士学位。该种现象显示部落学院教师的专业素养不足。虽然部落学院比其他高等教育机构更容易吸引第一次求职者，但部落学院的教师接受原住民族教育的专业训练普遍不足，取得专业信息的管道也非常有限，这些影响了教师专业素养的提升。

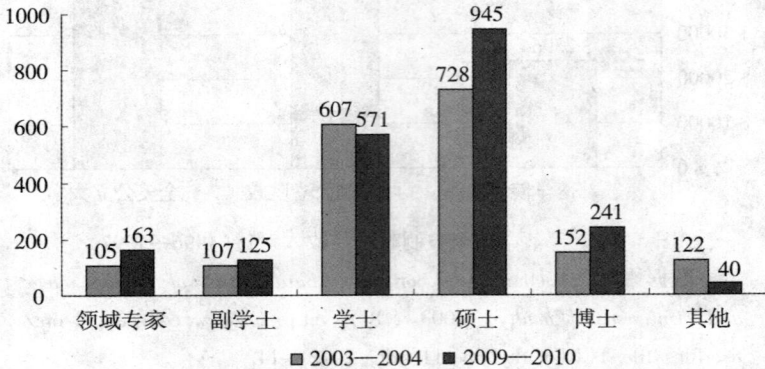

图 4.2-10　公立大学与部落学院教师最高学位情况，2003.04—2009.10

数据来源：American Indian Higher Education Consortium（AIHEC）：*AIHEC AIMS Fact Book*，2010. http://www. aihec. org/resources/documents/AIHEC-AIMSreport_May2012.pdf.

　　进一步分析，从部落学院教师中印第安与非印第安裔学历情况的数据对比显示，印第安教师学历总体要低于非印第安裔教师。相较于非印第安裔教师，印第安裔教师中获得学士学位或更低学位的比例更多，获得博士学位的比例则更少，但硕士学位层次教师比例两者相近（见图 4.2-11）。该现象可能与部落学院自身特征有关，印第安教师受聘于部落学院主要传授语言与文化课程，对于文化经验与体验要求更高，而对于文凭则没那么受关注。

　　研究表明，教师选择部落学院的原因有很多（见表 4.2-6）。值得注意的是，美国印第安裔教师选择部落学院的理由中，"与其他地方不同的生活"和"想教印第安学生"是最主要的动力因素。选择这两条理由的美国印第安裔教师是非印第安裔教师的两倍。这些理由反映了美国印第安裔对于印第安社区的承诺感。研究结果还表明，美国印第安人对印第安土著社区义务服务有比较强的使命感，在同次调查的受访者中的一些印第安裔教师表示，他们在部落学院

152

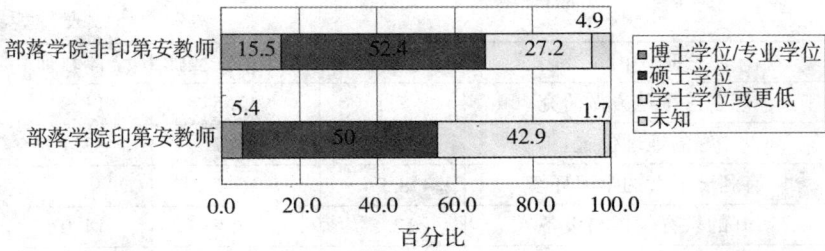

图 4.2-11　部落学院印第安教师与非印度安教师学历对比情况

数据来源：Richard A. Voorhees：*Characteristics of Tribal College and University Faculty*，2003（8）. http：//www. collegefund. org/userfiles/file/TCUFacultyPaper11. pdf，2012-6-14.

是"在我的家乡履行我的传统义务"，"我是一个第一代大学生，喜欢我的许多学生……我和这里的学生有很多共同点"、"这是我的保留地家乡、我想更好地教育这里的学生、我也很享受作为学生的榜样"。还有一些其他的理由，如部落学院中通常没有那么高的学术著作出版要求，美国印第安裔教师选择部落学院可逃脱"以研究和出版"为标志的传统学术机构，从而避开主流学术的期望——"发表或灭亡"。

表 4.2-6　　　　教师选择执教部落学院的理由　　　　（单位：%）

理　由	印第安教师	非印第安教师	全体教师
挑战	42.9	45.6	142.3
在这儿长大	46.4	13.6	23.8
与其他地方有不同的生活	78.6	64.1	65.5
配偶或同伴有更好的工作机会	5.4	9.7	7.7
我受聘于这个职位	48.2	31.1	35.1
其他地方没有合适的教师职位	0	7.8	4.5
工作安全感	19.6	5.8	10.1
想教印第安学生	73.2	32	44
没有出版压力	5.4	10.7	8.3

续表

理　由	印第安教师	非印第安教师	全体教师
想在这个地方做研究	7. 1	15. 5	11. 9
好的地理位置	16. 1	43. 7	32. 1
有利于子女的学习环境	8. 9	10. 7	9. 5
好的教育仪器与设备	12. 5	17. 5	14. 9
其他	28. 6	31. 1	28. 6

数据来源：Richard A. Voorhees：*Characteristics of Tribal College and University Faculty*，2003（8）. http：//www. collegefund. org/userfiles/file/TCUFaculty Paper11. pdf，2012-6-14.

　　两年制公立大学教师满意度与部落学院教师满意度对比来看（见表 4.2-7），与同行相比，部落学院的教师满意度与其他类院校比较接近。同时，部落学院教师对于他们的工作量，升迁的机会，福利，工资，学生教育质量等方面，与同行相比有更高的满意度。但在"配偶或同伴的工作在此地理区域"和"外部咨询的自由"方面满意度却低于同行。部落学院教师在这些方面满意度较低可能与部落学院的地理位置处于农村或偏远地区有关。综上所述，这些差异表明选择部落学院的教师更多来自于"利他主义的"而不是"美元"的驱动，对"义务"的承诺超过"私利"的追求。对部落学院教师工作满意度不同方面进行分析，有利于部落学院更好的市场定位。

表 4.2-7　　部落学院与两年制公立大学教师满意度对比 （单位:%）

题　项	部落学院印第安教师	两年制公立大学教师
我所有的工作都在这儿	87. 5	86. 9
配偶或同伴的工作在此地理区域	44. 6	77. 9
我的利益	71. 4	59. 7
我的工资	75	59. 8
外部咨询的自由	75	88. 1
教师领导的有效性	62. 5	65. 2

续表

题 项	部落学院印第安教师	两年制公立大学教师
在我研究领域的时间	73.2	62.2
提升的机会	62.5	65.2
工作安全感	67.9	57.2
工作压力	73.2	71.2
学生质量	85.7	78.8
课堂准备的时间	87.5	72.5
指导学生的时间	76.8	76.2
教学自由	89.3	85.1
课程内容自由	98.2	94.5

数据来源：Richard A. Voorhees：*Characteristics of Tribal College and University Faculty*，2003（8）. http：//www. collegefund. org/userfiles/file/TCUFaculty Paper11. pdf，2012-6-14.

部落学院教师在教学、专业、学生事务等各方面都具有较高的满意度，但在教师流动性意向调查中显示，部落学院中印第安裔教师流动性要高于非印第安裔教师，而部落学院教师流动性意向也高于两年制公立大学教师(见图4.2-12)。

根据辛迪萨利希库特内学院奥德尔曾做的一项调查，印第安教师的短缺与印第安学生较低的学习成绩和高辍学率之间有着千丝万缕的联系。虽然，受过高等教育的印第安人逐渐增多，基于传承部落文化、为部落社区更好服务这一办学使命，部落学院的领导人也更偏向于雇佣印第安人来承担教学事务。但是，由于认证机构更看重大学教师的文凭，因此部落学院也只好常常招聘一些获得了博士学位的非印第安讲师。① 另一方面，部落学院缺乏有教育教学经

① American Indian Higher Education Consortium（AIHEC）：*Tribal College an*：*An Introduction*. http：//www. aihec. org/colleges/documents/TCU _ intro. pdf，1999,p. 2.

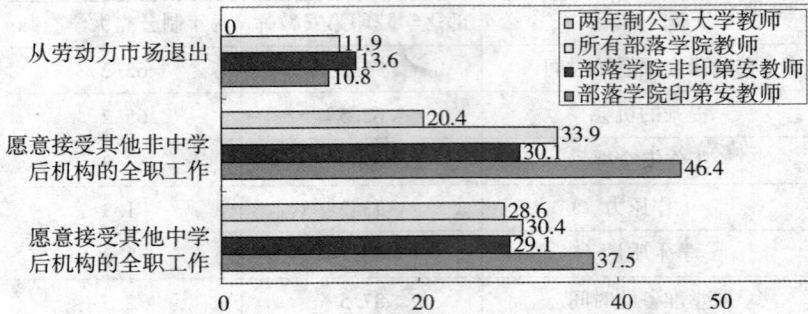

图 4.2-12 部落学院教师的流动性意向情况

数据来源：Richard A. Voorhees: *Characteristics of Tribal College and University Faculty*，2003（8）．http：//www.**college**fund.org/userfiles/file/TCU**Faculty**Paper11.pdf，2012-6-14.

验的教师。Cross 和 Shortman 曾对 21 所部落学院做过一项研究。结果表明，教师男女性别比率相当，但其中 67% 为非印第安人，60% 为新加入部落学院的教师，他们的教龄都不超过 5 年。① 此外，许多教师会感受到与印第安保留地生活和文化等差异较大，不能与部落学院签订长期工作合同，造成部落学院的教师流动频繁。

针对这一现状，部落学院在扩充印第安教师队伍方面采取了许多措施。例如，部落学院会向各方争取资金用来对在职教师进行定期培训；通过开设教育和管理专业，为部落学院培养一批职前印第安裔教师和教育管理人员。如 Sinte Gleska 大学就曾获得了 355832 美元用来资助和培养出 20 名美印第安裔学生，通过学习后，其中 5 人获得了 Sinte Gleska 大学的教育管理专业的硕士学位，并拿到了国家认证的南达科他州的校长资格证书，15 人完成了教育学士

---

① Karen Gayton Swisher, John Tippeconnic：*Next Steps*：*Research and practic to Advance Indian Education*. Eric Clearinghouse on Rural, Vol. 11, 1999, p. 8.

学位的学习，并取得国家认证的南达科他州教师资格证书。① 另外，部落学院期望学有所成的印第安学生返回部落学院从事教学或者管理工作。

部落学院教师是一个特殊的社会群体，对部落学院的发展、社会的安定与进步都有不可忽视的影响。20 世纪 60 年代以来，部落学院教师的生存状况一直受到美国政府、政治学专家、少数族裔高等教育专家和官方及非官方统计部门的关注。美国重视对部落学院教师群体作长期、系统，能反映各种观点的统计和研究的方法本身，或许对我们是更有意义的启示。

(三) 部落学院学生现状

部落学院的学生规模一般比较小，全美部落学院只有 3 所超过 1000 人，分别是迪内学院(Dine College)、俄克拉何马州东北州立大学(Northeastern State University of Oklahoma)和亚利桑那州北方先锋学院(Northland Pioneer College of Arizo-na)。总体来看，印第安裔学生选择部落学院和非部落学院的总人数成正比例增加(参见表 4.2-8)，从 1990 年、1996 年情况对比来看，随着"学校一体化"运动在高等教育领域的发展，越来越多的印第安裔学生进入到白人大学就读。1990 年，印第安裔学生选择非部落学院人数为 96656 人，选择部落学院的印第安学生为 6315 人。1996 年，印第安裔学生选择非部落学院总人数为 131902 人，选择部落学院的印第安学生总人数为 10234 人。从 1990 年到 1996 年，选择非部落学院的印第安裔学生人数增长了 36%；选择部落学院的印第安学生人数增长了 62%。1990 年，部落学院印第安裔学生人数占全美印第安学生总数的 6%；1996 年，部落学院印第安裔学生人数占全美印第安学生总数的比重较 1990 年增长了 1%。

---

① Cheryl Medearis：*Tribal Colleges Tackle Native Educator Shortage. Tribal College Journal*, 2009, 21(2).

表 4.2-8　印第安裔学生在部落学院与非部落学院入学人数情况表

州	印第安学生在非部落学院	印第安学生在非部落学院	增长百分比	印第安学生在部落学院	印第安学生在部落学院	增长百分比	部落学院印第安裔学生/全美印第安学生总数	部落学院印第安裔学生/全美印第安学生总数
	1990	1996		1990	1996		1990	1996
亚利桑那州	7418	10140	37%	1424	1604	13%	16%	14%
加利福尼亚州	21253	22852	8%	123	190	54%	1%	1%
堪萨斯州	1141	1865	63%	831	819	−1%	42%	31%
密歇根州	3563	4229	19%	—	261	—	—	6%
明尼苏达州	2010	2985	49%	—	27	—	—	1%
蒙大拿州	991	1426	44%	1442	2320	61%	59%	62%
北达科他州	666	913	37%	950	1382	45%	59%	60%
内布拉斯加州	488	862	77%	241	272	13%	33%	24%
新墨西哥州	4440	6979	57%	170	939	452%	4%	12%
南达科他州	778	883	13%	1134	1555	37%	59%	64%
华盛顿州	3868	6140	59%	—	567	—	—	8%
威斯康星州	2051	2335	14%	—	298	—	—	11%
总数	96656	131902	36%	6315	10234	62%	6%	7%

数据来源：American Indian Higher Education Consortium（AIHEC）：*Tribal Colleges and Universities （TCUs） Profiles*. http：//www. aihec. org/colleges/TCUprofiles. cfm，2013-07-17.

1. 学生来源、性别比例与学习方式的选择

（1）学生来源。

部落学院办学初衷是为落后的印第安部落成员提供更多受高等教育的机会，因此在学校的入学资格上并没有特别多的规定。部落学院的入学基本上不设置门槛，凡年满 16 周岁的印第安少年都可以进入部落学院学习，充分体现了民主、平等的原则，让每一个印

第安居民都享有受教育的权利。

　　美国印第安学生是部落学院学生的主体，部落学院中美印第安裔学生的特征与人口统计学中典型的学生特征有很大区别，其入学年龄体现出非传统性的特点。在部落学院成立的早期，"年长者，家境优越的女性，和学生们"一起坐满了教室。部落学院中美印第安裔学生大多数年龄为 16～24 岁，但有相当大一部分人年龄为 25～34 岁或 35～49 岁，表明部落学院学生年龄较普通院校学生年龄更大。1989 年，卡耐基关于部落学院的报告中写道，北达科他州的 Fort Berthold 学院学生平均年龄为 33 岁，蒙大拿州 Little Hoop 社区学院学生的平均年龄为 29 岁；北达科他州 Turtle Mountain 社区学院的学生有 68% 为女性，85% 已为人父母。大多数学生有丰富的生活经验，他们一般是单身父母，既是从其他学校退学又重回学校的学生，同时也是家庭的主要经济支柱。①

　　统计结果显示，部落学院学生中懂本土语言的学生大致超过一半，且较大比例来自于保留地和本州内，由此可见，部落学院学生择校原因可能与地理位置有很大关联（见表 4.2-9）。

表 4.2-9　　**2003—2006 年美国部落学院学生入学年龄，
本土语言，学生原始居住地情况变化表**

	2003	2004	2005	2006	变化率
学生的年龄范围					
16～24 岁	2771	2938	2913	2854	+3.0%
25～34 岁	957	954	947	932	−2.6%
35～49 岁	611	579	688	676	+10.6%
50～64 岁	208	234	261	276	+32.7%
65 岁以上	19	21	24	38	+100.0%
未知	1155	1088	824	1190	+3.0%

---

　　① American Indian Higher Education Consortium（AIHEC）：*Creating Role Models for Change*：*A Survey of Tribal College Graduates*，2000(5).

续表

	2003	2004	2005	2006	变化率
本土语言学生					
不懂	106	176	274	553	+421.7%
基本	105	146	241	402	+282.9%
中等	14	27	104	102	+628.6%
高级	3	6	4	18	+500.0%
流利	248	231	181	17	−93.1%
未知	5245	5226	4853	4874	−7.1%
学生原始居住地					
在保留地或靠近保留地（60 英里内）	1519	1758	2050	1717	+13.0%
州内	2576	2280	2854	2831	+9.9%
州外	719	735	591	552	−23.2%
未知	2359	2619	2052	2422	+2.7%

　　部落学院中印第安籍学生人数占总数的 80% 以上，其中全日制学生数占学生总数的 56%。自 2003 年以来，全日制学生的比例逐年提高，非全日制学生的比例下降。2003 年至 2006 年，美国部落学院的学生总数分别为 17401 人、17126 人、16986 人与 15795人，学生总数变动幅度较小；无论从印第安籍与非印第安籍学生人数比例，还是男女生人数比例来看，学生人数的变动幅度不大，比例大体维持稳定（见图 4.2-13）。①

　　数据显示，从 2003 年到 2006 年，部落学院有高中文凭的学生从 2954 人增长到 3460 人，增幅 17.1%；获得 GED 的增幅达到 9.5%。根据印第安高等教育协会的统计结果来看，2003 年至 2010

---

① Anna M. Ortiz, Paul Boyer：*Student Assessment in Tribal Colleges*. Wiley Periodicals Inc，2003(118)，p.41.

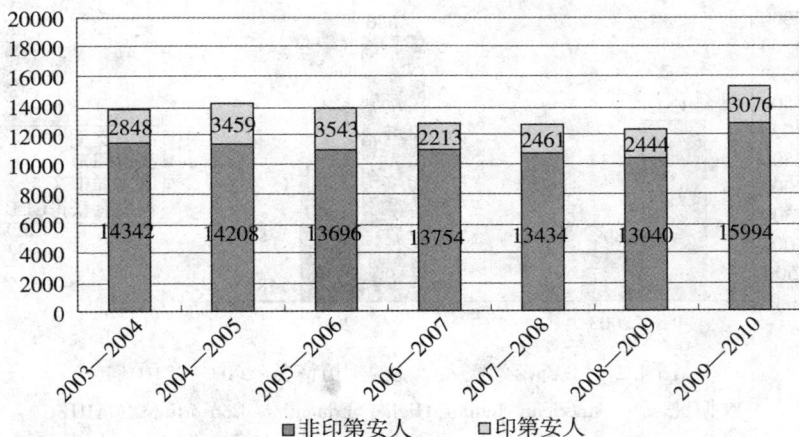

图 4.2-13　部落学院印第安(非)学生入学人数发展趋势(2003—2009)

数据来源：American Indian Higher Education Consortium (AIHEC)：
AIHEC AIMS Fact Book，2010. http://www.aihec.org/resources/documents/
AIHEC-AIMSreport_May2012.pdf.

年，部落学院学生拥有高中文凭的学生从 3202 人增长到 4686 人，增幅为 46.34%；拥有 GED 文凭的学生从 899 人增至 1340 人，增幅为 32.91%(见图 4.2-14、表 4.2-10)；从部落学院学生的来源中学及其输送学生的情况来看，表 4.2-11 中的数据显示，从 2003 年到 2006 年，非印第安人保留地公立高中学生增长幅度为 194.3%；位于印第安人保留地的公立高中增幅为 51.3%；BIA 学校增幅为 67.9%；部落或合作高中增幅为 99.1%，由此可见，非印第安人保留地的公立高中输送的学生占据了最大比例，其次为印第安人保留地公立高中。从 2003 年到 2006 年，各中学向部落学院输送学生的能力和数目存在较大差异，考虑这些中学所占比例较小，部落学院学生来源中学的集中特征就愈发明显。以上分析表明，高质量的中学教育是进入大学的重要途径，保持和提高部落学院学生来源的多样性，即扩展来源中学招收不同阶层学生的比例，是部落学院学生来源多样性的保证。

161

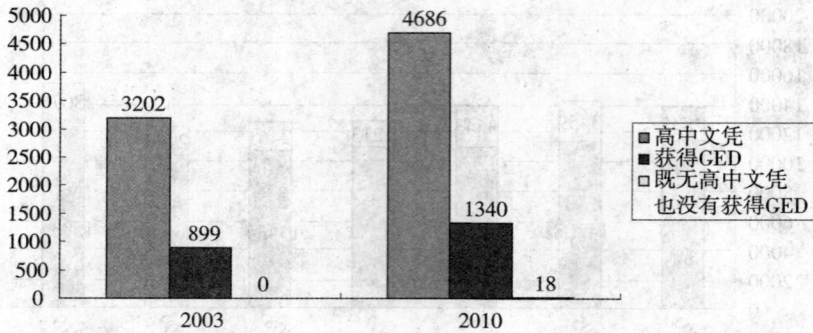

图 4.2-14 部落学院入学前的学历情况(2003—2010)

数据来源：American Indian Higher Education Consortium（AIHEC）：*AIHEC AIMS Fact Book*，2010. http：//www. aihec. org/resources/documents/AIHEC-AIMSreport_May2012.pdf.

表 4.2-10 美国部落学院学生入学前的学历情况

学历类型	2003 年	2004 年	2005 年	2006 年	从 2003 到 2006 年的转变
高中文凭	2954	3347	3437	3460	+17.1%
获得 GED	791	746	703	866	+9.5%
根据受益规定能力的招生（Enrolled under Ability to Benefit Provision）	0	0	52	167	—
双重就读高中与大学（Dual Enrolled High School and College）	0	0	0	49	—
没有高中文凭或者 GED	0	0	0	71	—
无相关报告	1909	1541	1305	1192	-37.6%

资料来源：American Indian Higher Education Consortium（AIHEC）：*Creating Role Models for Change：A Survey of Tribal College Graduates*，2007(5)，http：//www.aihec.org/resources/documents/TC_gradSurvey.pdf.

表 4.2-11　　　　　　美国部落学院学生来源中学

学校类型	2003—2004 学年	2004—2005 学年	2005—2006 学年	2006—2007 学年	从 2003—2004 学年到 2006—2007 学年的转变
位于非印第安人保留地的公立高中	401	474	781	1180	194.3%
位于印第安人保留地的公立高中	630	746	948	953	51.3%
BIA 学校	131	146	189	220	67.9%
部落或合作高中	109	130	156	217	99.1%
其他高中	87	82	196	145	66.7%
无相关报告	1596	1769	1167	745	-53.3%

　　部落学院的学生大部分是他们家族中上大学的第一代。根据印第安高等教育协会最新统计数据表明，从 2003 年至 2010 年，部落学院学生中第一代大学生的比例从 83% 降至 62%，总体趋势呈下降趋势，说明印第安人在这 8 年间，获得受教育的机会增多，非第一代大学生的比例有所增长，但第一代大学生的比例仍远远超过同龄的白人学生，且比例仍然很高（见表 4.2-12、图 4.2-15）。

表 4.2-12　　　　　美国部落学院第一代大学生统计情况

是否为第一代大学生	2003—2004 学年	2004—2005 学年	2005—2006 学年	2006—2007 学年	从 2003—2004 学年到 2006—2007 学年的转变
第一代大学生	723	907	967	1159	
非第一代大学生	145.8	271.9	664.8	654	+348.6%
无相关报告	4785	4455	3865	3992	-16.6%

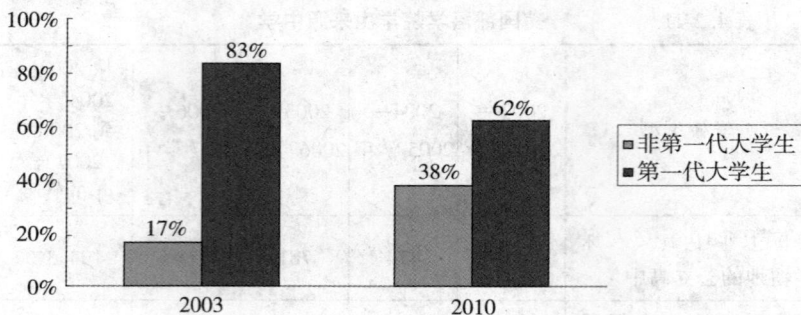

图 4. 2-15 美国部落学院第一代大学生与非第一代大学生对比

数据来源：American Indian Higher Education Consortium（AIHEC）：
AIHEC AIMS Fact Book，2010. http：//www. aihec. org/resources/documents/
AIHEC-AIMSreport_May2012.pdf.

（2）学生性别比例及学习方式的选择。

有关部落学院学生性别比例的分析表明，与传统黑人院校相似的一个突出特点就是有高比例的女生。1996 年 AIHEC 年度研究报告显示，女生占部落学院入学总学生数比例 64%，男生占 36%，而男生入学人数在前十年里几乎没什么增长。近几年，部落学院性别差距一直呈逐渐上升的趋势。2010 年 AIHEC 年度报告中的数据显示，美国部落学院女生占 64.5%，而印第安女生占 55.4%，印第安男生占 30.8%，非印第安男生占 4.6%，且印第安学生总入学人数的增长，实际上与部落学院女性学生人数大量增长有关，且所占比例一直保持持续上升趋势。部落学院中印第安女生偏多，与传统黑人院校中女生偏多的缘由非常相似，"肯定性行动"导致少数族裔学生有更多的入学优势，同时，少数族裔男性比同辈有更大压力且课程设置很多不太适宜男性（见图 4. 2-16）。

部落学院学生年龄跨度大，他们的兴趣爱好独特，家庭、教育背景非常特殊。针对大部分学生没有高中文凭，文化基础薄弱的情况，许多部落学院开设了预科教育或同等学力的课程方案。① 印第

① American Indian Higher Education Consortium（AIHEC）：*Annual report*，*2008-2009*. http：//www. aihec. org/about/documents/AnnualReport08-09. pdf，2010.

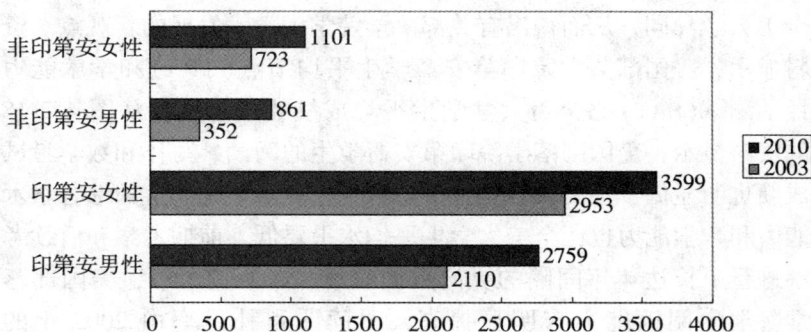

图 4.2-16　部落学院印第安(非)学生与性别比例(2003—2010)

数据来源：American Indian Higher Education Consortium（AIHEC）：
AIHEC AIMS Fact Book，2010. http：//www. aihec. org/resources/documents/
AIHEC-AIMSreport_May2012.pdf.

安裔学生能够根据自身爱好或者实际需求来选择适合自身的课程学习。这些对学生的学业成功有重要作用。同时，部落学院学生选择非全日制学习方式比例总体较高(见图 4.2-17)。

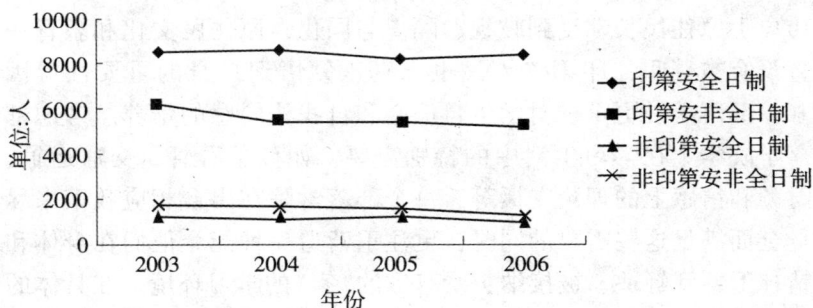

图 4.2-17　部落学院学生选择学习方式的变化

2. 学生学业发展情况。

(1)学生存在经济与学术发展障碍。

高等院校的核心就是发展学生的认知水平和学术研究能力。根据 AIHEC 的 4 年纵向数据收集分析方法，来考察部落学院学生与全美大学异同，从而得出有关部落学院学生学术发展的新观点。资料显示，美国部落学院印第安裔学生平均绩点（GPA）和学术能力评估测试（SAT）比全美大学学生平均成绩要低一些。从图 4.2-18 的资料显示，美国部落学院印第安裔学生的阅读、写作和数学考试成绩也明显低于全美大学学生平均水平，部落学院学生的综合学术能力和数学能力也比全美大学生平均水平要低。前期考察和后续考察进行了长达 4 年间隔的纵向数据收集（2003—2006），美国部落学院学生阅读能力有明显提高，阅读课程补习率由 2003 年的54.8% 下降到 2006 年的 7.9%，但写作能力与数学成绩则无明显变化，写作课程补习率达到 55.3% 以上，而数学课程补习率则保持在 70% 以上。部落学院大一学生数学能力最欠缺。分班测试表明，2009—2010 学年有 62% 的学生数学课程成绩要低于其他课程。55% 的学生写作测试，33% 的学生科学测试，46% 的学生阅读测试需要重修。通常，美国部落学院学生从四年制院校毕业花费的时间要更长一些。以上情况说明，部落学院学生存在明显的经济与学术障碍，这也使部落学院学生融入大学与获得学术成就需付出更多努力。针对此现象，在具体的培养过程当中，考虑到历史上原住民长期受到歧视、隔离与同化，原住民文化和教育一直没有被尊重，印第安人民也未真正领悟到自身的重要性等因素，部落学院更重视对学生自信心和自我认同感的培养。考虑部落学院学生在学习生活中的特别需要，如孩子看管、交通运输、财务和情感上的理论支援等，每个部落学院在出台相应政策来尽量全面满足这些需要的同时，更注重营造一种能令他们在身体和精神上感到舒适、被接纳、受尊敬的"家"的学习环境。在具体的教育过程中，教师会依据每位学生的学习目的、个性特点、文化程度等实际情况，灵活地展开教学活动。

为进一步探究部落学院学生学业发展特征，本书对于部落学院学生的家庭背景进行了分析。资料显示，部落学院学生父母亲文化程度，"高中毕业/GED"占最高比例（母亲，25%；父亲，24%）；其次是"初中或更低层次的教育"（母亲，10%；父亲，

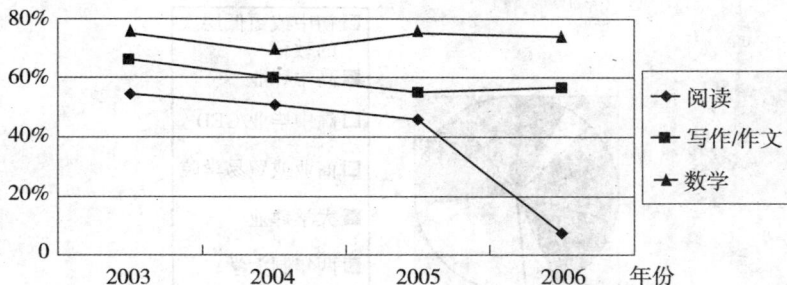

图 4.2-18　部落学院学生补课率(2003—2006)

16%);较少人拥有"研究生教育或专业学位"(母亲,4%;父亲,0)。(参见图 4.2-19、图 4.2-20)总体情况显示,部落学院学生父母的经济地位、收入和教育程度比全美大学生明显要低,父母低教育程度对于部落学院学生学术发展存在一定的负面影响。家庭低收入、较多孩子造成的贫穷、居住的不稳定和父亲很少参与他们孩子们的生活可能严重影响了所有少数族裔群体中在大学就读和已经毕业的学生,这些倾向可能对美国原住民学生来说更明显。

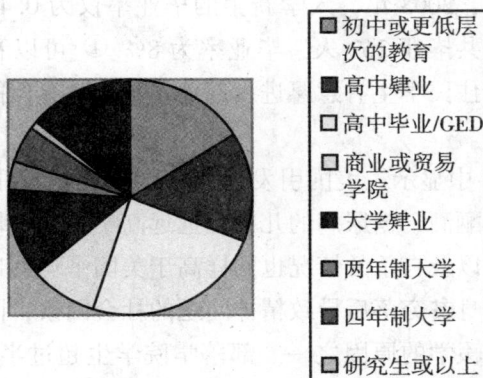

图 4.2-19　部落学院学生父亲文化程度

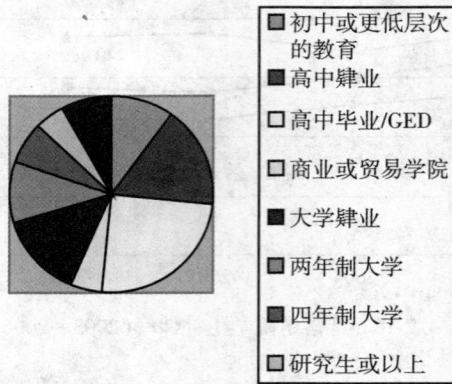

图 4.2-20 部落学院母亲文化程度

（2）部落学院存在较高的辍学率。

研究结果显示，学生个人背景影响就学意愿。另外，部落学院学生的辍学率很高。据 2006 年美国印第安高等教育协会的统计显示，部落学院 2003 年有 3659 名新生入学，时至 2004 年，回校继续学习者仅有 1698 人，占 2003 学年度全体新生的 46%；到毕业时，2003 学年度入学且继续接受教育的学生中，只有 13 名学生毕业。由此计算，2003 年，入学新生的毕业率仅为 0.4%；2005 年，全美部落学院共毕业 262 人，毕业率为 8%。① 可以看出，虽然有越来越多的原住民学生有意愿进入部落学院求学，但能够顺利毕业者仍为极少数。

图 4.2-21 中显示，美国引发死亡率的对比情况中印第安人死于意外身亡、酗酒、糖尿病的几率都远远高于美国平均人口。而死于杀人犯指控以及自杀的情况也同样高于美国平均人口比率。这些印第安学生自身贫穷落后导致精神问题的社会因素，同样是导致部落学院的学生辍学的原因之一。部落学院学生超过半数是兼读生，

① American Indian Higher Education Consortium（AIHEC）：*Creating Role Models for Change：A Survey of Tribal College Graduates*，2000(5).

而且年龄普遍偏大，其特殊的就学对象导致学生的辍学率一直很高。部落学院招收的学生以女生居多，这些女生中许多是单亲妈妈，而学院缺乏相应的托育服务，学生因为需要照顾孩子而影响就学；有的学生是家中第一代读大学者，需要对家庭肩负较大责任和付出较多时间耕耘家庭，也影响了其就学意愿；有些学生在学业和工作产生冲突时，多数选择先保工作、舍弃学业的策略；很多部落学院学生的家庭经济状况不佳，也使他们无法持续在校学习；原住民学生整体的学业表现不好，导致个体会对学业产生"抗拒—退缩"的态度，致使原住民学生越往高深造，与其他族群学生的差距就越大，形成年级越高、程度落差越大的状况，这种情况也影响了学生的就学意愿；还有些学生因为学校距离较远或者交通不便而放弃学业。如何减少学生辍学，是部落学院面临的一个非常严峻的挑战。目前，大部分部落学院为了让学生能持续学习，纷纷提出了支持性的服务措施和计划，如提供更多的校内工作机会、职业生涯发展规划咨询、交通车接送服务等。值得一提的是，部落学院在每个学期开学时，校方会组织一个"寻找与营救团队"（The Search and Rescue Team），团队成员包括学习维持员、咨询师、经济援助单位行政人员以及其他相关的行政人员，该团队的任务就是要让辍学者能重回学校继续学习。①

尽管原住民学生来部落学院求学的目的不尽相同，例如：补习中学课程、掌握职业技能、学习部落传统文化，还有的是出于自身发展需要。但无论源自何种目的，通过部落学院的学习，对印第安学生未来的生活和学习都或多或少产生了积极的影响。1999年美印第安高等教育委员会委托沙利迈克教育学院（Sallie Mac Education Institute）对1998年春季毕业的印第安学生所做的一项调查就证实了这一观念。另外，调查还显示1998—1999学年依然在高校继续

---

①　American Indian Higher Education Consortium（AIHEC）：*Creating Role Models for Change：A Survey of Tribal College Graduates*，2000(5).

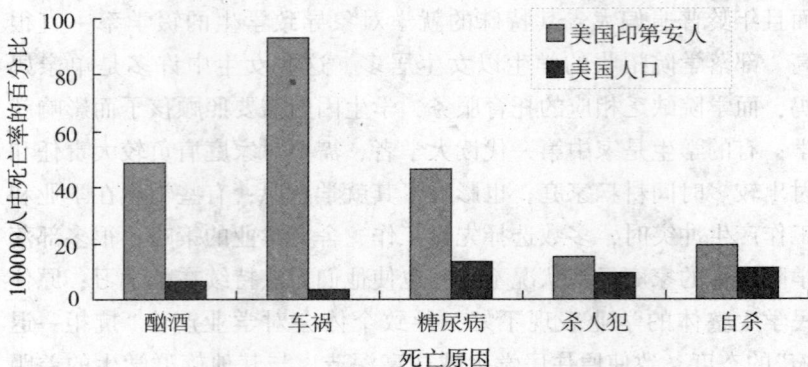

图 4.2-21　美国印第安人死亡原因分类情况

资料来源：AIHEC：*Building Strong Communities Tribal Colleges as Engaged Institutions*，2001(10).

学习的原住民毕业生中，有 82% 的人正在攻读学士学位。①

　　美国"学校一体化"运动在一定程度上促进了印第安教育的发展，不仅在中学领域保持了生源的多样性，更重要的是形成了一套教学制度与方法，使得家庭文化资源相对薄弱的印第安学生能够与白人一样，进入白人为主的精英中学与精英大学，学校的学习气氛也相对增强了学校教育的影响力，从而削弱了家庭背景对子女教育成长的影响。数据分析的结果显示，进入部落学院的印第安学生逐年减少，而更多地印第安学生流入白人大学，美国"学校一体化"运动的影响，更多地体现在中学教育领域，教育的起点在基础教育，要促进教育平等的实现，不仅要使更多的印第安学生在白人精英大学中保持比例，更应该使他们在优质中学中保持相当比例。统计的结果显示，越来越多的印第安学生进入了非保留地中学就读，这种趋势已经日益明显。

　　3. 部落学院毕业生职业发展状况。

　　国外很多学者对美国少数族裔学生大学入学经历的关注点，主

———

① Krumm，Bernita L：*Tribal Colleges*：*A Study of Development*，*Mission*，*and Leadership*. ERIC Resource Center，http：//www. eric. ed. gov，1995.

要聚焦于通过多样性或肯定行动计划就读传统白人院校的学生身上。部落学院为印第安学生或其他低收入学生提供的高等教育机会和对其教育发展作出的贡献，被人们实质上忽视了。由于 20 世纪 90 年代美国选民、法庭和政府官员们决定在部分公立大学招生中取消肯定行动计划的实行。因此，部落学院在提供印第安人高等教育入学机会时扮演着越来越重要的角色。因此，确定部落学院原住民大学生毕业后的经历与来自其他类型院校的同类原住民民族是否存在差异是非常重要的。美国 AIHEC 追踪一群在 1994—1995 年获得学士学位的学生，并搜集了他们毕业后四年即 1995—1999 年经历的数据和资料。这项研究调查了 35 所部落学院学士学位接受者的就业状况、职业领域、工资薪水、研究生院或专业学院的参与的情况及部落学院满意度。调查结果显示，部落学院毕业生在就业、工资和事业成功等方面经历有所好转，从而更新了先前的研究。

（1）职业领域。

与美国其他类型高校相比，由于部落学院校友主修的专业和授予的学位所占比例不同，部落学院毕业生比其他院校的同类学生从事办事人员／秘书／行政管理、护士／健康、教师或在其他职业领域被雇佣的比例较高（见图 4.2-22）。非部落学院的毕业生有相对更高比例在商业、管理、计算机科学、法律、职业领域被雇佣。进一步研究表明，部落学院毕业生继续从事的专业主要有：商业和管理占 27%、教师占 20%、计算机科学占 11%。[1]

（2）工资与失业率情况。

与其他类型的院校相比，部落学院原住民毕业生与其他院校同类学位接受者的平均工资差距较大，前者年均收入为 18444 美元，后者为 34162 美元。另外，同期全美兼职人员平均工资为 15683 美元。这与部落学院所从事的专业与行业有着密切的相关性。同时，部落学院原住民毕业生失业率更高一些。统计结果显示，2007 年部落学院失业率达 9%（见图 4.2-23），其他类型院校则为 2.6%。

---

① American Indian Higher Education Consortium（AIHEC）：*Creating Role Models for Change：A Survey of Tribal College Graduates*，2000（5）.

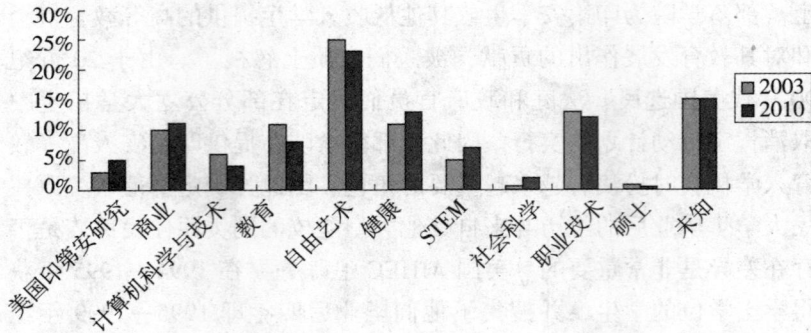

图 4.2-22 部落学院学生职业领域（2003—2010）

数据来源：American Indian Higher Education Consortium（AIHEC）. *AIHEC AIMS Fact Book*，2010. http://www. aihec. org/resources/documents/AIHEC-AIMSreport_May2012.pdf.

尽管部落学院毕业生失业率要高于其他类型院校的学生，但高学历仍然提高了原住民学生的就业机会，表 4.2-13 显示，部落学院毕业生失业率要远远低于所在保留地居民的失业率。虽然部落学院毕业生的工资要更低一些，但从满意度调查情况来看，部落学院校友与其他院校的同类毕业生对薪酬、工作的挑战性和提升机会的满意度没有明显差异。

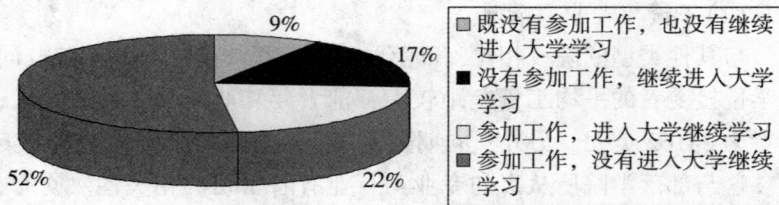

图 4.2-23 部落学院毕业生工作与学习状况

数据来源：American Indian Higher Education Consortium（AIHEC）. *Creating Role Models for Change：A Survey of Tribal College Graduates*，2007（5）. http：//www. aihec. org/resources/documents/TC_gradSurvey. pdf.

表4.2-13　部落学院校友失业率与保留地居民失业率对比情况

部落学院	校友	保留地	所有居民
萨利希库特奈学院（Salish Kootenai College）	14%	平头保留地（Flathead Res.）	20%
岩石儿童社区学院（Stone Child Community College）	15%	岩石儿童保留地（Rocky Boy Res.）	72%
龟山社区学院（Turtle Mountain Community College）	13%	龟山保留地（Turtle Mountain Res.）	45%

数据来源：American Indian Higher Education Consortium（AIHEC）：*Creating Role Models for Change*：*A Survey of Tribal College Graduates*，2000(5)．

　　进一步的研究发现，部落学院女校友失业率更高一些。部落学院和非部落学院这两类院校的大多数原住民毕业生是女性。与其他族裔群体的学位获得者相比，无论院校类型如何，获得学位的原住民毕业生中女性居多。原住民女性占据了原住民毕业生较大份额的原因较为复杂，可能与原住民女性大学生的坚持率和毕业率要比原住民男性更高有关。家庭低收入、较多孩子造成的贫穷、居住的不稳定和父亲很少参与孩子的生活等因素可能严重影响了所有少数族裔群体，而对于正在大学就读和已经毕业的印第安男性学生影响尤为显著。来自部落学院的原住民学生比其他院校的同类学生存在很大的差异，如年龄、院校专业和职业选择的不同能够解释他们职业收入上的差异；另外，还有部落学院印第安学生毕业后的工作地点也会影响他们的薪酬。其中有两个重要因素有助于解释部落学院毕业生工资偏低的原因：第一，来自部落学院的原住民毕业生更多选择了传统低收入职业；第二，来自原住民院校部分学生比来自其他院校的同辈更年轻。因为工资趋向于随着年龄的增长和雇佣经历的积累而增加，这些年轻毕业生的工资收入，相对也就更低一些。（参见表4.2-14）①

---

　　①　American Indian Higher Education Consortium（AIHEC）：*Creating Role Models for Change*：*A Survey of Tribal College Graduates*，2000(5)．

表 4.2-14 部落学院毕业生年收入水平

兼职人员的工资水平	百分比(%)	全职人员的工资水平	百分比(%)
低于 6000 美元	19	低于 6000 美元	8
6000~9999 美元	13	6000~9999 美元	9
10000~14999 美元	16	10000~14999 美元	16
15000~19999 美元	21	15000~19999 美元	25
20000~24999 美元	12	20000~24999 美元	16
25000~29999 美元	9	25000~29999 美元	12
30000~39999 美元	9	30000~39999 美元	13
40000~49999 美元	1	40000~49999 美元	1
50000 美元以上	1	50000 美元以上	1
总数	100	总数	100
回收问卷	161	回收问卷	126
平均工资	15683 美元	平均工资	18444 美元

资料来源: American Indian Higher Education Consortium (AIHEC): *Creating Role Models for Change: A Survey of Tribal College Graduates*, 2000(5).

　　根据以上结果, 将来在讨论美国高等教育的肯定性行动走向和其他政策时应该承认部落学院为增加美国原住民民族经济和社会成功等方面所作出的贡献。过去多样性成就体现在州和联邦政策制定者一直关注增加在白人院校就读和毕业的少数族裔学生的数量, 他们相信这些白人院校给非代表性群体提供了最好的成功机会。但有些学者提出, 来自部落学院的印第安毕业生能与其他院校的印第安毕业生一样, 在就业和其他大学活动中表现出色。因此美国政府政策也逐步集中于鼓励更多的美国印第安人都进入大学学习。

　　(3)部落学院毕业生对母校满意度。

　　部落学院的许多学生在完成部落学院学习后, 会对学院老师和同学表示深深的谢意, 这从部落学院毕业生对母校满意度调查中可以得到印证(见图 4.2-24)。他们觉得在部落学院的这段经历不仅

174

使他们接受了必要的学术知识教育，更重要的是，使他们接受了许多关于民族语言、文化、信仰和传统观念的教育，通过学习，他们加深了对本民族的认识，增强了对民族文化的认同感，也感受到自身的存在和背负的使命有着独特的价值和意义。① 部落学院毕业生基本上对"专业课程"、"班级规模"、"教师与管理人员的联系"以及其他学习环境方面都有着比较高的满意度，但对于大学生就业指导与服务这一方面，只有43%的毕业生表示满意。

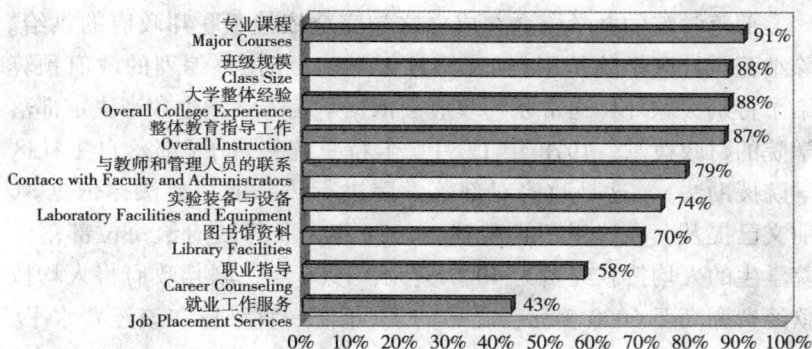

图4.2-24　部落学院毕业生对母校满意度

资料来源：American Indian Higher Education Consortium（AIHEC）：*Creating Role Models for Change：A Survey of Tribal College Graduates*，2000(5).

（四）部落学院财政资助

部落学院经费主要由联邦政府拨款，这是部落学院与普通社区学院的最大区别。部落学院不受其州政府的管理，也不从州政府那里获取办学资金，他们的主要运行资金很大程度上依赖于联邦政府。② 联邦政府以一种"托管"的方式对部落学院进行管理，"托

---

① Anna M. Ortiz，Paul Boyer：*Student Assessment in Tribal Colleges*. Wiley Periodicals Inc，2003(118)，p. 41.

② Fann，Amy：*Tribal Colleges：An Overview*. ERIC Resource Center，http：//www. eric. ed. gov，2002.

管"印第安人的资源和福利。美国政府与印第安部落之间的关系是建立在条约的权利和法律先例的基础上，作为主权国家的联邦政府与印第安部落之间存在一个独特的信托责任关系。从广义上讲，这种信托关系认为联邦政府作为受托人，对于地方的职责是建立在法律责任与道德义务上的。印第安部落作为受益人其利益来源是建立在印第安部落与联邦政府的期望交易之上的。如明尼苏达州圣保罗西部落，联邦政府的信托责任包括提供受教育的机会。

1. 部落学院的经费来源。

部落学院的办学资金在成立之初完全依赖于联邦政府的供给。除纳瓦霍社区学院是用《纳瓦霍社区学院援助法》编列的政府预算给予特别拨款外，通常联邦政府会依据学院入学学生数来决定部落学院的财政拨款。1978年12月，卡特总统签署了《部落自主社区学院援助法》，这是政府对部落学院进行拨款的主要法律依据。① 前文已提及，在这里不再赘述。1981年，联邦政府给每位部落学院学生的人均拨款经费为4000美元，1985年，联邦政府将人均拨款经费调高至6000美元，之后的31年便一直维持在该经费水平。1996年，威廉·克林顿总统发布第13021号行政令，提出了《部落学院白宫启动计划》（the White House Initiative on Tribal Colleges and Universities，简称WHITCU），白宫倡议创建部落学院。WHITCU的目标是大大改善印第安人的教育与就业情况，支持现有的，并鼓励创建新的印第安人部落控制的高等教育。第13270号行政令（Executive Order13270，简称EO13270）申明联邦政府的政策，是将国家的承诺，卓越教育和教育机会延伸到部落学院。为更好地履行EO13270，联邦机构制订出为期三年的财政计划。根据该行政条例，联邦机构需要增加部落学院补助金，从而与其他联邦资源进行有效的竞争；并鼓励部落学院参加联邦计划。2003年，WHITCU要求40个联邦机构实行三年财政计划。2004—2006年，18个联邦机构对这些计划作出了回应，但没有提供长远的规划信息。2006—

① 饶琴：《美国印第安保留地高等教育发展研究》，浙江师范大学硕士学位论文，2006年，第33页。

2008 年，规定再次要求 29 个联邦机构实行三年计划，其中 15 个机构包括内阁农业部、商务部、国防部、教育部、能源部、卫生和人类服务、国土安全部、住房和城市发展部、内政部、司法部、劳工部、国务院、交通运输部、财政部和退伍军人事务部，其他 14 个联邦机构是中央情报局、环保局、总务管理局、博物馆和图书馆服务研究所、国家航空和航天局、国家艺术基金会、国家人文基金会、国家科学基金会、核管委员会、人事管理、和平队、小企业管理、社会治安管理和美国国际开发署办公室。但目前后 14 个联邦机构无法根据方案活动提供数据。2009 年，联邦政府颁布了最新的部落学院财政改革法——《增进部落居民健康照顾与促进部落学院发展法》，政府检讨了过去对部落学院拨款的不足，计划通过该法给予部落学院更多的经费资助与服务，协助部落学院更好地服务社区，提升原住民族的健康，促进部落学院更快地发展。除此之外，部落学院还可以从联邦政府的一些机构获得特别的财政资助机会，例如，联邦教育部的高等教育局、贸易部、美国太空总署、美国疾病管制中心等。① 此外，如果部落学院是因赠地法案而设立，也可以依据 1994 年的《美国农业土地法》(*The U. S. Agricultural Legislation*)申请财政补助款，或者依据乡村发展局计划，申请公共建设的补助资金，以促进学校发展。②

美国州政府与部落学院并没有直接的权利义务关系，州政府给予的资金多用于学校的基础设施建设和设备添购，维持学术与职业教育计划，其所提供的预算相当有限。根据《部落自主社区学院援助法》的规定，政府对部落学院的生均经费拨款仅提供给印第安籍学生，非印第安籍学生则没有经费来源，这样部落学院无法靠学校其他收入补充约占 20% 的非印第安籍学生的教育开销。因此，部落学院非常希望州政府能够帮助解决经费短缺的窘境，但许多州政

① 周惠民，颜淑惠：《原住民教育：一个比较的观点》，载《台湾原住民研究论丛》，1997 年第 2 期：第 65～96 页。
② 陈洪：《美国部落学院：现状、特点与困境》，载《高等教育研究》，2011 年第 11 期，第 102 页。

府及立法者认为，部落学院并非是州政府所认可或核准其办学的单位，故一直回避该项议题。截至 2010 年，全美只有北达科他州在 2007 年通过的补助法案，给予每位非印第安籍学生人均 100 美元的财政补助。①

　　部落学院非常积极地寻求多渠道的资金来源，其主要途径有以下三种：第一，基金会和慈善机构的资金支持。1991 年，凯洛格基金会为部落学院制订了为期七年的《美国原住民族高等教育发展计划》，该计划提出提供经费资助部落学院。此外，"美国西部"等企事业资金会也向部落学院提供资金支持。同时，美印第安学院基金会（部落学院基金会）作为部落学院自己成立的基金会，也将捐赠款增收的利息作为学生奖学金，并将额外的资金合适地投入到部落学院的财政计划中，从而便于学院开始核查新项目、新课程、新论坛，以及为学生和社区人民提供附加的、高层次的学位学习机会。第二，通过《高等教育法案》中的"学院发展计划援助"获得办学资金。② 这些额外筹集的资金有助于实现部落学院内部更多有所需要的教育项目。如国家科学基金会曾将 1200 万美元的补助金授予了南达科他州的奥格拉拉科塔（Oglala Lakota）学院和新特格莱斯（Sinte Gleska）大学，作为五年期间的附加资金，前者用来发展环境科学的学士学位课程，后者用来发展软件工程技术与分析的计算机科学学士学生课程，与此同时，学校也用它来创设基础工程技术的两年制学位课程。③ 第三，赠地地位的获得。1996 年，白宫第 13021 号行政令要求联邦立法授予部落学院赠地地位（Land Grant Status）。③获得赠地地位就意味着部落学院可以获取更多的资源，

---

① Ashburn, E: *Tribal Colleges Reach Beyond the Tribe.* *Chronicle of Higher Education*, 2007, 53(40), pp. 20-21.

② American Indian Higher Education Consortium (AIHEC): *Tribal College an: An Introduction.* http://www. aihec. org/colleges/documents/TCU _ intro. pdf, 1999,2.

③ Karen Gayton Swisher, John Tippeconnic: *Next Steps: Research and practic to Advance Indian Education.* Eric Clearinghouse on Rural, Vol. 11, 1999, p. 8.

从而引进更多的教师和设备，来进行独立的农业调查研究或是与四年制院校合作办学。①

2. 美国部落学院财政情况。

（1）部落学院财政拨款总体情况。

表 4.2-15 显示，2004—2006 年度，美国部落学院财政拨款总额呈持续增长状况，虽然对不同部门拨款总额增长幅度不一致，但总体呈增长趋势。2004 年，部落学院获得的政府资助总额为150400554 美元；2005 年，部落学院获得的政府资助总额为197947126 美元，比 2004 年增长超过 4700 万美元；2006 年，部落学院获得的政府资助总额为 212004065 美元，比 2005 年增长了将近 2000 万美元，2007—2008 年各部门增加拨款或保持稳定。总体来看，部落学院获取的财政拨款在其财政收入中占很高比例。

表 4.2-15　美国部落学院2004—2006年财政拨款情况　（单位：美元）

机　　构	2004 年拨款	2005 年拨款	2006 年拨款
美国农业部（USDA）	138830	25975380	14656691
美国商务部（DOC）	551143	2671456	5385370
美国国防部（DOD）	28000	8435504	4375196
美国教育部（ED）	52410903	48887629	94919094
美国能源部（DOE）	86611	113750	163000
美国卫生部（HHS）	212033471	13132518	15154372
国土安全部（DHS）	DNR	14400	428684
美国房屋和城市发展部（HUD）	29823	2920770	3140000
美国内政部（DOI）	49343448	73526953	54827492
美国司法部（DOJ）	DNR	345325	1240421
州政府（STATE）	2500	33000	12000

① Fann，Amy：*Tribal Colleges*：*An Overview*. ERIC Resource Center，http：//www. eric. ed. gov，2002.

续表

机 构	2004年拨款	2005年拨款	2006年拨款
美国劳动部(DOL)	DNR	1647196	1706239
美国交通部(DOT)	2521	407050	1001501
美国财政部(TREAS)	DNR	DNR	37675
美国老兵部(VA)	1820656	2535667	2600631
联邦调查局(CIA)	DNR	DNR	TBD
美国环境保护署(EPA)	23313	45000	187000
美国国家航空航天局(NASA)	3636371	4032530	1370000
美国艺术基金会(NEA)	DNR	DNR	TBD
国家人文基金会(NEH)	DNR	771931	79000
国家自然科学基金(NSF)	9744560	12246633	10400000
核管制委员会(NRC)	DNR	DNR	162500
人事管理解决(OPM)	DNR	DNR	4000
和平工作队(PEACE CORPS)	DNR	DNR	0
小企业管理局(SBA)	DNR	DNR	0
美国社会保障管理局(SSA)	50579	170625	63109
总 额	150400554	197947126	212004065

表中 DNR 指的是"Do not renew",意指与上一年度拨款数额相同

数据来源：AIHEC：*Three-Year for Assustance to Tribal Colleges and Universities*，FY 2006-2008. http://www. aihec. org/what-we-do/docs/FY13/ExcerptPL111-358(TCUP)_1-4-2011.pdf.

　　根据表 4.2-15 显示，给予部落学院财政资助的机构有美国农业部、商务部、国防部、教育部、能源部、卫生部等。以上 20 多个机构给予部落学院拨款，其中拨款较多的是美国教育部、内政部、卫生部、国家自然科学基金会和农业部。拨款机构多元化体现了美国政府对部落学院的日趋关注，力求经过驱动各方之力加快部落学院的发展。2006 年，联邦机构的投入资金总额为 212633515

美元，美国教育部投入 94919094 美元，在部落学院获得的资金中支持数额是最大的，其次由美国内政部（Department of the Interior，简称 DOI）提供资助 54827492 美元、卫生部提供 15154372 美元。2007 年的资金投入情况来看，2007 年度政府各部门计划拨款的总体情况保持稳定，15% 部门降低了拨款总额，30% 的部门增长拨款总额，总体情况一直处于稳定增长趋势。

从以上数据分析，美国各联邦机构总体上提供的支持处于上升趋势，但不少部门不同时段经费可能有所调整，呈波浪式发展的趋势。以美国国土安全部（Department of Homeland Security，简称 DHS）为例，从 2005—2010 年给部落学院拨款的情况来看，总体趋势处于波浪式增长，2005 年拨款总额为 14400 美元，2007 年猛增至 288401 美元，较之 2005 年翻了 20 倍，而在 2008 年降至 130023 美元，2009 年为 108325 美元，2010 年调整增至 222721 美元。从国土安全部拨款情况来看，近年资金投入有所增长，但仍处于不稳定增长状态，也呈现出美国总体市场经济发展的不稳定状态（见图 4.2-25）。

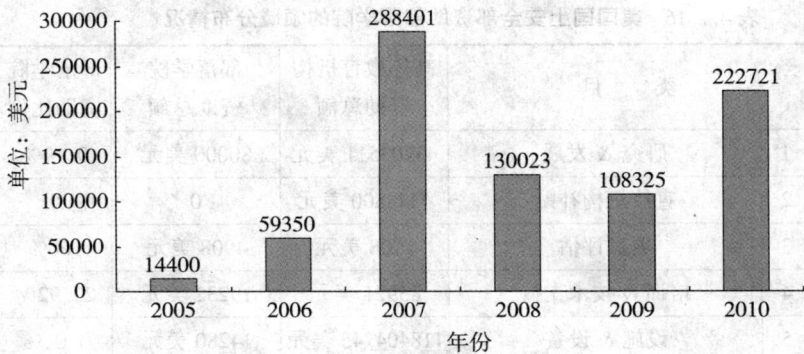

图 4.2-25　国土安全部资助部落学院情况（2005—2010）

数据来源：U. S. Department of Homeland Security：*2010 DHS Awards by Category to Tribal Colleges & Universities*，2011（12）. http://www.aihec.org/what-we-do/docs/FY13/ExcerptPL111-358（TCUP）_1-4-2011.pdf.

数据显示，11%的资金投放在长远发展方面联邦机构提供支持的比例中，69%的资金投放在教育成就方面，长远发展提供的比例为11%，而10%的资金提供给体育基础设施的建设。根据2006年至2008年的三年财政拨款计划，政府机构也在"行政条例"指定的地区主要支持：①长期发展相匹配的方案活动；②财务管理；③机构能力建设；④物资基础设施；⑤教育成就。

进一步分析表明，以美国国土安全部为例，2010年投入到印第安高等教育经费总额为210268215美元。但对于部落学院的资助金额为222721美元，只占其资助比例的0.11%，其对于部落学院的资助领域包括研究和发展、项目评估、培训与技术支持、设施和设备、合作、实习和教师招募方面。其中项目评估所占比例最高，而在机构补贴、学生学费、奖学金和其他资助、行政经费、其他部门经费、私立部门经费中所占份额为0，从以上数据中可以看出，部落学院在联邦机构中所获得的经费资助非常少，在某些领域较之其他类型高校要少得多，这可能也是部落学院发展较其他高校缓慢的原因之一。（参见表4.2-16）

表4.2-16　美国国土安全部资助部落学院的领域分布情况

	类　目	高等教育机构资助总额	部落学院资助总额	部落学院资助比例
1	研究 & 发展	43203511 美元	80000 美元	0.19%
2	直接机构补贴	4348500 美元	0	0
3	项目评估	4908 美元	4908 美元	100%
4	培训 & 技术支持	83921 美元	19232 美元	22.92%
5	设施 & 设备	118404745 美元	14280 美元	0.01%
6	合作，实习，IPAs 和招募	17134353 美元	102604 美元	0.60 %
7	学生学费、奖学金和其他资助	22556617 美元	0	0
8	经济发展	0	0	0
9	行政经费	2467500 美元	0	0

续表

	类　目	高等教育机构 资助总额	部落学院 资助总额	部落学院 资助比例
10	其他部门资助	805410 美元	0	0
11	私立部门资助	0	0	0
	总额	210268215 美元	222721 美元	0.11%

资料来源：U. S. Department of Homeland Security：*2010 DHS Awards by Category to Tribal Colleges & Universities*，2011（1）. http://www. aihec. org/what-we-do/docs/FY13/ExcerptPL111-358（TCUP）_1-4-2011.pdf.

联邦政府鼓励利用资源产生更大的影响和成本效益。2006—2008 年计划中，联邦机构投入资金的目标被分为三大主题，主要包括：学术规划、宣传、机构能力建设。学术规划包括课程发展，远程教育，学生的筹备和成功；教育宣传与推广包括联邦机构帮助部落学院努力提高机构能力建设的规划方案和服务的意识，在此方面投入方式包括增加补助金、合同、合作协议和其他程序参与；机构能力建设，包括提供技术援助，提供运作过程的资源支持和建立伙伴关系。2006 年，联邦 93%的款项（198452917 美元）支持机构能力建设，5%（9986652 美元)的款项支持学术规划，预计余下的 2%（4194046 美元)的款项支持部落学院的宣传。

美国政府与部落学院资金关系存在着信托责任，美国国会拟定相关法例以及拨款条例，从而协助社区的发展。实施这些授权方案的机构，包括美国内政部，教育部和美国农业部。这些机构对财政拨款作了一些具体规定，这些具体款项用于部落学院确保能满足运营费用、提高学术能力、开发教职员工潜力以及设施建造，利用这些资金满足机构的需求。而这些资金可区分为强制性资金与非强制性（自主支配）资金两部分。图 4. 2-26 表明，2006 年，54%的资金支持来自自主支配拨款，通过授权的强制性资金占 46%。各联邦机构总投入的非强制性的资金 113926841 美元作为支出项目经费。2006 年，美国内务部（DOI）提供 55443392 美元。但这一总数的 97. 6%属于强制性的资金，机构负责人仅对留下的 1353992 美元拥有自由裁量权。教育部提供 32. 6%的强制性资金，美国农业部通过直接立法为当局提供 93.3% 的强制性资金。

联邦政府在"行政条例"中规定支持的相应区域如下，属于强制性资金包括：第一，教育程度为 66.3%（65447263 美元），第二，长远发展为 18.6%（18390579 美元），第三，基础设施为 13.6%（13440000 美元），第四，1.5%（1468932 美元）的机构能力建设，非强制性的资金将朝着改善财务管理系统方面投入。

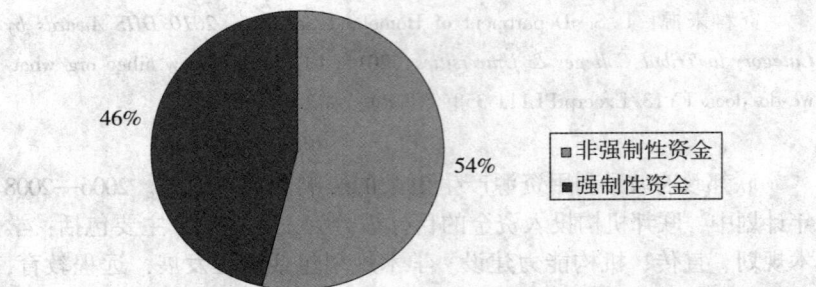

图 4.2-26　2006 年部落学院政府资助强制性资金与非强制性资金对比

资料来源：AIHEC：*Three-Year for Assustance to Tribal Colleges and Universities*，FY 2006-2008. http://www. aihec. org/what-we-do/docs/FY13/ ExcerptPL111-358（TCUP）_1-4-2011.pdf.

（2）部落学院学费情况。

部落学院学生的学费也是部落学院办学经费的主要来源之一。1999—2000 学年度部落学院收取的平均学费为 2433 美元，而美国其他高等教育机构的平均学费为 3800 美元；2003—2004 学年度部落学院收取的平均学费为 2840 美元，而美国其他高等教育机构的平均学费为 4652 美元，整体来看，部落学院的学费比其他高等教育机构的学费低。① 除了政府财政拨款和学生学费以外，部落学院还可以从美国印第安学院基金会、部落学院与官方或其他学校的合

---

① Institute for Higher Education Policy（IHEP），American Indian Higher Education Consorti-um（AIHEC），the American Indian College Fund（AICF）：*The Path of Many JOURNEYS：The Benefits of Higher Education for Native People and Communities*，2007. http：//www. aihec. org/resources/documents/The Path of Many Journeys. pdf，2012-07-07.

作中获取一些捐赠和资助。另外,部分民间团体或基金会也为部落学院提供了资助,如 1991 年,凯洛格基金会与部落学院制订了为期七年的《美国原住民族高等教育发展计划》,该计划提供经费资助部落学院的发展。

从学生学费情况来看,无论公私立部落学院,学生学费在这二十年持续上涨,部落学院流动资金收入的 14% 来自学费和杂费。如图 4.2-27 显示,从 1992 年到 2003 年,部落学院学生学费呈持续上涨趋势,但部落学院学生平均学费一直低于全美大学生平均学费;从 1992 年到 2003 年,全美大学平均学费从 3218 美元涨到 4562 美元,增长幅度达到了 35%。

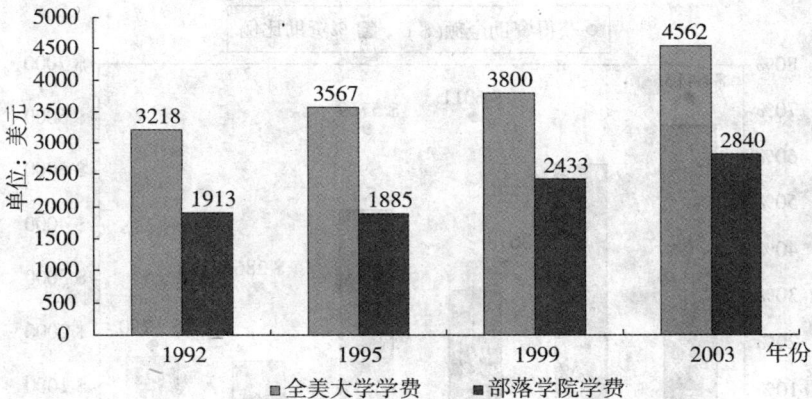

图 4.2-27 部落学院与全美大学学费对比

数据资源:Institute for Higher Education Policy(IHEP),American Indian Higher Education Consorti-um(AIHEC),the American Indian College Fund (AICF):*The Path of Many JOURNEYS*:*The Benefits of Higher Education for Native People and Communities*,2007. http://www.aihec.org/resources/documents/The Path of Many Journeys.pdf,2012-07-07.

(3)部落学院学生受资助情况。

2004 年,从总体情况来看,部落学院学生的财政资助包括联邦、州或当地政府、院校、学生贷款,其中联邦政府的拨款一直占最大比重。(参见图 4.2-28)2004 年,美国部落学院本科大学生总体获得资助情况显示:在美国部落学院学生获得最大资助比例来自于拨款,占 28%,获得 6413 美元;其次是捐赠,占 24%,3678 美元;再次是联邦政府拨款,占 20%,5769 美元。联邦政府对四年制部落学院学生的资助要大于全美四年制公立大学和私立大学,而联邦政府的拨款和资助也是维持部落学院生存和发展的最重要的支持力量。同时,联邦、州政府及学校对公立四年制部落学院学生的资助也要远远大于对私立部落学院和两年制部落学院学生的资助,以上因素是私立两年制部落学院教育教学质量比公立和四年制部落学院发展速度减慢、声誉下降,面临生存危机的重要原因。

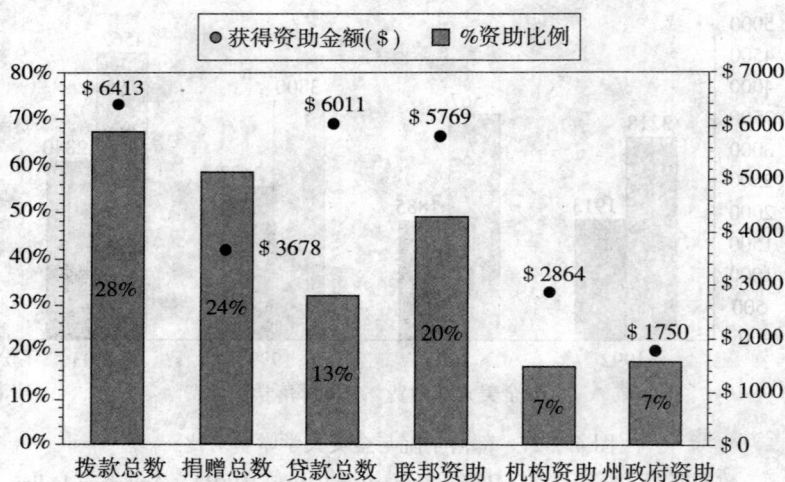

图 4.2-28 2004 年部落学院学生获得资助情况①

进一步研究表明,从 1981 年至 2005 年,美国部落学院类型 1(意指四年制公立大学)财政收入呈持续增长的趋势(如图 4.2-29所示)。《部落自主社区学院援助法》(the Tribally Controlled College

---

① 拨款总数指的是联邦、各州政府机构的强制性资金拨款;资助指的是非强制性资金。

or University Assistance Act of 1978，简称 TCCUAA）中明确规定了资金拨放的标准，例如规定：根据各部落学院印第安学生入学人数（称为印第安学生总人数 Indian Student Count，简称 ISC）决定分配资金的数额，但非印第安学生不计算在内，平均每个印第安学生拨款 6000 美元，最高拨款总额不超过 4000 万美元。① 图 4.2-29 显示的是根据《部落自主社区学院援助法》规定，1981—2005 年的政府拨款数额变化。从权威拨款数据趋势来看，部落学院印第安学生所获取资助数额也逐年增长，按 1981 年美元不变比值计算，部落学院印第安学生获得资助总体仍处于稳步增长态势。

（4）部落学院财政资助与学生资助的总体特征。

美国政府通过联邦机构对部落学院资助，其要旨仍然是缩小少数族裔学生与其他学生间的差距，其在部落学院财政资助与学生资助的总体特征体现为以下三个方面。

第一，联邦政府以立法的形式促进对部落学院教育经费投入，并为此持续投入资金。

由于现实中存在着国民社会政治经济地位的不平等，因此，保障教育机会均等成了实现教育公平的核心问题。保障教育机会均等主要是为了改变处于不利地位的社会阶层的教育状况，它"意味着任何自然、经济、社会或文化方面的低下状况，都应尽可能从教育制度本身得到补偿"。政府必须承担推进教育公平的重任，除了满足一部分学生接受良好教育的需求之外，还应该对处境不利的学生进行必要和及时的教育补偿，从而缩小他们与其他学生之间的差距。

美国政府近 50% 的联邦基金支持部落学院来自于法律义务。履行第 13270 行政令，联邦机构将重点放在提供一致性的资源支持部落学院。给重点涉及联邦计划中符合规定资格的部落学院（主要为小型或弱势地位的部落学院）提供技术援助、研讨会、培训，以

---

① 饶琴：《美国印第安保留地高等教育发展研究》，浙江师范大学硕士学位论文，2006 年，第 32 页。

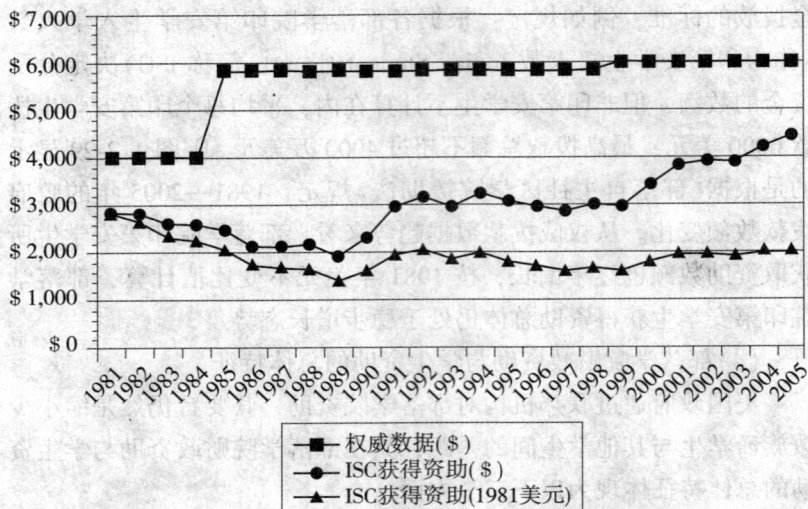

图 4.2-29　美国类型 1 部落学院印第安学生
（TCCUAA）①政府财政拨款（1981—2005）

资料来源：Institute for Higher Education Policy（IHEP），American Indian Higher Education Consorti-um（AIHEC），the American Indian College Fund（AICF）：*The Path of Many JOURNEYS*：*The Benefits of Higher Education for Native People and Communities*，2007. http：//www. aihec. org/resources/documents/The Path of Many Journeys. pdf，2012-07-07.

确保这些机构更有竞争能力。

　　联邦政府对部落学院充分支持和有效干预，努力提高其印第安学生的学业成绩。行政令具体明确了款项主要用于为师资改善、基础设施维修和现代化、在教育领域利用高新技术提供支持、为因经济衰退面临严重运转困难的地区提供紧急稳定资金等。立法机构与支持机构对部落学院每年进行一次审查和评估，评估方案以及资助的成效。如果方案不符合程序的评估准则，机构会进行实地考察和

---

　　①　联邦政府通过 1978 年《部落自主社区学院援助法》，根据部落学院类型依次可获取拨款。

沟通，从而确保部落学院方案的有效性。

从总的趋势来看，联邦政府财政投入一方面扩大了资助面，另一方面也对学院的教育提出了更高的要求与标准，采取了严格的奖惩措施，以保证教育政策的有效性。这些具体规定保障了部落学院财政支撑，在相当程度上缩小了部落学院学生与其他学院学生之间的差距，促进他们顺利完成学业。

第二，注重资金使用效率。

美国联邦政府非常强调投入的产出效率，政府的资助不仅有些附加条件，而且要惩罚没有完成规定任务的部落学院，甚至撤回资助的资金。这说明美国政府越来越关注教育政策的实施效果，由此也推动教育政策执行研究的发展。行政令是美国两党一致认同的法案，而且两党都肯定了政府在部落学院改革中具有重要作用，并主张政府加强对部落学院的干预。为了更好执行行政令，美国政府汲取了以往经验教训，制定了详细的规则，并威胁将对那些不遵守联邦命令的部落学院撤回联邦资助。

其一，资金要快速分配到部落学院，避免出现教师停工现象，影响学生成绩。敦促联邦和地方教育部门依次迅速推动行政条例计划的展开，立即开始行动。

其二，保证资金使用透明化，及时汇报资金去向，并实施资金流向问责制。为杜绝资金欺诈与滥用行为，准确地评估资金使用的效果，资金接受者必须公开汇报资金的使用情况。由于无法预测投资的涉及范围和重要性，行政令拨款用途的汇报制度有很多的要求和限制。

其三，申请经费有一定的标准，在提交申请时必须同时提交详细的改革计划，并需要定期汇报部落学院经费使用的进展情况，从而保证经费使用的有效性。同时需要"部落学院指派高层官员协调行政责任审查，并要求各机构及时提供数据，以确保经费使用的清晰，在适当情况下进行提供必要数据报告的培训并将数据转换电子格式"。目前，2004—2005 年报告和 2006—2008 年三年计划已聚集了强大的基础数据。

第三，关注学生的成功。

许多联邦机构表示，它们计划给部落学院的学生提供实习机会和奖学金。虽然这项活动在 2006 年度资金只占 1.5％，但较之以前有一定的增长。除了通过拨款项目提供机会，部分联邦机构提供夏季研究的机会，涉及的不只是学生，也包括教职员工。这些项目让教师和学生选择感兴趣的主题和并利用该研究机构的设施进行研究，然后再返回到校园，继续工作。这些计划提供给学生更多的机会，让学生获得更多的体验学习的机会，更多的职业生涯发展机会。学生成功的另一个关键因素是部落学院教职员工的高素质。卡耐基教学促进基金会提供了一个全面的部落学院教师发展计划。如卡耐基教学促进基金会鼓励通过暑期研究计划的专业成长，提高部落学院教师的交流能力，提高研究和其他发展的能力。一个充满活力的，有效的教师，能为学生的发展带来强有力的支持。

（5）部落学院课程与专业设置。

美国部落学院办学层次多样，有 28 所学院提供学生修至副学士学位课程，6 所学院提供修至学士学位课程，2 所学院提供修至硕士学位课程，此外部落学院也会与其他社区学院或大学合作开设课程。部落学院的课程大致包含四种类型：两年制人文副学士学位课程、科学副学士学位课程、应用科学副学士学位课程以及一年制职业证照课程，其他还提供学徒制课程、职业教育计划课程、应用科学副学士职业课程、职业证照课程、科学学士学位课程、艺术学士学位课程以及艺术硕士学位课程、教育硕士学位课程等。美国印第安学院基金会和美国印第安高等教育协会曾对部落学院的学生主修课程领域进行了一项调查，结果表明，印第安学生最热衷的主修课程领域是社会/行为科学，其次是商业/管理，而最少修习的领域则是物理学与数学。①

在课程内容方面，部落学院开设的课程包含补救教学课程、一般高等教育的学术基础课程、部落民族传统的语言文化课程以及职

---

① 陈洪：《美国部落学院：现状、特点与困境》，载《高等教育研究》，2011 年第 8 期，第 102 页。

业训练课程，通过这些课程的学习能够培养原住民学生兼具学术训练、传统文化和职业技能的基础。课程教学以双语教学为主，帮助原住民学生进行语言的推广与保护。部落学院为符合社会发展、就业趋势与当地部族需求，提供了多种多样的教育课程，如学术教育、职业教育、幼儿教育、传统文化艺术与语言教育、职业训练计划、阅读计划和合格教师培训计划等。① 部落学院一方面希望通过传统文化课程让原住民保留本民族的文化，另一方面也希望通过职业课程传授专业技能，让原住民能拥有基本的谋生能力以适应现代社会，或是经由补救教学课程、一般学术课程，鼓励原住民学生继续升学学习。为发挥社区服务中心的功能，更好地服务当地社区，部落学院还提供社会工作服务的学位课程，学习该课程的毕业生可就近在当地政府或部落行政单位找到相关工作。

部落学院的专业和课程在保证传承部落文化的同时，紧紧围绕所在社区印第安人民的职业和生活需求来设置。学科和专业主要分文、理和应用科学三大类。而课程的设置主要依其不同功能而定。如转学教育课程设置一般与本州内各所授予学士学位的公立大学前两年的课程设置基本相同，以方便学生转学。职业培训教育的课程设置则根据本州产业地域特点和文化需要，专业设置大部分是实用型，体现出鲜明的职业性，为学生就业、或转入更理想的行业工作提高方便。②

同样，部落学院还以满足人民生活和社区的需要来设置专业和课程。例如，有的学院开设课程指导当地人民如何有效地使用土地，从而改善他们的生活质量；北达科他州的 Cankdeska Cikana 社区学院在培训启蒙老师的同时，为来自 75 个家庭的 88 个婴儿提供了一个早期启蒙教育的课程方案(Yellow Bird，1998)；Dine 学院，为跨越亚利桑那和新墨西哥州的一片州际土壤基地服务，开办处理

---

① 陈洪：《美国部落学院：现状、特点与困境》，载《高等教育研究》，2011 年第 8 期，第 103 页。

② 陈洪：《美国部落学院：现状、特点与困境》，载《高等教育研究》，2011 年第 8 期，第 102 页。

铀矿开采后果的课程计划（Ambler，1998b）；蒙大拿州的 Salish Kootenai 学院，通过在课程中贯穿与整合有关伦理、文化、政治和科学的议题，来解决环境问题（Ambler，1998）。

据美印第安高等教育联盟网站公布的统计数据，直到 2007 年，36 所部落高校提供了 635 种主修课程和培养方案。其中 4 种硕士学位项目，55 种学士学位项目，387 种副学士学位项目，178 种证书培训项目，5 种学历项目和 6 种实习项目。另外，学生对自己特别感兴趣的课程可以参与旁听而无需申请主修。这 635 门主修课程被归入 1 个硕士专业和 30 个其他专业门类。而这 30 个专业门类又分成了 10 种学科，如表 4.2-17 所示。①

表 4.2-17　　　　　美国部落学院学科专业分布表

学科	专业	学科	专业	学科	专业
美印第安民族研究	美印第安语言学 美印第安民族研究	人文科学	文学艺术 英语 地理 人文科学/ 通识教育	理学	农业与耕作 生物学 环境科学/ 自然资源 自然与生命科学 科学
计算机科学与技术	计算机科学 计算机技术				
教育	职前教育学 职业教育学				
商务	会计学 商务	职业规划	自动化技术 建筑业 酒店业 行政管理/ 技术 职业规划	社会科学	法律修正/执行 公共事业 助理律师 社会科学
护理与保健	健康保健 护理				
数学	工程学 数学				

该表作者根据相关资料修改而成。

---

① American Indian Higher Education Consortium（AIHEC）：*AIHEC AIMS Fact Book*，2007. http://www.aihec.org/resources/documents/AIHEC_AIMS_FactBook2007.pdf，2009，p. 17.

三、"学校一体化"运动进程中美国民族院校面临的问题与挑战

自"学校一体化"运动兴起以来，美国民族院校发展至今，已具有一定的发展规模和水平。随着政权交替与时代变迁，民族院校也面临困境与挑战。

1. 政府方面。

（1）政府政策的变相钳制。联邦政府虽然宣称以开放的姿态给黑人、原住民族部落以及其他少数族裔下放权力，但实际上仍然掌控黑人、部落或少数族裔管理，以各种间接方式限制部落；政府鼓励黑人以及原住民族部落成为自主管理单位，但黑人以及原住民部落自治权的取得过程繁复，主导权仍在政府手里。民族院校的成立需要联邦政府的特许批准，签订协议后，则需要遵照签订条文办学，这在某种程度上限制了民族院校的办学自主权。当民族院校接受政府行政单位或私人基金会的捐赠时，也需要符合其资助计划的要求，这些要求对民族院校的经费使用产生限制，影响了学校的办学方向与营运管理。民族院校的经费来源主要是联邦政府的财政拨款，但政府的拨款对象仅是黑人和原住民学生，州政府的拨款只给州立高等教育机构及其学生，致使民族院校的非印第安籍学生（约占20%）几乎无法获得联邦、州政府的财政资助。此外，政府制定的有关法令的执行状况也不理想，例如《印第安自治与教育协助法》在制定与执行时需要各方的参与，但该法在实施最重要的经费预算编制与分配过程中，印第安人却被排斥在外，从而影响了实施效果。

（2）民族院校的弱势地位。民族院校在美国高等教育体系里一直处于弱势状态，虽然民族院校的入学人数日渐增多，但政府的财政拨款经费数额却远远跟不上学生的增加人数。民族院校在美国族裔教育领域也处于弱势地位。例如，1997年政府编制的原住族裔教育预算是16亿美元，但部落学院只分得其中的2000万美元，所占比例仅有1.25%，部落学院获得的经费偏少的状况直到今天仍

然没有解决。① 传统黑人院校的情况与此类似。

（3）政府财政拨款不足。联邦政府编制的民族院校年度预算一般会参照前一年的国会实际拨款经费。如部落学院从 2002—2006 年的政府预算来看，各年度分别比国会拨款经费实际减少了 200 万美元、400 万美元、550 万美元、970 万美元和 360 万美元，直到 2007 年度编制预算时，联邦政府才遵照前一年的国会拨款数额编制经费。就整个财政拨款趋势而言，虽说国会财政拨款经费高于政府的编制预算，但与部落学院实际所需经费相比，平均每年短缺近 1700 万美元。办学所需的经费缺口，需要部落学院自己解决。由于部落学院地处偏僻的原住民保留地，当地经济发展水平落后，学院办学声誉也有限，因此学院获得的捐助资金并不多；从美国印第安学院基金会等其他各种渠道争取来的经费数额少且不稳定，无法填补部落学院办学经费不足的状况。虽说学生的学费也是学校的经费来源之一，但民族院校的学费低廉，且多数学生需要依赖政府的补助、奖学金或助学贷款协助就学，因此学费收入对缓解民族院校的财政窘境所起的作用极其有限。

2. 教师方面。

（1）教师流动率高。民族院校需要达成双重教育目标，既让学生能够传承原住民族传统文化，又要习惯适应主流文化社会生活，所以教师的工作负担过重，需要付出更多的心力帮助少数族裔学生学习。然而，民族院校偏远的地理位置、微薄的薪金收入、专业进修机会不足等因素，导致很多民族院校教师获得的成就感和效益感一般都低于其他高等教育机构任教者，降低了教师在民族院校服务的意愿，造成教师流动率较高。

（2）专业素养不足。虽然民族院校比其他高等教育机构更容易吸引第一次求职者，但民族院校的教师获得博士学位者不多。民族院校接受黑人、原住民族以及其他少数族裔教师，他们的专业训练普遍不足，取得专业信息的管道有限，也影响了教师专业素养的提

---

① 周惠民，颜淑惠：《原住民教育：一个比较的观点》，载《台湾原住民研究论丛》，1997 年第 2 期，第 65~96 页。

升。虽说仍有教师会参与进修学习,力求提升自我专业素养,但这些教师大多数属于新进成员,续留民族院校安心教学的意愿较低。其余常驻民族院校的教师尤其是资深教师,大多安于现状,自我专业进修的意愿不高,即使学生学业成就较低也无动于衷,甚至拒绝接受教师评估。教师专业素养不足,已成为制约美国民族院校教育质量的一个重要因素。

3. 学生方面。

(1)学生个人背景影响就学意愿。民族院校的学生半数是兼读生,而且年龄普遍偏大,其特殊的就学对象导致学生的辍学率一直很高。有些学生在学业和工作产生冲突时,多数选择先保工作、舍弃学业的策略;很多民族院校学生的家庭经济状况不佳,也使他们无法持续在校学习;黑人和原住民学生整体的学业表现不好,导致个体会对学业产生"抗拒—退缩"的态度,致使少数族裔学生越往高深造,与其他族群学生的差距越大,形成年级越高、程度落差越大的状况,这种情况也影响了学生的就学意愿;还有些学生因为学校距离较远或者交通不便而放弃学业。如何减少学生辍学,是民族院校面临的一个非常严峻的挑战。

(2)传统教育中缺乏数理教育。在民族院校的传统教育中很少关于数学与物理方面的知识,导致黑人和原住民学生在学习数学与物理方面的能力较弱,处于不利的文化境地。在民族院校学生的修课选择上,仅有不到3%的学生选择修习此类课程。

(3)标准化测验影响学生学业成就表现。标准化测验主要是以主流的语言文化为测量工具,其中隐含的霸权文化、环境差异与偏见造成学生文化认知上的落差,使黑人和原住民族学生在测验中表现不佳,造成黑人和原住民族学生的智商、认知发展与学业成就处于低分组的现象;① 加上教师以主流社会价值观来进行教学,致使黑人和原住民学生更容易被诠释成教育成就低落、学术表现不佳

① Carnegie Foundation for the Advancement of Teaching (CFAT): *Tribal College: Shaping the Future of Native American. A Special Report*. US, Princeton University Press, 1989, p. 156.

者。如何在学习传统民族文化与适应现代社会文化之间找到平衡，也是民族院校在教学及学业评估方面面临的一个问题。

第三节 取消种族隔离中的美国白人 (普通)院校多元文化教育

20世纪30年代多元文化主义在美国的大学大行其道之前，人们就已经开始在大学或学院进行多元文化教育，与美国民族院校一致，多元文化教育在美国各大院校(白人为主)的实施离不开美国政府政策的推动，虽然美国至今没有官方的多元文化教育专项政策，但在各级政府部门的立法上，以及许多具体的案例审判中皆直接或间接地表露了对多元文化教育的支持。如威斯康星大学通过"平等记分卡"计划(也称"多元记分卡")，其目的就是通过高等教育和社会科学的研究来理解和推动文化多元主义。该部分从美国白人院校多元文化教育演进、多元文化教育的实践困境以及以威斯康星大学多元文化教育的个案研究几个方面来论述在取消种族隔离进程中的美国白人院校多元文化教育的总体图景。

一、美国白人(普通)院校多元文化教育的演进

从美国白人院校多元文化教育演进的情况来看，20世纪60年代美国白人院校出台各种政策对于取消种族隔离教育政策进行回应，而各级法院开始受理诸如有关少数族裔学生录取诉讼此类的案件；对人权的侵犯；基于文化差异对学生和教师的不公正态度；种族主义的口头侮辱；带有伤害性的种族话语玩笑等。美国属于判例法系，这些关键性的判例也形成了美国少数族裔教育政策的几个关键分水岭。这一切举措为多元文化教育的迅速发展提供了保障。

(一)20世纪60年代至80年代美国白人院校多元文化教育政策

20世纪60年代至80年代美国白人(普通)高校兴起的多元文化变革就是青年学生反种族歧视、反性别歧视、反残障歧视和反传统课程设置等权利诉求运动的集中体现，其主旨在于"促进教育机

会均等，使不同民族、种族、宗教、阶层、性别和特殊群体的学生都能公平地接受教育；改革课程设置，将多民族的和世界的观点整合于传统课程之中，引导学生了解并接受族裔间的文化差异；发展学生个体的文化多元性，培养他们适当的态度和技能，以应对各种形式的歧视"①。关于多元文化教育政策，"早在 1941 年，罗斯福政府就颁布了相关政策——第 8802 号行政令，宣布不得因为种族、信仰、肤色或民族血统，而歧视那些在国防工业或政府部门工作的雇佣人员，要求建立公平雇佣委员会，不过因为人员不足、资金缺乏、该项行政令未能充分发挥其有效的职能"②。艾森豪威尔执政时期同样颁布了类似的行政令，规定在履行政府合同时各部门不得有任何形式的种族歧视倾向。其任期内，于 1956 年颁布《教育法》，进一步指出要将取消种族隔离，作为学校获得政府援助的必要条件。

1961 年，当小霍巴特泰勒在为肯尼迪总统起草第 10925 号行政令时，首次使用了肯定性行动一词。该行政令宣布美国政府有明确的义务，推动和保证所有的人不分种族、信仰、肤色或民族血统，在申请联邦政府的职位和争取联邦政府合同时，享有平等的机会。该命令要求，合同承包商不得因种族、信仰、肤色或民族血统而歧视任何雇员或求职者，合同承包商必须依照肯定性行动行事，以确保求职者在受雇和雇员在晋升时，不会因其种族、信仰、肤色或民族血统而遭受拒绝。根据第 10925 号行政令的要求，政府部分专设了平等就业机会总委员会，以指导与监督公平就业问题。第 10925 号行政令成为了《民权法》第七条规定的前身。1965 年 9 月 24 日，约翰逊总统签署了著名的第 11246 号行政令。为确保肯定性行动政策的落实，同年，约翰逊总统授权成立劳工部联邦合同管理办公室，作为负责落实第 11246 号行政令中有关规定的主管部

---

① Bennett, C. L: *Comprehensive multicultural education: theory and practice.* Allyn and Bacon, 1990, pp. 11-13.

② Grant C. A.: *Research and Multicultural Education.* The Falmer Press, 1992, p. 245.

门。联邦合同管理办公室分别于 1968 年 5 月、1970 年 2 月和 1972 年 12 月，先后多次发布第 11246 号行政令实施条例，使肯定性行动的含义更加明确、更具操作性。①

肯定性行动计划落实于高等教育领域的举措主要表现在三个方面：大学为弱势群体学生提供一定比率的录取配额、相关学生享有优先录取权以及降低录取分数线的照顾。肯定性行动计划规定凡拿到联邦政府合同或受其资助的学校，在招生时必须参照当地居民各种族人数的多寡，按比例录取，以此保证学校在特定的时间内将少数族裔或女性的人数增加到可以接受的比例，如果不能兑现，联邦政府可以取消对其的经济资助。肯定性行动计划在教育领域的具体内容涉及：在就业、就学、接受政府贷款、分发奖学金或助学金时，在竞争者能力或资格同等的情况下，少数族裔学生和女性学生可以被优先录用。大学在学生入学方面给予这些以往受歧视的边缘群体以特殊照顾。黑人、西裔、印第安人学生、第三世界移民子女、残疾人、同性恋者均属于享受配额制度的人员之列，但华裔、日本裔和朝鲜裔学生因成绩突出，往往不在优待之列。据此条令，享受优待的学生便能较为轻松地进入美国一流的大学，入学新生中学成绩甚至不满 3 分、SAT 成绩在 1000 以下也能被招收进去，而其他不享受优待的新生一般要有接近 4 分的中学成绩和 1300 分以上的 SAT 成绩。②

在肯定性行动计划贯彻之前，美国高等教育的入学制度往往突出强调的是精英原则，主要参照学生中学的学习成绩、学术能力测试成绩、中学校长的推荐等项内容进行择优录取。这种只强调学术标准，而不考虑学生背景的入学机制，阻碍了弱势群体学生进入名牌大学之路。肯定性行动计划作出的调整，增加了少数族裔接受高等教育的机会，在肯定性行动的推动下，不同肤色的学生源源不断

---

① 彭永春：《美国高校多元文化教育演讲之研究》，华东师范大学博士学位论文，2004 年，第 58 页。

② 彭永春：《美国高校多元文化教育演讲之研究》，华东师范大学博士学位论文，2004 年，第 62 页。

地涌入美国各类高校。根据美国教育部的统计，1960 年美国大学毕业生中，少数族裔成员仅占总数的 6%，到 1988 年，少数族裔的比例上升至 20%，同期的女性大学毕业生在总人数中的比例由 35%上升到 54%，女性博士学位获得者的人数由 10%上升至 37%。为贯彻肯定性行动计划，许多学校在学校的章程和特许状首页上都印有："本校在招聘(或招生)时，不以种族、民族、出身、性别、性取向、阶级、语言、年龄特征和身体发展为由歧视任何人"[1]，以显示多元文化原则，及对肯定性行动计划的贯彻与实施。

　　肯定性行动计划也促使了弱势群体教师聘用率的大幅提高。为了适应大学里日益增多的少数族裔研究课程，改善少数族裔学生的学习环境，在教师招聘上，各校制定硬性指标，规定录用少数族裔及女性教师，以兼顾不同肤色、不同群体学生的需要。在美国历史上，大学教师往往是白人男子垄断的行业，少数族裔成员很少有人能够问津。肯定性行动计划要求消除少数族裔在就业上的障碍，客观上刺激了以白人为主体的大学，教师身份的多样化。受惠最大的是黑人教师。1976 年全国共有全日制黑人教师 7000 多人，1985 年增至 19451 人，其中 11178 人在白人院校任职，8273 人在黑人院校任职。少数族裔教师数量的增加，有利于学生成分日益多元化的大学；开设有关少数族裔的课程，有利于为少数族裔学生提供现实的学习榜样，有利于营造多元化的校园文化氛围，有利于增加大学对少数族裔学生的吸引力，也有利于在少数族裔、校方乃至整个社会之间架起一座能够相互有效理解与沟通的桥梁。

　　另一方面，美国民族语言政策也在 20 世纪 60 年代开始有了新的变化，民族身份多样化的美国可谓是个大的语言实验室，一波又一波的移民浪潮，促使了美国民族语言更为丰富多彩。随着社会的发展，美国社会各种族与族裔的交流日益密切，这进一步促成了某些交叉语言的形成。在美国，语言教育经历了由最初的任其自由发展到强制实施同化，再从同化转向双语、多语并存的发展过程。19

---

① Swanson，K：*Affirmative Action and Peferential Admissions in Higher Education*. Scarecrow Press，1981，p. 54.

世纪中期以前，美国采用的是自由放任的语言政策。美国的早期教育深受宗教文化思想的左右，为方便宗教传播，多种语言并存的现象成为趋势。19 世纪末至 20 世纪 50 年代，美国政府主要采取的是同化式语言教育政策，强制推行"一个国家，一种语言"，该政策阻碍了外来语言文化的发展。如 1917 年，罗斯福总统呼吁广大移民接受英语，他说："不同语言在这个国家的长期存在，不仅是一种不幸，简直就是一种罪过。"他认为应该为移民青年提供日校，为成年人提供夜校，让他们学习英语以尽快融入美国主流社会。①美国政府认为如果向国民提供一种共同语，国民就可以分享共同的目标和价值观念。而共同的语言和文化则可以促使美国社会更趋稳固，因此，在此阶段的美国历届政府强调协调一致，认为这有助于加速国家的健康发展与统一。

20 世纪 60 年代后，语言同化教育政策的弊端日益明显。强制实施语言同化教育政策使得文化背景与主流文化相异者往往受到有限英语能力的限制，致使来自于这些群体的学生成为学校里的中途退学者、标准化测试中的成绩落后者，而造成美国大学辍学率居高不下。大量移民的涌入，增加了拉丁裔和亚裔学生在美国白人高校中的比重，如何解决少数族裔学生语言问题，使少数族裔与移民学生尽早适应美国社会的教育体制，是当时教育领域一个突出问题。很多学者开始倡导双语教育，认为暂时使用少数族裔母语有助于他们成功地向主流语言过渡。在民权运动的推动下，美国政府颁布了一系列推动双语教学的相关法案。1968 年 1 月 2 日，约翰逊总统签署公法 90-247（Public Law 90-247），即《双语教育法》，其主旨是满足那些"来自主要语言为非英语国家学生的需求"。1968 年联邦《双语教育法》开始资助土著印第安人实施双语计划，帮助他们出版以母语编写的教科书。1969 年联邦政府拨出 750 万美元，用于资助双语教育。1973 年，美国国会通过了双语教育法综合修正案，该法案向不断拓展和提升双文化为教学重点的公立学校提供援

---

① Heath, S.B：*Language and Politics in the United States*. Goegetown University Press, 1977, p. 273.

助，为其出资开发与出版双语—双文化教学材料，向教育工作者提供津贴与奖金，以便他们能够获得双语—双文化方面的教学培训。双语教育在美国的初等与中等教育领域更为突出，高等教育承担的主要目标是师范院校"培养双语教育师资力量"的问题。

1974 年的"罗诉尼科尔斯案"，使得双语教育的影响进一步扩大。一位罗姓华人向法院起诉旧金山教育机构，说他的孩子因听不懂英语授课而未能享受到平等的教育机会，最后高等法院裁定旧金山教育机构没有向不懂英语的学生提供特别帮助，违反了 1964 年的《民权法》中的有关规定。该案的胜诉使得双语教育成了一项专门的移民政策，它为移民获得平等的教育权及享受合理的教育资源配置提供了保障，也促使了美国政府对双语教育扶持力度的加大。到 1981 年为止，美国政府已经支持了 200 多个双语教育项目，该领域总共获得 3175 万美元的资助，民族语言保持型的双语教育得以强势发展。

(二)20 世纪 90 年代以来白人院校多元文化教育

多元文化教育最大的利好政策——肯定性行动计划，在这场关于多元文化教育存废问题的论争中，肯定性行动计划有无存在和实施必要的讨论，在其多年的实施过程中一直未曾间断过，与其相关的诉讼案件不断涌现，例如德芬尼斯诉华盛顿大学法学院、奥德加德诉德芬尼斯案、巴基诉加州大学董事会案、波勃雷斯基诉马里兰大学案、霍普诉得克萨斯大学医学院案等。这些案件大多与高等教育领域内的招生与录取工作相关。其中，最具影响力的申诉案件是德芬尼斯诉华盛顿大学法学院和巴基诉加州大学董事会案。

德芬尼斯案件引起了人们对高等院校"反向歧视"问题的关注。1971 年，白人学生马科·德芬尼斯(Marco De Funis)申请进入华盛顿大学法学院未果，而总分成绩比德芬尼斯低的 74 名少数族裔申请者，却通过优待少数族裔的特别招生计划得以入学。于是德芬尼斯向地方法院提起诉讼，状告华盛顿大学法学院在招生时实行"反向歧视"。联邦地方法院判决华盛顿大学必须录取德芬尼斯，华盛顿大学不服上诉，认为自己是在按照肯定性行动计划规定比例，执行录取政策，拒绝实行法院的判决，最后，德芬尼斯上诉到联邦最高法院，对这一案件的审理，同样使美国的高等法院陷入了两难境地，一方面，它并不认为华盛顿大学对德芬尼斯进行了"反向歧视"，指出黑人基础较差是由于历史原因造成的，因此，学校必须采取一些照顾性措施对其进行补偿教育。如果判决华盛顿大学"反向歧视"了德芬尼斯，无疑就违背了肯定性行动计划的精神，这将削弱肯定性行动计划实施以来所取得的成就；若判决同意华盛顿大学的决定，则又否定了传统择优录取的精英原则，势必又会引起主流群体的不满。最后，高等法院采取了拖延政策，造成德芬尼斯大学毕业既成事实，该案因此自动宣告无效。而在 1978 年，巴基案引起了人们对肯定性行动计划中的配额制问题的关注。在这两起案例中，最高法院一方面认为大学的特招计划法律依据不充分，二人可以入学，但另一方面又认为在入学条件上可以考虑种族因素，肯定性行动计划未必一定违宪，最高法院的这种模棱两可的态度，以及相关法律裁决的难以定夺，加剧了人们对肯定性行动计划争议的白热化。

"209 提案"是一项策划已久，以废除肯定性行动计划为宗旨的方案。1991 年，加利福尼亚州反歧视与优待协会（Californians Against Discrimination and Preferences/CADAP）创始人格莱恩·喀斯特雷德（Glynn Custred）和托马斯·伍德（Thomas Wood），开始起草"209 提案"，提案全称是加利福尼亚民权动议（The California Civil Rights Initiative/CADAP），1993 年初步完成。1996 年 11 月 5 日，"209 提案"在加利福尼亚州以 54：46 的微弱优势票数得以通过，并于 1997 年 8 月正式生效。目前已经成为加利福尼亚州宪法第一条第 31 款，其全部内容共有八条：

（1）本州在处理公共就业、公共教育或公共合同上，不得基于种族、性别、肤色、族群或民族来源歧视或优待任何个人与群体。

（2）本款只适用于生效后的行为。

（3）本款所有的内容均不得成为限定条件，用以限定公共就业、公共教育或公共合同正常运行的合理需要。

（4）本款所有的内容从生效之日起，不得被解释为可以使任何的法庭命令或已被批准生效的判决失效。

(5)本款所有的内容不得禁止必须设立的或用于维护联邦计划的行为，不合格的计划将致使联邦不向州政府提供资金。

(6)就本款而言，它适用于任何属于本州的城市、县、公立大学系统，包括加利福尼亚大学区、社区大学区、各类校区、特殊区域或在本州境内的其他政治分支机构与政府机构。

(7)无论受害方的种族、性别、肤色、族群或民族来源如何，所接受的补偿应与当前加利福尼亚州法案规定的补偿相一致。

(8)本款将自动生效。若发现本款之任何一部分或几部分与联邦法律或美国宪法相冲突，本款将在联邦法律和美国宪法允许的最大范围内实施。任何无效的规定将从本款的保留部分处删除。①

从上述文字阐述中，我们可以看到，虽然"209提案"没有直接提到肯定性行动计划，但是，它反肯定性行动计划的主旨是十分明显的，它的第一款内容，实质就是要求取消在公共机构和项目上对少数族裔和女性的优待，第三款中提到的"合理需要"一词，就无异于为不执行肯定性行动计划的机构寻找托词。"209提案"打着的旗号是"禁止歧视与优先照顾"，主要针对的是禁止在性别与种族中实施优先照顾原则，没有反对其他领域内的优先照顾计划。并且它还以美国宪法第14修正案为由，提醒人们注意任何有违人人平等这一美国主导原则的做法都是违宪的，从而促使了"209提案"最终得以通过。

"209提案"的生效影响巨大，它引起了反对肯定性行动计划的冲击波。从1996年到1998年两年的时间内，先后有13个州提出与"209提案"相似的文件，谋求取消本州的肯定性行动计划。1998年，地处西部沿海的华盛顿州，对是否执行肯定性行动计划进行公民投票，结果59%的人同意取消肯定性行动计划。另外，科罗拉多、马里兰、密歇根、俄勒冈和华盛顿等州，也先后通过法案或制定政策，限制在大学招生、财政资助和雇佣上实施肯定性行动

---

① 华涛：《约翰逊总统与美国肯定性行动计划的确立》，载《世界历史》，1999年第4期。

计划。

"209 提案"的通过，使得少数族裔高等教育的发展严重受阻，少数族裔生源锐减。在加利福尼亚大学的洛杉矶分校和伯克利分校，这两个学生身份最多样化的精英大学，实施了废除对少数族裔学生的照顾性政策后，少数族裔生源减少了 50% 至 70%。对 1996 年秋季入学的洛杉矶分校新生采取取消肯定性行动计划的政策，致使非裔美国新生的人数从原有的 250 人降至 115 人，拉美裔学生从 761 人降至 365 人，原住民学生从 38 人降至 20 人。

同时，在 20 世纪 90 年代提出来的昂茨提案双语教育政策的新变化。1993 年参与加州州长竞选的共和党人昂茨与任职于双语教育改革委员会的塔克曼合作，提出了《公立学校学生的英语教育》提案，随后该提案被称之为"昂茨提案"（Unz Proposition）或"227 提案"（Proposition 227）。昂茨提案是继 1994 年禁止向非法移民提供社会服务的"187 提案"和 1996 年取消肯定性行动计划的"209 提案"之后，第三个在加利福尼亚州通过的、针对种族问题的重大提案。作为美国人口最多的加利福尼亚州，虽然白人已经不再占据绝大多数，但是由于历史沿袭的缘故，白人依旧在政治上把持着统治地位。在种族问题上，加利福尼亚州充当了先锋，以避免"下一个世纪的前半叶白人主流群体的强权落入少数民族之手"。"昂茨提案"着重针对美国移民的双语教育政策作出了调整。

但是，昂茨在科罗拉多州的策划行动却没能像他预料的那样大获成功。2000 年，科罗拉多州高等法院通过投票方式否决了类似"昂茨提案"的废除双语教育的提案，理由是该提案带有欺骗性，误导了学生父母的选择。除了科罗拉多州外，从美国东北角的新泽西州到东南部的迈阿密州，双语教育依旧兴盛，双语教育依旧得到了当地一些商业团体和保守的古巴裔共和党人强有力的支持，这些地方的教育体系仍在大力提倡双语教育。

双语教育的支持者认为，昂茨提案之所以能在短时期内获得成功，有五个方面的原因：一是巧妙地掩蔽了其推行种族主义的实质，他提出的颇具煽动性的口号是，"学好英语是为了学生们的未来"；二是媒体缺乏深入调查，轻信了昂茨所编撰的有关"双语教育失败"的故事，并对其大肆渲染，从而导致了他的提议顺利通过；三是双语教育机构的领导者们，包括拉丁裔在内，在这种蛊惑面前，缺乏抵制力，行动过于滞后；四是公众的犬儒主义观念，结合时下流行的一些错误观念，致使双语教育成了学校所有问题的替罪羊；五是反"昂茨提案"运动，过于依赖媒体进行反击，没有充分调动草根阶层的行动。

20 世纪 90 年代后，美国社会步入了一个相对平稳的发展时期。多元文化教育强调的内容，似乎已经不再是当前美国社会最需关注的问题。倾向于弱势群体的政府政策因为边缘群体处境的改善，而遭到了主流群体"反向歧视"的控诉，多元文化教育的可行性与合理性遭受质疑。

二、多元文化教育的实践困境

影响多元文化教育顺利发展的因素，除了上述外来因素的冲击之外，其自身的一些悖论在发展过程中也逐步开始凸显。反对者指出多元文化教育在实践层面上，认为多元文化教育违背了教育中立这一美国高校的传统原则，它与政治联系过于密切，更多地体现为"政治正确"。

首先，多元文化教育自身缺乏明确的概念体系。在众多关于多元文化教育概念界定中，最常见的有两种，一种是把民族、种族问题作为多元文化教育的焦点；另一种是把民族、阶层、性别、性取向、年龄和残疾等范畴，统统罗列在教育研究范围之内。前者代表者盖伊就曾明确指出："多元文化教育研究领域的不断扩展，其后果是忽视了这一领域的原来焦点——民族。她指出性别和阶层固然重要，然而把它们包容在多元文化教育这一标题下，会损害民族和种族作为这一领域中心问题的地位。"①而后一种界定维护者则是大部分多元文化教育工作者们认同的概念，他们认为这种定义扩展了多元文化教育概念，更能体现多元文化教育的广泛性。

---

① Marshall, L. P: *Four Misconceptions about Mulilcultutal Education that Impede Understanding. Action in Teacher Education*, 1994.

针对其概念界定的模糊性，反对者提出多元文化教育将民族、阶层、性别、性取向、残障等都纳入其中，具体教学实践似乎无法承受此重担。美国存在 276 个种族群体，而美国本土族群就有 170 个，对于这样庞杂的体系，高校很难拟定周全的教学计划。吉尼瓦·盖伊就曾指出："对多元族裔教育的另一个潜在威胁来自其内部。虽然任何教育思想，如果要经受住时间的考验，必须发展和变化，但这样的发展一定要保持在合理的限度内，并且要保持有一定程度的连续性。如果许多新的领域增加得太快，原来的概念就可能被曲解到超出识别的范围。多元族裔教育可能正在开始发生这种情况。"①

多元文化教育概念的模糊性，导致了反对者对多元文化教育合理性的攻击。巴斯纳格指出："多元文化是一个振奋人心的理论概念，它在现代工业国家从未被认真地尝试过。它行得通吗？这要看它对语言和文化保存的概念如何理解了。假如文化多元论意味着各个群体的文化都是重要的，并试图以一种不折不扣的方式予以保留，抑或是意味着阻止旧有文化的全面反抗而赞同无批判地接受新文化，那么，它注定是要失败的。另一方面，假如它意味着旧有价值与新价值的整合的话；那么，它或许反而是会成功的。"②其反对者进一步提出："如果我们以开放的心灵，平等地对待所有的文化，那么种族歧视、种族隔离和 WASP 文化至上就是正确的，因为它们也应该得到平等的对待与认可，这是否意味着多元文化教育丧失了学理依据，是否意味着该理论固有的内在矛盾不可克服呢？"③

联合国教科文组织发表的《教育——财富蕴藏其中》，这一针对 21 世纪教育发展的研究报告，就曾反驳道："许多观察家对文

① Marshall, L. P: *Four Misconceptions about Mulilcultutal Education that Impede Understanding. Action in Teacher Education*, 1994.

② Bathnager, J: *Multiculturalism and the education of immigrants.* Allyn and Bacon, 1981, p. 91.

③ ［美］威廉·A. 亨利著，郝时远译：《超越"溶锅"》，载《民族译丛》，1990 年第 4 期。

化的多元性及其在多元文化教育中的表现形式深表怀疑。他们认可种族的多样性(现今世界上有谁能否定它呢?),同时,又怀疑通过教育来加强文化的多样性,他们担心这将使不同种族的特性具体化,使种族中心主义增强,使种族冲突加剧,并使现有的民族国家解体。今天,极端的民族主义导致政治上的分裂主义和社会解体确实不乏其例,更不要说直至种族灭绝的大屠杀和因仇恨而产生的种族清洗运动。然而,种族的多样性并不会神奇地消失。因为冲突而去指责多元文化政策是对多元文化教育的误解。"①

自由主义者萨卡尼也对多元文化教育实践进行了批判:"在文化相对主义盛行时期,学者们主要关心的是使每个种族的传统文化毫无改变地保留下来。这种设想用意虽好,却太天真。现在保留下来的,是该思想中的宽容原则。"②

从以上可以看出,多元文化教育实践,所遭受的攻击主要集中在以下几个方面:学生从多元文化教育中能学到什么?谁需要它或谁从多元文化教育中获益?由谁来承担教育任务?教育应该采用什么方式更为有效?采取什么标准才能客观正确地反映多元文化?大学教育怎样才能满足不同学生的需求?教学内容如何反映美国人口的变化趋势?多元文化教育有没有一个共同认可的行为参照体系与道德规范?由谁来引导其未来的走势?由此,多元文化教育研究工作者应该尽快使多元文化教育概念体系与理论框架明晰化,需要尽早摆脱大学为"特殊的和文化不同的学生进行教学"的狭隘观点。

多元文化教育与政治领域的联系是另一个遭受普遍攻击的话语。反对者认为多元文化主义强调个人身份的独特性,切断了将各种身份的学生聚合在一起的重要纽带,引起了大学的分化。大学里倡导的多元文化教育颠覆了学术中立的主导原则。

---

① Delors, J: Learning the Treasure Within: *Report to UNESCO of the International Commission of Education for the Twenty-first Century.* UNRSCO, 1996, p. 12.

② [美]米哈利·萨卡尼著,张明德译:《现代化、文化的多元性和个性:从文化人类学角度的探讨》,载《展望》,1993 年第 2 期。

政治正确有两个基本目标，一是解构欧洲中心主义文化，二是形成与知识和真理标准相关的多元文化教育观。它主要关注的是文化资本控制的中心问题，关注的是一切不平等现象的根源，它积极投入到女权主义研究、多元文化价值研究以及各种课程分析之中。政治正确的反对者指出多元文化教育者试图以此来取代传统启蒙主义观念，指责大学成了少数族裔成员和妇女争夺文化控制权或文化资本砝码的最佳场所，指出它将反多元文化主义者统统贴上了性别主义者或种族主义者的标签，并迫使大学向政治压力低头，从而导致高等教育学术性的弱化。反对者提出多元文化教育有太多的术语和论题与个体的政治倾向密切相关，诸如"个人叙事"、"自我表述"、"文化差异"、"话语分析"、"社会文化模式"、"当代美国白人是否应对黑人的受奴役地位负责？"、"非洲文化与欧洲文化是否有同等价值？"、"是否可将'同性恋问题'列入教育内容？"等。人们常常将对这些问题的解答作为划分政治和宗教界限的重要依据。此外他们也指出政治正确限定了人们的言论自由，这与宪法中所规定的言论自由相悖。

就群体而言，反对者认为，如果说多元文化教育所倡导的"兼顾各个群体的利益"之理念具有积极意义的话，那么这是否也意味着社会上一些邪恶势力诸如法西斯组织、"白人优势"运动、三K党、各种宗教原教旨主义、民族中心主义在政治平等理念的探讨上是可以并存的。保守主义者认为，多元文化教育根本无法消除不平等现象的存在。高等教育本身是社会机构之一，既反映也维护了社会阶级、民族和种族的阶层化，学校本身就是问题的一部分，不可能从其内部激发反种族主义及社会平等精神。多元文化教育并未真正探究劣势群体受迫害的原因，反而把受害者视为问题（如低自我概念和语言缺陷等），这些依旧只是社会结构的反映。学校内部的改革是无益且无效的，应在校外寻求结构性的变革。① 在他们看来，多元文化教育没能直面教育系统以及社会中的种族不平等，而

---

① Modgil，C & Venna：*Multicultural Education：the Interminable Debate*. Faber Press，1986，p. 223.

仅仅是在课程等方面上补充文化差异、认同和自我概念等内容，是一种"装饰性的变迁"①。

激进主义者认为多元文化教育没有触及不平等的原因。他们认为多元文化教育只是一个缓兵之计，使受迫害的群体不再反抗结构上的不平等与制度化的种族主义，而这些正是产生不平等的根本原因。他们认为多元文化教育只把注意力集中于教室内的文化差异和人际关系上，这会给人们造成"所有文化同样有效"的错觉，使受迫害团体满足其既有地位，又回过头来感谢压迫他们的团体。

无论是保守派还是激进派，他们都认为多元文化教育不但不会消除反而会加固教育的分化与不平等。以美国学者迈克尔·伯林纳博士和加里·赫尔博士为代表的反对者，以"多样性和多元文化：新种族主义"为题，向多元文化教育发难，指出多元文化教育是种族主义经过政治伪装的托词，多元文化教育将种族差异基础上的"文化差异"制度化、规范化的观点奉为圭臬，会导致民族隔阂固定化、合法化、世俗化，正如美国马里兰大学的洛克教授指出的那样，"多元文化不过是试图以一种新的种族主义去纠正原有的种族主义。因为，你不可能一面教育学生你的肤色决定了你的文化认同，一面又教育学生淡化肤色认同意识；你不可能既主张多元文化主义，又希望学生对不同文化背景的个体一视同仁；你不可能既强调保持族群文化传统的必要性，又鼓励学生们应当摒弃种族观念而建立个人的自尊"。布劳迪认为，教育必须帮助学术能够在日渐复杂的社会中立足，任何人若忽略这个目标，特别是对那些比别的群体更需要接受平等教育的学生，将会造成更不平等的情况，并造成无法估量的伤害。多元文化教育将形成社会分化，阻碍对共同文化的掌握，双语教育会产生一种新形态的隔离学校，使少数族裔无法接近主流文化，这是一种"文化上的孤立"②。

---

① Verma, CxK：*Multicultural education：research problems to the UK and elsewhere.* In Husen, T, et al. (eds.), 1983, p. 109.

② Grant, C. A. & Sleeter, C. E：*The Literature on Multicultural Education：Review and Analysis. Educational Review*, 1985, p. 37.

甚至还有人指出多元文化教育过多地强调种族间的差异，几乎必然会导致种族原有阶层的稳固。按照多元文化教育理念行事，各少数族裔就可免除攀登社会阶梯之忧。因为文化多元论意味着保留文化差异，意味着各个族群处于同一地位，既然是这样，那么又有什么保持双语教育的必要呢？双语教育的实施是不是可以被认为它向以英语为母语的种族继续保持其英才垄断地位提供了极大的保障呢？

三、美国白人院校多元文化教育实践的案例研究——以美国威斯康星大学"平等记分卡"为例

随着国民日益对优质和平等教育的日益重视，这就更加要求教育工作者注重多元文化教育政策的执行。随着这一呼声的高涨，自2005 年起，威斯康星大学（University of Wisconsin，简称 UW）管理机构实施了"平等记分卡"计划。美国威斯康星大学"平等记分卡"（Equity Scorecard）计划，也称"多元记分卡"计划，该计划是一个行动研究项目，要求威斯康星大学系统所有分校必须确立一种针对所有学生享受优质而平等教育的"数据本位"评估办法，把教育平等转变为以证据为基础的领域，确立四种分类目标，检测各 UW 系统所有分校有色人种学生的教育成果。各校通过四个变量进行自我评估：入学变量（Access Indicators）、学生保持率变量（Retention Indicators）、卓越变量（Excellence Indicators）和机构的接受性变量（Institutional Receptivity Indicators），来确保学校已经达到"平等记分卡"的标准。①

（一）"平等记分卡"的缘起

南加州大学城市教育研究中心主席本斯明（Estela M. Bensimon）博士倡议对改革少数族裔教育平等问题而疾声呼吁，这

---

① UW Equity Scorecard Team：*UW System Equity Scorecard Pilot Project-Status Report*，2006(1)，pp. 3-7.

一呼吁在 2004 年得到了实质性的回应。2004 年 11 月，在威斯康星大学系统治理委员会举行的会议上，本斯明博士第一次完整地表达了他关于少数族裔大学生的教育方针、理念，以及进行少数族裔教育问题改革的决心和措施。此后，在本斯明进行的一系列竞选演讲中，他又多次阐述其教育改革观点，并提出"平等记分卡"作为缩小所有学生成绩差距的"最佳实践"的典范。① "平等记分卡"缘起于加利福尼亚州 14 所高校，建立"平等记分卡"用以解决有色人种学生的不平等识别系统，并通过"平等记分卡"建立鉴别不平等的基准线。威斯康星大学系统治理委员会对"平等记分卡"进行充分研究，决定使用指导性数据信息，并推动组织变革。同时，"平等记分卡"计划的另一作用，可推进威斯康星大学系统《2008 年规划》的目标实现，从而缩小所有学生的成绩差距，实现公平和卓越的教育成果。

2005 年 2 月，威斯康星大学校董会通过 8970 号决议，支持推进"遵循威斯康星大学系统校董会决议和缩小学生成绩差距的制度"。② 平等记分卡计划由此纳入到威斯康星大学系统的各机构战略规划中，为了实现全体学生，尤其是有色人种学生的教育权益，这一计划与当前教育多样性的倡议不谋而合。

2005 年 11 月，美国威斯康星大学董事会宣布，重申教育对实现全体学生教育平等的重要作用；研讨了知识社会和人口变化带来的挑战以及少数族裔教育和培训体系的变化和发展趋势；在总结以往缩小大学生学业成就实施教育计划和项目的成果和不足的基础上，提出了简化"平等记分卡"计划和项目执行方式的意见。③ 该

---

① UW-W Equity Scorecard Team：*University Of Wisconsin-Whitewater Equity Scorecard Interim Report On Access, Retention, and Excellence*, 2007(3), pp. 1-7.

② UW Equity Scorecard Team：*Equity Scorecard Draft Interim Report on Access University of Wisconsin Colleges*, 2009(9), pp. 1-5.

③ UW Colleges Equity Scorecard Initiative Interim Report on Retention：*The Equity Scorecard Retention Perspective: This perspective refers to continued attendance from one year to the next and/or to completion of degrees*, 2006(9), pp. 2-4.

机构将组建一个高规格的工作委员会，专门就教育"平等记分卡"进行研究，并最终在将少数族裔的教育平等问题视为基于数据的指导思想上，提出改革威斯康星大学少数族裔教育平等问题的建议，最终使所有学生获得优质而平等的教育。

威斯康星大学成立学术发展和多样性系统办公室(OADD)负责"平等记分卡"计划领导与执行。该委员会将收集数据准备，帮助教师与管理者根据不同学习者的需要体会有效教学方面的最佳经验，努力的重点是建立各利益方的协作，确保改革思路在各个层面的可行性。① 美国媒体普遍认为，该委员会的成立标志着威斯康星大学多元化教育即将发生彻底转变。

(二)平等记分卡计划的主要内容

众所周知，威斯康星大学教育平等评估数据表明学校在关注少数族裔学生的教育平等方面做了大量工作，该计划是一个以校园为基础的系统战略，为提高教育体制运行效率并重点关注种族/民族教育的不平等，从而为缩小入学和学业成绩差距的信息提供了坚实的基础。该计划的主要内容包括目标、模型以及为完成该计划的实践策略等三个方面。

(1)计划的目标。

该计划的目标分为两大部分：一为"平等记分卡"的总体目标；二为计划的具体目标。

"平等记分卡"的总体目标：此计划通过加强优质教育和保证教育公平，提升全体学生学业成就，缩小少数族裔学生的学业与成就差距，从而为参与就业竞争与成功作好准备。②

"平等记分卡"的具体目标主要有三：①意识(Awareness)，对

① University of Wisconsin-La Crosse Equity Scorecard Team：*University Of Wisconsin System Equity Scorecard Project*，2007(10)，pp. 5-7.

② University of Wisconsin System Board of Regents Meeting：*The Equity Scorecard：An Institutional Strategy to Achieve Equity and Excellence*，2005(9)，pp. 3-8.

大学多样性教育的自我评估提供一个明确的图景;②解释(interpretation):分析和整合教育不平等的意义;③行动(Action):以数据本位(而非假设)制定战略,通过具体行动实现教育公平。①

为完成以上目标应正确评估威斯康星大学内外发展教育的大环境;该计划的少数族裔学生总体发展,对教育平等的需求,以及学校满足这些需求的能力;全面统计威斯康星大学现有教育资源的利用情况,准确预测未来对教育资源的需求情况;制定出切实可行的实施策略等。

(2)"平等记分卡"的模型。

"平等记分卡"计划运用建模的方式来研究威斯康星大学教育平等的现状(见图4.3-1),该模型要求把评估数据分解到四个大的分类指标中:学生入学机会;保持率;优秀率与机构接受性。针对四个不同的变量制定不同的评价标准,而每个变量设定了三个层次的目标:基线、提高目标、平等。②

变量1:入学机会。让少数族裔学生和其他学术准备不足的学生进得去。计划认为,少数族裔学生接受高等教育问题日益受到重视,提高少数族裔学生入学机会,也是增加少数族裔学生的成功战略。

变量2:保持率。让学生留得住,计划认为高校学生保持率的变化牵涉到许多方面,包括学生服务、教学大纲和教职人员等。学生参与学生组织、财政资助调查、学校课程问题调查是计划关注的重点。

变量3:优秀率。为了实现优质的目标,计划认为教育的使命是使尽可能多的学生接受高质量的教育,通过加强优质教育和保证教育公平,提升学生学业成就,尤其是关注有色人种学生的

---

① UW-Parkside Equity Scorecard Team:*Equity Scorecard Project Interim Report on Student Access*,2006(7),pp. 4-11.

② UW Equity Scorecard Team:*Scorecard Aims to Assess Districtwide Equity*,Sep 29,2010. www. fcps. net/news/press-releases/2010-2011/equity-scorecard,2011-10-21.

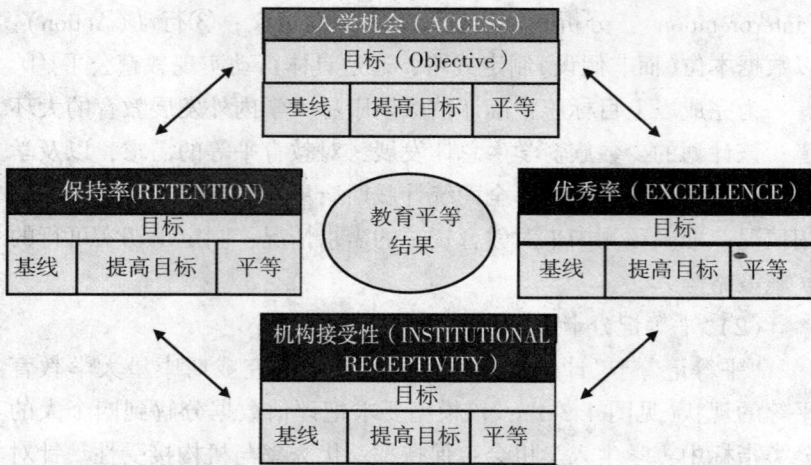

图 4.3-1 "平等记分卡"模型

资料来源：UW Equity Scorecard Team：*UW System Equity Scorecard Pilot Project — Status Report*，2006(1)，p. 3.

学业成绩进展，从而缩小学生学业成就差距，为就业竞争作好准备。从该角度出发，计划关注少数族裔学生成绩的优秀率及其毕业率。

变量4：机构接受性。其主要关注学术准备不足的学生(包括残疾学生、少数族裔学生)的学术发展环境。关注中学后继续教育有色人种学生的特殊服务，为有色人种学生提供特殊项目缩小学业差距，高等教育机构教师的种族构成是否多元化，是否与学生的种族构成相对应等要素。

威斯康星大学"平等记分卡"计划通过该模型分析现有的简单行为数据，从而能够找到有色人种学生和其他学术准备不足学生的学业表现有差距的原因，并提出一些实践策略。

(3)实践策略。

针对实现教育"平等记分卡"可能面临的各种问题，OADD 团队提出了一系列解决办法，以保证计划的成功，可归纳成15条实践策略①：

实践策略 1：收集分析分解过的学生信息，定期向公众发布。

实践策略 2：收集数据，监督绩效，确保各分校完成威斯康星大学《2008 年规划》。

实践策略 3：监督"平等记分卡"计划的执行情况，敦促他们在最短时间内使各分校所有学生达到高质量教育成果。

实践策略 4：在保证各分校达到高质量教育成果同时，要跟踪调查各分校在降低贫穷和少数族裔学生比率方面作出的努力。

实践策略 5：通过更好的学业准备、奖学金、贷款以及校级资助，增加入学机会，减轻经济负担，保持较高有色人种入学和在校学习率。

实践策略 6：协助各分校及早发现易辍学学生并帮助其完成学业。

实践策略 7：协助各分校完成平等记分卡计划及其《2008 年规划》中有关辍学、毕业和就业的既定要求。

实践策略 8：促进完成所有学生高质量教育，提高有色人种学生的毕业率。

实践策略 9：提高战略管理水平，遵守信息安全规定，培养领导能力和责任心，缩小工作人员能力差距，改善工作人员聘任程序。

实践策略 10：改进数据收集方式和绩效评估措施。

实践策略 11：利用已有的绩效资料指导项目管理和结果。

实践策略 12：通过认证、评估以及监测等方法，加强各分校的问责制度。

实践策略 13：通过改善数据使用，信息扩散以及建立稳固的合作伙伴关系。

---

① Estela Mara Bensimon：*Confronting Equity Issues On Campus*：*Implementing the Equity Scorecard in Theory and practice.* Stylus Publishing, 2012（2），pp. 208-232.

实践策略 14：宣传有关"平等记分卡"项目和实践活动的有效性信息。

实践策略 15：加强项目整合。

(三)"平等记分卡"的执行过程

美国威斯康星大学推行的"平等记分卡"计划已经 7 年，为了使该计划得以良好地贯彻实施，威斯康星大学系统校董会不断颁布各类文件予以保障。"平等记分卡"工作委员会重点考虑的改革思路是，将少数族裔学生的教育成果基于数据分析之上，通过组建OADD 团队收集数据—对成员进行教育培训—进行严密的数据分析—公布和宣传数据信息，重建和重塑教育平等成果。为保证"平等记分卡"计划的顺利实施，OADD 团队对其执行进行了严密的设计，组织了一系列的活动，多个研讨会、校园参观和一些后续活动、会议，等等。① （如图 4.3-2 所示）。

威斯康星大学系统的总校长、试点院校校长、南加州大学（USC 团队）共同领导 OADD 团队。其他成员包括教务长，教育研究、教育政策和教学方面的专家，数学系的教授担任的数据分析专家，大学行政管理人员和学生代表。OADD 团队成员构成充分表现了多元的特点，其分类涵盖了从校内学者、管理高层到普通学生之间的多个种类和层级，体现了 OADD 团队的性质和特点。数据本位不仅要求有牢固的学术基础，在数据分析方面也有非常高的要求。"证据（即实际数据），关于不平等的教育成果'学生入学机会，保持率，优秀率，毕业率……'可以对教师，行政人员，辅导员，和对其他人有强大的影响并使他们有动力去解决这些问题。"②不仅在收集数据时需要获得充分的支持，在整个工作流程中还需要有不

---

① UW-W Equity Scorecard Team: *University Of Wisconsin-Whitewater Equity Scorecard Interim Report On Access*, *Retention*, *and Excellence*, 2007(3)，pp. 1-7.

② UW Equity Scorecard Team: *UW System Equity Scorecard Pilot Project — Status Report*, 2006(1)，pp. 3-7.

UW系统校董事长&SVP	试点校长与学院院长	OADD团队	USC团队	试点团队

团队领导及团队的选择
（试点机构的领导项目）

OADD培训
(获取记分卡专业知识d)

OADD团队参观试点机构
(为期两天的研讨会中定义培训需求，了解当前数据的做法)

两天研讨会
(分析数据和重要表征，确定项目的时间表，包括试点校长两个小时的指导)

后续会议 #1
(制订指标，建立数据库，确定精细化的措施)

后续会议#2
(完成记分卡，创建报告的数据库，准备报告)

后续会议#3
(主持校园论坛公布调查数据的结果与建议)

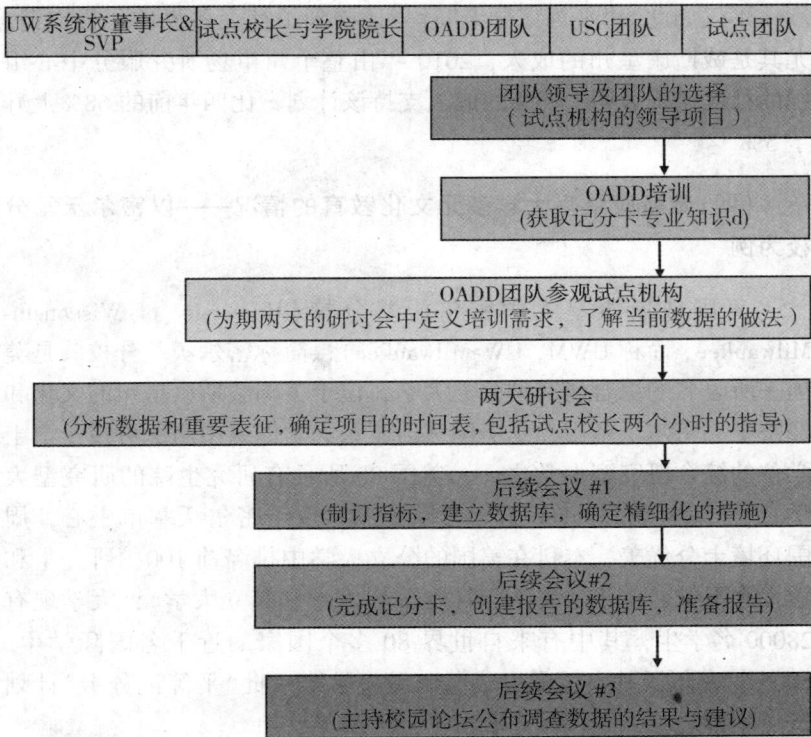

图 4.3-2　威斯康星大学平等记分卡计划的执行过程

资料来源：UW-W Equity Scorecard Team：*University Of Wisconsin — Whitewater Equity Scorecard Interim Report On Access，Retention，and Excellence*，2007(3)，p.1.

间断的学习与教育培训的机会。

　　OADD 团队为"平等记分卡"计划标准制定出一套指导原则，其目的是将平等教育的重点更多地放在作为专业人员的有效实践所必需的专门知识与技能（expertise）的培养上。这包括数据信息理解、数据分析的能力，以及在实践中运用研究证据与研究鉴定的能力，训练用实证的方式作关于实践的专业决策的能力，以及理解和

217

同化他们的专业团体的标准的能力。①

不仅如此,"平等记分卡"计划还得到了社会各界的积极支持,尤其是威斯康星州的成人,2010 年由整个州市场研究服务中心组织的社区调查表明,73%的成人支持该计划,比四年前的 68%上升了 5%。②

(四)威斯康星州大学多元文化教育的情况——以密尔沃基分校为例

美国威斯康星大学密尔沃基分校(University of Wisconsin-Milwaukee,简称 UWM,UW-Milwaukee),简称密尔沃基分校。是美国一所著名的综合研究型公立大学,位于美国威斯康星州的文化和经济中心密尔沃基市,是美国威斯康星大学体系中两所可授予博士学位的综合研究型大学之一、美国 80 所具有研究生院的研究型大学之一。UW-Milwaukee 紧邻密歇根湖,位于密尔沃基市中心,周围环境十分优美,本科在美国的公立大学中排名前 100,研究生和学术水平排名位于全美 76 名(含公立大学和私立大学),大学现有 28000 名学生,其中有来自世界 80 多个国家的近千名国际学生。2005 年密尔沃基大学成为威斯康星大学第一批"平等记分卡"计划试点学校之一,并在其间取得了巨大的成就。

第一,密尔沃基分校学生的种族构成。

在取消种族隔离贯彻之前,美国高等院校的入学制度通常强调精英原则,参照学生中学的学习成绩、学术能力测试成绩、中学校长的推荐等项内容进行择优录取。取消种族隔离政策推行后的一系列政策,尤其是肯定性行动计划对此作出的调整,增加了少数族裔进入大学的机会,使不同肤色不同种族的学生源源不断地涌入美国

---

① The Center for Urban Education: *An Overview of the Equity Scorecard*, Sep, 2011. Http://Process, cue. usc. edu/equity _ model/eqs/EqS-Overview-of% 20Phases.pdf, 2011-10-21.

② *The Center for Urban Education*: *An Overview of the Equity Scorecard*, Sep, 2011. Http://Process, cue. usc. edu/equity _ model/eqs/EqS-Overview-of% 20Phases.pdf, 2011-10-21.

各类高校。根据威斯康星大学平等记分卡执行后的数据统计分析，从 2005 年到 2010 年，威斯康星大学密尔沃基分校全日制本科生中学生总数一直递增，但白人学生一直占据绝大比例，每年所占比例均超过82%，非裔所占比例由 2005 年的 7.3% 减为 2010 年的6.2%；印第安人所占比例较少，从 2005 年的 0.8% 减少为 2010 年的 0.7%；西班牙裔与拉丁裔也有所减少，从 2005 年的 3.7% 减少为 2010 年的 3.5%；其他族裔则相应有所增加。（见表 4.3-1）根据"平等记分卡"统计情况来看，密尔沃基分校本科毕业生中，少数族裔成员数基本稳定，占总数的 17.5% 左右。

表 4.3-1　密尔沃基分校 2005—2010 年全日制本科生种族构成

全日制本科生		非裔	印第安人	东南亚	亚裔	西班牙裔/拉丁裔(一)	白人	未知	留学生	总数
全日制本科生	2010 年	1102	132	459	373	613	14663	238	97	17677
		6.2%	0.7%	2.6%	2.1%	3.5%	82.9%	1.3%	0.5%	100.0%
	2009 年	1056	122	407	345	586	13814	163	105	16598
		6.4%	0.7%	2.5%	2.1%	3.5%	83.2%	1.0%	0.6%	100.0%
	2008 年	1133	118	385	308	552	12741	109	155	15501
		7.3%	0.8%	2.5%	2.0%	3.6%	82.2%	0.7%	1.0%	100.0%
	2007 年	1068	127	344	313	551	12267		177	14847
		7.2%	0.9%	2.3%	2.1%	3.7%	82.6%	0.0%	1.2%	100.0%
	2006 年	1036	129	299	291	525	11803		188	14271
		7.3%	0.9%	2.1%	2.0%	3.7%	82.7%	0.0%	1.3%	100.0%
	2005 年	981	107	297	282	501	11163		178	13509
		7.3%	0.8%	2.2%	2.1%	3.7%	82.6%	0.0%	1.3%	100.0%

资料来源：The Center for Urban Education(CUE)：*University of Wisconsin System Equity Scorecard Project Vital Signs Worksheet*, 2012. http://www4.uwm.edu/acad_aff/climate/eqsc/index.cfm, 2012-5-21.

从非全日制学生入学情况来看，密尔沃基分校非全日制大学生的种族结构与全日制学生有所差别。据密尔沃基分校"平等记分卡"执行后的数据统计分析（见表 4.3-2），从 2005 年到 2010 年，密尔沃基分校非全日制本科生中学生总数处于一直减少的趋势，但白人学生一直仍占据绝大多数，每年所占比例为 74%，非裔所占比例由 2005 年的 14.5% 减为 2004 年的 12.1%；其中，印第安人所占比例较少，从 2005 年的 0.8% 减少为 2010 年的 0.7%；西班牙裔与拉丁裔情况从 2005 年所占比例为 5.0%；而在 2008 年、2009 年均为 5.6‰；而在 2010 年则有所减少，为 5.4%；与全日制本科生相一致。其他族裔如东南亚、亚裔学生则相应有所增加。根据"平

表 4.3-2 密尔沃基分校 2005—2010 年非全日制本科生种族构成

非全日制本科生		非裔	印第安人	东南亚	亚裔	西班牙裔/拉丁裔	白人	未知	留学生	总数
非全日制本科生	2010 年	401	24	67	65	179	2498	48	21	3303
		12.1%	0.7%	2.0%	2.0%	5.4%	75.6%	1.5%	0.6%	100.0%
	2009 年	418	27	72	74	182	2420	46	18	3257
		12.8%	0.8%	2.2%	2.3%	5.6%	74.3%	1.4%	0.6%	100.0%
	2008 年	455	30	70	76	196	2608	33	16	3484
		13.1%	0.9%	2.0%	2.2%	5.6%	74.9%	0.9%	0.5%	100.0%
	2007 年	577	27	51	86	204	2704		30	3679
		15.7%	0.7%	1.4%	2.3%	5.5%	73.5%	0.0%	0.8%	100.0%
	2006 年	523	34	73	81	193	2738		22	3664
		14.3%	0.9%	2.0%	2.2%	5.3%	74.7%	0.0%	0.6%	100.0%
	2005 年	538	30	56	71	187	2811		27	3720
		14.5%	0.8%	1.5%	1.9%	5.0%	75.6%	0.0%	0.7%	100.0%

资料来源：The Center for Urban Education：*An Overview of the Equity Scorecard*, Sep，2011. http://Process, cue. usc. edu/equity _ model/eqs/EqS-Overview-of% 20Phases. pdf, 2011-10-21.

等记分卡"统计情况来看，密尔沃基分校非全日制本科毕业生中，少数族裔成员一直占总数的25%左右，基本稳定。与全日制少数族裔本科生占比17.5%相比，在美国大学生中，少数族裔学生更倾向于非传统的非全日制入学方式。

从研究生入学情况来看，与本科生情况有所不同。根据威斯康星大学"平等记分卡"执行后的数据统计分析，从2005年到2006年，密尔沃基分校研究生中学生总数一直在递增，白人学生同仍旧占据绝大比例(见表4.3-3)，但每年所占比例均有所递减，从2005年的77.5%减少为2010年的71.9%；少数族裔当中排名前三的有非裔、西班牙裔/拉丁裔和亚裔。非裔所占比例由2005年的5.2%减为2010年的5.0%；西班牙裔与拉丁裔也有所增长，从2005年的2.6%增长为2010年的2.8%；亚裔所占比例一直为2%左右；印第安人所占比例较少，从2005年的0.5%增至2010年的0.7%。总的看来，虽然少数族裔总体数量有所增长，所占比例总额也有所改善，但"平等记分卡"的数据显示，研究生中少数族裔所占比例却一直保持在28%左右。

第二，大学生的保持率。

美国白人院校在增加了弱势群体就学机会的同时，也避免了学生辍学率的大幅下降。大学辍学率居高不下主要是由学生学习能力不足以及经济水平无法承受而引起的。多元文化教育政策在学生入学标准上有所调整，使更多的少数族裔获得进入大学的机会。根据"平等记分卡"的记载(见表4.3-4)，密尔沃基分校辍学率较高，从2005年到2010年之间，大学一年级新生的辍学率为30%，第四年则将近一半的大学生没有毕业，换句话说，大学生的辍学率已高达47%。从大学生保持率的情况来看，亚裔保持率是最高的，第四年秋季保持率为64%；白人学生第二，东南亚学生排第三，非裔学生是所有族裔当中辍学率最高的。辍学率较高的人群往往是来自低收入家庭，经济上的压力会成为不少人放弃继续读大学的机会，而提早进入劳动力市场养家糊口，也就是说，大学生辍学的根本在于"很差钱"，当然，对人生规划的模糊认识以及在学业上缺少竞争力也导致一些学生放弃自己的学业梦想。

表 4.3-3 密尔沃基分校 2005—2010 年研究生种族构成

研究生		非裔	美洲印第安人	东南亚	亚裔	西班牙裔/拉丁裔	白人	未知	留学生	总数
研究生	2010 年	201	27	39	81	111	2884	145	524	4012
		5.0%	0.7%	1.0%	2.0%	2.8%	71.9%	3.6%	13.1%	100.0%
	2009 年	214	25	40	67	99	2834	112	490	3881
		5.5%	0.6%	1.0%	1.7%	2.6%	73.0%	2.9%	12.6%	100.0%
	2008 年	218	17	39	69	88	2819	73	445	3768
		5.8%	0.5%	1.0%	1.8%	2.3%	74.8%	1.9%	11.8%	100.0%
	2007 年	222	22	27	74	83	2804		415	3647
		6.1%	0.6%	0.7%	2.0%	2.3%	76.9%	0.0%	11.4%	100.0%
	2006 年	187	33	23	60	104	2871		418	3696
		5.1%	0.9%	0.6%	1.6%	2.8%	77.7%	0.0%	11.3%	100.0%
	2005 年	194	19	19	78	97	2880		431	3718
		5.2%	0.5%	0.5%	2.1%	2.6%	77.5%	0.0%	11.6%	100.0%

资料来源：The Center for Urban Education（CUE）：*University of Wisconsin System Equity Scorecard Project Vital Signs Worksheet*，2012. http://www4. uwm. edu/acad _ aff/climate/eqsc/index.cfm, 2012-5-21.

表 4.3-4 密尔沃基分校 2005—2010 年全日制本科生保持率

新生	非裔	印第安人	东南亚	亚裔	西班牙裔/拉丁裔	白人	留学生	总数
2005 年秋季入学人数	249	20	76	53	125	2398	17	2938
第二年秋季保持率	134	15	53	41	78	1724	11	2056
	53.8%	75.0%	69.7%	77.4%	62.4%	71.9%	64.7%	70.0%

新生	非裔	印第安人	东南亚	亚裔	西班牙裔/拉丁裔	白人	留学生	总数
第三年秋季 保持率	112	13	45	39	68	1476	8	1761
	45.0%	65.0%	59.2%	73.6%	54.4%	61.6%	47.1%	59.9%
第四年秋季 保持率	87	10	39	34	54	1340	6	1570
	34.9%	50.0%	51.3%	64.2%	43.2%	55.9%	35.3%	53.4%
第五年秋季 保持率	27	5	21	23	28	840		949
	10.8%	25.0%	27.6%	43.4%	22.4%	35.0%	29.4%	32.3%
第六年秋季 保持率	43	7	28	26	36	1034	5	1179
	17.3%	35.0%	36.8%	49.1%	28.8%	43.1%	29.4%	40.1%
第七年秋季 保持率	26	4	8		11	184		239
	10.4%	20.0%	10.5%	11.3%	8.8%	7.7%	0.0%	8.1%

资料来源: The Center for Urban Education(CUE): *University of Wisconsin System Equity Scorecard Project Vital Signs Worksheet*, 2012. http://www4. uwm. edu/acad_aff/climate/eqsc/index.cfm, 2012-05-21.

另外一方面, 可以从研究生入学与转专业情况来看学生的保持率。从研究生转专业的比例来看, 如表 4.3-5 所示。由于白人学生在数量上的绝对优势来看, 在保持和转专业学生当中, 白人学生都占据着最高比例。维持在同一专业的人数当中, 白人学生占据绝大多数的比例(90.9%); 而在转专业研究生行列上来看, 白人学生占据的比例为 83.8%。从少数族裔学生的情况来看, 东南亚学生转专业比例高达 70% 以上(东南亚研究生总人数 28 人, 转专业人数为 20 人), 占总比例的 4.4%; 其他少数族裔虽然在总体学生数所占比例较小, 但亚裔、西班牙裔/拉丁裔、非裔都有超过或接近于 50% 的学生选择转专业; 而在少数族裔学生当中, 印第安学生在专业坚持性上高于所有族裔。

表 4.3-5　密尔沃基分校 2005—2010 年研究生专业坚持率

新生	非裔	印第安人	东南亚	亚裔	西班牙裔/拉丁裔	白人	留学生	总数
2005—2010年秋全日制研究生毕业人数	36	7	28	25	36	1017	5	1154
	3.1%	0.6%	2.4%	2.2%	3.1%	88.1%	0.4%	100.0%
同一专业	19	5	8	12	18	640	2	704
	2.7%	0.7%	1.1%	1.7%	2.6%	90.9%	0.3%	100.0%
不同专业	17	2	20	13	18	377	3	450
	3.8%	0.4%	4.4%	2.9%	4.0%	83.8%	0.7%	100.0%

资料来源：The Center for Urban Education（CUE）：*University of Wisconsin System Equity Scorecard Project Vital Signs Worksheet*，2012. http://www4.uwm.edu/acad_aff/climate/eqsc/index.cfm，2012-05-21.

　　从密尔沃基分校"平等记分卡"计划的数据分析，美国学生在近三十年中，人数基本翻了一番，但有着很高的辍学率，接近一半的学生毕不了业，通常这跟学生的财务状况以及就业态度有很大关系。这些辍学的学生，不仅由于没有大学学位而在就业市场上缺乏竞争力，而且还要花几年时间来偿还教育贷款，可谓双重压力加身。从另一方面来看，研究生转专业频繁，白人由于人数的绝对优势，在所有学生的转专业中所占比例最高，而从单一种族分析，印第安人在转专业的比例是最低的，而其他少数族裔学生都高于白人学生。

　　第三，毕业学生的优秀率。

　　由于肯定性行动计划要求给少数族裔学生在就业和招生中留出一定份额，有可能使原本不符合条件的人被录用、晋升或录取，这给大学和企业带来了很大困扰。根据"平等记分卡"计划收集的资料显示越来越多的贫困和非白人学生学业成就低于白人学生。黑人、西裔、美国土著的 GPA 成绩远远低于白人和亚洲人口的成绩。随着美国社会中少数族裔人口的不断增加，少数族裔这样的低学术成就给美国高等教育繁荣造成了威胁。

这样的问题在密尔沃基分校非常显著，如表 4.3-6 所示。2005—2010 年（"平等记分卡"有记录的最近 5 年），威斯康星大学，五年中白人全日制本科学生的优秀率在所有学生所占比例为 88.5%，而黑人学生的优秀率在所有学生所占比例只有 3.1%。而非裔美国人的学位获得率只有 2.2%。

表 4.3-6　密尔沃基分校 2005—2010 年全日制本科生 GPA 成绩情况

2005 年 UG 全日制学生		非裔	印第安人	东南亚	亚裔	西班牙裔/拉丁裔	白人	留学生	总数
6 年内毕业人数		56	11	35	30	57	1609	21	1819
		3.1%	0.6%	1.9%	1.6%	3.1%	88.5%	1.2%	100.0%
GPA 成绩	3.5~4.0	5	1	4	4	9	394	8	425
		1.2%	0.2%	0.9%	0.9%	2.1%	92.7%	1.9%	100.0%
	3.0~3.49	17	4	8	12	22	693	9	765
		2.2%	0.5%	1.0%	1.6%	2.9%	90.6%	1.2%	100.0%
	2.5~2.99	26	4	18	11	21	405	2	487
		5.3%	0.8%	3.7%	2.3%	4.3%	83.2%	0.4%	100.0%
	2.0~2.49	8	2	4	2	3	84	1	104
		7.7%	1.9%	3.8%	1.9%	2.9%	80.8%	1.0%	100.0%
	2.0 以下								0
	未知			1	1	2	33	1	38
		0.0%	0.0%	2.6%	2.6%	5.3%	86.8%	2.6%	100.0%

资料来源：The Center for Urban Education（CUE）：*University of Wisconsin System Equity Scorecard Project Vital Signs Worksheet*，2012. http://www4.uwm.edu/acad_aff/climate/eqsc/index.cfm, 2012-05-21.

从"平等记分卡"记录的 GPA 成绩来看，如表 4.3-7 所示。非全日制学生毕业优秀率中白人学生占据中绝对优势，优秀率学生中白人学生所占比例为91.2%；印第安人、东南亚、亚裔学生人数为0。

表4.3-7　密尔沃基分校2005—2010年非全日制本科生GPA成绩情况

2005年秋季UG 非全日制学生		非裔	印第安人	东南亚	亚裔	西班牙裔/拉丁裔（一）	白人	留学生	总数
6年内毕业人数		15	0	0	1	6	91	0	113
		13.3%	0.0%	0.0%	0.9%	5.3%	80.5%	0.0%	100.0%
GPA成绩	3.5~4.0	2				1	31		34
		5.9%	0.0%	0.0%	0.0%	2.9%	91.2%	0.0%	100.0%
	3.0~3.49	3			1	3	33		40
		7.5%	0.0%	0.0%	2.5%	7.5%	82.5%	0.0%	100.0%
	2.5~2.99	7				2	21		30
		23.3%	0.0%	0.0%	0.0%	6.7%	70.0%	0.0%	100.0%
	2.0~2.49	3					3		6
		50.0%	0.0%	0.0%	0.0%	0.0%	50.0%	0.0%	100.0%
	2.0以下								0
	未知						3		3
		0.0%	0.0%	0.0%	0.0%	0.0%	100.0%	0.0%	100.0%

资料来源：The Center for Urban Education（CUE）：*University of Wisconsin System Equity Scorecard Project Vital Signs Worksheet*，2012. http://www4. uwm. edu/acad _ aff/climate/eqsc/index.cfm, 2012-05-21.

（四）机构的接受性

1. 大学教师的种族构成。

密尔沃基分校教师可分为终身轨与非终身轨教师。从"平等记分卡"的记录情况来看，2010 年终身轨与非终身轨教师的种族构成总体情况仍然是白人教师占最高比例，77.1%；其次亚裔为13.4%；非裔为 5.2%；西班牙与拉丁裔为 3%；印第安人所占比例为 1.4%。相比 1994 年，白人教师虽在总数上有所增加，但其所占比例减少了 4%，而其他少数族裔教师均有所增加。(见表 4.3-8)

表 4.3-8　密尔沃基分校 1994 年与 2010 年大学教师种族构成变化

2010 年与 1994 年终身轨与非终身轨教师		非裔	印第安人	东南亚	亚裔	西班牙裔/拉丁裔	白人	留学生	总数
终身轨与非终身轨教师	2010	41	11		106	24	612		794
		5.2%	1.4%	0.0%	13.4%	3.0%	77.1%	0.0%	100.0%
	1994	34	10		76	14	573		707
		4.8%	1.4%	0.0%	10.7%	2.0%	81.0%	0.0%	100.0%

资料来源：The Center for Urban Education(CUE)；*University of Wisconsin System Equity Scorecard Project Vital SignsWorksheet*，2012. http://www4. uwm. edu/acad _ aff/climate/eqsc/index.cfm, 2012-05-21.

从大学教师的专业分类与种族构成来看，白人教师更多地集中在字母科学、艺术与教育学科。而非裔教师更多地聚集于社会福利、信息研究以及艺术学科；亚裔教师更多地集中在工程和字母科学学科。印第安教师、西班牙裔与拉丁裔教师由于数量稀少，所以没有表现出明显的学科趋向。(见表 4.3-9)

表 4.3-9　　密尔沃基分校教师分学科种族构成变化

终身轨与非终身轨教师学科分类	非裔	印第安人	东南亚	亚裔	西班牙裔/拉丁裔	白人	留学生	总数
建筑学	3	0		2	0	26		31
	9.7%	0.0%	0.0%	6.5%	0.0%	83.9%	0.0%	100.0%

终身轨与非终身轨教师学科分类	非裔	印第安人	东南亚	亚裔	西班牙裔/拉丁裔	白人	留学生	总数
健康科学	3	1		4	0	30		38
	7.9%	2.6%	0.0%	10.5%	0.0%	78.9%	0.0%	100.0%
艺术	9	2		1	2	57		71
	12.7%	2.8%	0.0%	1.4%	2.8%	80.3%	0.0%	100.0%
商业	0	2		14	0	35		51
	0.0%	3.9%	0.0%	27.5%	0.0%	68.6%	0.0%	100.0%
工程	0	0		25	4	33		62
	0.0%	0.0%	0.0%	40.3%	6.5%	53.2%	0.0%	100.0%
教育	15	0		2	2	51		70
	21.4%	0.0%	0.0%	2.9%	2.9%	72.9%	0.0%	100.0%
信息研究	10	0		3	0	6		19
	52.6%	0.0%	0.0%	15.8%	0.0%	31.6%	0.0%	100.0%
字母科学	3	4		20	5	281		313
	1.0%	1.3%	0.0%	6.4%	1.6%	89.8%	0.0%	100.0%
护育	6	0		3	0	29		38
	15.8%	0.0%	0.0%	7.9%	0.0%	76.3%	0.0%	100.0%
社会福利	13	1		1	1	18		34
	38.2%	2.9%	0.0%	2.9%	2.9%	52.9%	0.0%	100.0%

资料来源：The Center for Urban Education（CUE）：*University of Wisconsin System Equity Scorecard Project Vital Signs Worksheet*，2012. http://www4. uwm. edu/acad _ aff/climate/eqsc/index.cfm, 2012-05-21.

高等教育是肯定性行动计划实施的主要领域，采取的主要措施包括聘用少数族裔教师，开设少数族裔研究课程，以及改善少数族裔学生的学习环境。虽然少数族裔教师人数比例仍旧很低，但在多元文化教育政策下，少数族裔教师构成获得了很大的发展。

从现有的发展趋势来看，由于该计划的确能为学生带来好处，所以为了使该政策能够更好地延续和推广，密尔沃基分校出台了相应的政策并在经费方面予以支持。首先，不断出台有关政策予以支持。为了给更多有色人种学生提供高质量和平等学习的机会并帮助他们顺利毕业参与就业竞争，威斯康星大学出台越来越多的相关政策，提出"平等记分卡"的各种执行方案。有关机构则不断鼓励学生构成的多元化，并且密切关注学生财政资助问题。还采取了一些提高教育质量的措施，特别是向学术准备不足学生提供高等教育的服务。其次，不断调整经费的支持力度。有关研究表明只有将高校的其他资源充分利用，才能确保花费更少经费的情况下，让"平等记分卡"计划获得更大的成效，让更多的人充分认识到该计划所带来的效益。

威斯康星大学"平等记分卡"的推出，无疑为当下我国少数民族教育平等的定位，展示了一种可资借鉴的新思路，给我们的启示是多方面的。

(1)数据本位评估对于转变过去评估标准的做法具有现实意义。"平等记分卡"计划的这些评估做法是收集有色人种入学率、保持率、优秀率、就业率及其学术发展环境，进而分解为直接测量受测者的行为表现，观察学生表现或学生学业成就，目的在于更真实、更公正地评估学生与学校的成就。数据本位评估在于发展教育平等实现的具体指标，以作为评估威斯康星大学各分校是否达到教育平等的客观依据。那么如何评估出各校教育平等的实施情况，评估出学生学业成就与既定目标之间的差距，寻求补救与改进之道，便成了当务之急。各种评估方法，如收集数据、分析、绩效、档案评估方法，可见一斑。这些方法的共同特点是重视学术准备、学生个别需要、能力和兴趣，强调学生真实生活表现，师生、行政管理人员共同参与评估过程，帮助学生了解自己的学习成就。

(2)唯有各方合作才能成功。"平等记分卡"计划的成功需要相关利益方的紧密合作。因此，与之相关的各方都有代表进入"平等记分卡"的 OADD 团队。威斯康星大学各分校与总校、各分校之间、与外界建立了广泛而紧密的联系。2011 年，OADD 发布了一份简报，宣布其将改革平等记分卡执行问责制度。为了帮助更多分校达到新的标准，简报推荐了一些做得好的样板学院，这些学院在跟威斯康星大学系统建立紧密联系、加强 OADD 团队成员教育与培训、提高数据分析与绩效分析水平等方面走在了前面。OADD 团队将考察这些示范学校的执行特征和核心要素，评估相关研究，并就这些特征与核心要素怎样获得政策与经费的支持提出建议，最终将它们的经验推广到更多的地方，从而普遍形成一种追求卓越的文化。OADD 团队还专门成立一个专门小组来负责"平等记分卡"执行过程的调整，以支持基于教育"平等记分卡"的各项实践项目。另外，OADD 团队还选择一些分校实施改革试点。

（3）作为我国 21 世纪的现代校长，应对学校的发展进行战略性的思考和不断反思实践，进而促进学校整体效能的持续提升。要经常对学校既定的发展目标、校长责任进行自我反思，不断调整校长角色，积极创造一种以学生高效学习、教师高效工作、有创新精神、洋溢着浓厚文化氛围为特征的学校环境。校长一切活动的主题，都应是围绕提高学生的学业成绩，培养学生成为有价值的合格社会公民而展开。为每一个学生提供公平、民主的学习氛围，解除他们思想上的顾虑和心理上的压力，善于发现学生的闪光点，保障学生的学习需求、兴趣和潜能得到最大限度开发。建立有效激励机制促使教师不断地学习和进行教育教学科研，加强学校与社区的合作和家长的联系，推进素质教育和物质文明、精神文明建设，充分发挥学校的教育基地作用，提高家长参与办学的积极性以及自身素质和家庭教育水平。

第四节　被遗忘的黑人女性高等教育

在美国高等教育民族不平等问题中，特别值得关注的是美国黑人与土著女性在高等教育就学机会与学业完成率的历史与现状。探索"学校一体化"运动进程中美国高等教育的发展，不可忽视美国少数族裔女性在这一进程中的困苦与奋斗。

美国黑人女子在追求高等教育的道路上则经历了社会对女性与

黑人的双重社会歧视。黑人女性的高等教育发展过程是与黑人女性为争取黑人解放、黑人种族提升的斗争历史密不可分。在黑人女性奋斗获得高等教育机会的历史上，涌现了一批出色的黑人女性，特别是在那些早期女子学院中学习的女性，她们中的许多人都成为了那个时代的精英妇女。但尽管如此，发展至今的美国黑人女子高等教育依然是机遇与挑战共存，黑人女性的学术进步道路上的各种问题还有待学界关注与解决。

一、取消种族隔离前的黑人女子高等教育

南北战争前，所有美国黑人无论男女都和美国白人女性一样被社会歧视，并认为他们智力上弱于白人男性，因此，这两类人都无法接受高等教育。但是，社会上也有人提出，至少应该给予这两类人一些特殊的教育以使他们能在属于他们的社会地位上更加称职。"黑人教育"（Negro Education）和"女子教育"（Female Education）便开始在美国开展，但必须看到，这两类教育的初衷是要巩固这两类人在美国社会中的从属和弱势地位。美国奴隶制度废除以前，美国"女子教育"的范畴中是不包括黑人女性的，给予黑人妇女的有限教育也只属于"黑人教育"的范围。当时，教育黑人的目的是为了培养他们的"道德"，从而能更服从于美国白人的统治。因此，许多声望较高的黑人高等学术机构都由美国传教士联合会创建。在课程设置上包括了一些古典学科，但其真正的目的是要通过对黑人的教化以实现对他们的控制。

随着 19 世纪 30 年代美国北方奴隶制度的废止，许多黑人报纸、学校和其他自助性的组织在北方纷纷建立。由于北方黑人妇女数量的增加，她们开始建立独立的互助社团。"姐妹联合会"（The Sisterly Union）以及"非洲妇女联合会"（The African Female Union）等美国黑人妇女组织就成为了当时为患病的或者有其他困苦的黑人妇女提供帮助的机构。① 19 世纪三四十年代，美国北方的自由黑人

---

① John Mack Faragher & Florence Howe：*Women and Higher Education in American*. W. W. Norton & Company，1988，p. 25.

通过争取获得了进入大学接受教育的可能。与此同时，只对白人女性开放的女子学院纷纷建立。但是，美国早期的女子学院，如特洛伊学院等都一直将黑人女性拒之门外。最早向黑人女性开放的学校正是美国历史上第一所实行男女同校制的奥柏尔林学院。1833年，奥柏尔林学院决定按照和白人男性相同的标准招收白人妇女和黑人，同时，这所学院也成了备受争议的学校。在重重阻力下，奥柏尔林学院培养了许多黑人大学生，他们中既有男性也有女性。

在美国南北战争前期，"种族提升"是所有黑人共同期望的目标。但战争过后，美国黑人妇女相比黑人男性更多地坚持将这一理想进行下去。19世纪八九十年代，许多刊登在颇有影响力的美国黑人杂志《非洲卫理公会派教会评论》（A. M. E. Review）上的文章，都以"我们的女儿应当接受教育吗"、"家庭主妇"以及"妇女地位已经提高"等为标题，大肆地鼓励黑人妇女回到家庭，或者仅接受为培养儿子成为优秀男性的教育。19世纪90年代是这些黑人女性主义运动领导者们最活跃的时期，她们的着眼点是在整个黑人女性上，但也有一小部分黑人女大学生意识到了联合白人女性以及南部重建时期涌现出来的进步黑人男性的重要性。尽管美国黑人女性在这一时期积极进取，但她们在高等教育领域的收获并没有和她们的投入成正比。到1890年，只有30位黑人女性获得了学士学位，但与此同时，却有300多位黑人男子取得学位，白人女性获得学位的人数则更多，超过了2500名。教育的不公正导致美国黑人女性在职业选择上的弱势。1900年的统计报告显示，96%的黑人妇女从事家务劳动或农业劳作。

19世纪末，美国黑人女子高等教育史上出现了一位关键人物：美国黑人女教育家莱尼（Lucy Laney）。莱尼1854年出生在乔治亚州的自由黑人家庭，后就读于美国传教士协会创办的学校。1863年，毕业于美国亚特兰大大学第一期师范班。1866年，在美国长老会传教团委员会（The Presbyterian Board of Missions）的资助下，她在乔治亚州的奥古斯塔创办了海恩斯师范与工业学校（Haines Normal and Industrial Institute）。1899年，莱尼在美国汉普顿黑人会议上发表演讲时谈到了黑人女性所处的特殊困境。她在演讲中提到了"黑人知识女性的重任"，再一次强调了黑人知识女性对"种族提升"的作用和意义。

莱尼的这些观点，在之后的几十年中，一直是黑人知识女性前进的有力指导。在办学方面，莱尼曾经试图将她的海恩斯师范与工业学校办成一所女校，但最后由于种种原因，这所学校还是实行了男女同校制。19世纪末，美国黑人社团中出现了许多致力于黑人女子教育的知名教育家和人士，一系列为培养黑人女性而创办的黑人学校在美国诞生。

19世纪，美国黑人女子高等教育的发展历史同当时美国黑人解放运动有着密切的关系，它也反映了美国黑人团体中性别角色的复杂性。黑人经历的压迫和歧视导致了19世纪大半个时期美国黑人对传统性别的模糊化。这种状态一直持续到19世纪末期，对整个黑人种族的压迫促使黑人团体给予了黑人女性更多的提倡平等主义的机会。然而，一旦黑人种族得到"进步"，父权制就开始成为了主导，因为在美国主流社会中，男人是整个家庭的领导者、思想家以及经济支柱，任何事都无法妨碍男人成为"真正"的男人。①这种所谓的"主流思想"的影响极大地阻碍了美国黑人女子高等教育的发展。

美国早期女子学院，特别是七姐妹学院被公认为是培养美国最成功女性的模范学校。在20世纪以前，七姐妹学院一直被视为培养中产阶级以上的白人妇女精英的摇篮。美国南北战争以前的早期女子学院就已经开始招收黑人女学生。在这一时期，有500多名黑人妇女从这些学校毕业。美国女子学院20世纪前就开始招收黑人女学生，但也有一些学院是在几十年后迫于社会的压力才开始招收黑人的。通过对美国黑人在早期女子学院，特别是著名的七姐妹学院中的学习历程的研究，可以进一步清晰地理解美国主流社会对种族问题的诠释以及学校中的种族歧视问题对全体美国黑人妇女的影响，同时也可以看到美国黑人妇女为赢得合法公民身份而进行的各

① John Mack Faragher & Florence Howe: *Women and Higher Education in American New York*. W. W. Norton & Company, 1988, p. 87.

种不懈努力与奋斗。另一个值得研究的问题是，作为美国女子高等教育先驱的早期女子学院在招收黑人女性问题上却表现出了有悖于其创造社会公平的原则。

就种族政策而言，美国早期女子学院并没有一个统一的标准。有几所学院在 20 世纪之前就已经开始接收黑人女性入学，也有一些学院迟迟不肯为黑人女性开启大门，几十年积累的巨大压力才迫使它们开始勉强接受黑人女学生。尽管这些学院开始接受黑人女学生，但这些学院对黑人女学生的歧视，特别是住宿上的歧视是普遍存在的。即使黑人女学生被接纳入住学校，她们的住宿区还是同其他宿舍楼隔离开来。1927 年，史密斯学院校长尼尔森曾告诉一位黑人女学生的家长，虽说学校在法律上是没有权利排挤有色人种学生的，但学校还是建议家长为了黑人学生好而让她们住在校外。

美国黑人女学生在早期进入大学接受教育时曾受到种种抵制，但是那些就读并毕业于早期女子学院的学生都一致声称不后悔自己的学习经历并愿意在相同学校再读一次。她们中许多人的女儿和外孙女都继续在她们曾经就读过的学校学习。这些女性尽量使自己在学校里受到的歧视对自己的影响变得最小化，坚信获得学位才是她们首要的任务。社会和学校对她们的歧视，尤其是住宿方面的歧视，并没有使她们望而却步。她们中大多数是尖子学生，活跃于校园的各种活动中。此外，更重要的一点是，她们在校期间还与不同种族的学生建立了终生的友谊。尽管如此，并非早期女子学院的所有黑人女生都有着相同的感受。研究表明，一些早期女子学院的黑人毕业生都不愿意提起她们在校期间的生活和学习。虽然大学的教育可能让她们拥有了收入不菲的工作，但是她们却都认为其在校期间受到的非礼待遇不堪回首。

从 20 世纪开始，就读于女子学院的美国黑人女性人数不断上升。这是以美国全国有色人种协进会为代表的黑人权利维护者与女子学院管理层不断斗争、协商的结果。与此同时，公众的谴责和媒体报道也把该问题推到了前沿。尽管那些最开明的女子学院在为美国女性争取获得公平的高等教育上作出了非凡的贡献，但这种公平是有种族前提的，即主要面向来自中产阶级以上的美国白人女性，因此，这些学校中的种族平等问题仍然值得商讨。在黑人女生入学初期，多数学校拒绝把黑人学生同白人学生安排在同一住宿区中，这从许多方面折射出了当时整个美国社会对待黑人的不公平做法。此外，黑人妇女常被社会种族观念给束缚，例如，教师们的推荐信中总是会提到某某学生是一位极其聪明的"有色或黑人"学生。大学学生事务的记录中也常常会写道："受过良好教育，思想成熟，并有希望成为种族的领导人。"①这些都反映了学校和社会对她们的种族偏见。

当然，对于多数能就读于这些学院的美国黑人女性来说，能在七姐妹学院等美国精英女子学院深造本身是一段很有价值的经历，它鼓舞了下一代黑人妇女继续跟随她们的足迹。

二、"学校一体化"运动中黑人女子高等教育的发展

(一)20世纪前半期的美国女子高等教育

20世纪前半期，美国黑人妇女追求高等教育有一个突出的现象，那就是她们的使命感。此外，她们追求高等教育的一个现实动机就是为将来就业作准备，因为，她们深感工作能使她们有体面的生活。美国黑人女子接受高等教育的谋生需要和另一个高尚的目的：提高种族的地位相辅相成，使黑人摆脱种族歧视和隔离，最终走向平等和自由。在这一代的美国黑人女性的脑海中，深深烙有黑人享受不平等待遇的痛苦历史记忆，因此，她们时刻牢记自己的誓言和责任，努力成为能接受高等教育的人。

总体来说，20世纪前半期，美国黑人女性高等教育有两大主要培养目标。第一，为美国黑人学校培养大量的教师。20世纪前半期，同美国白人学校的办学标准相比，黑人大学和其他黑人学校的教职员工数量明显不足，称职的黑人教师严重短缺。教师资源的短缺赋予了美国黑人女性从事教学的使命。同时，也促使许多黑人

①　Angela Davis：*Women*，*Culture & Politics*. Vintage，1990，p. 78.

女性进入当时的 17 所美国黑人赠地学院学习，其中也包括一些并没有取得中学毕业证书的女性。1928 年，14028 名黑人因获得高中毕业证书而被直接批准进入大学学习，其中女性占 64%，而通过大学入学考试获得进入大学学习的黑人中有 73% 为女性。[①] 在 1920 年至 1930 年的 10 年间，美国黑人女性比黑人男性获得了更多的大学学位，这也是 20 世纪前 50 年整个黑人高等教育的一个显著特点，与之形成对比的是，同一时期美国高等教育中白人大学生的情况正好相反。

因此，很多美国黑人女性上大学是为了获得教师证书，从而当教师。她们的这种愿望带有很强的利他动机，因为，大量的没学上的黑人孩子等着她们教育。教师成为当时人们广泛接受的女性职业，教师这个职业之所以如此受到美国黑人女性的青睐，除了因为教师的匮乏，还有其他方面的原因。首先，年轻的女教师可以获得受人尊重的社会地位，教学的收入还能够改善她们个人的经济状况；其次，拥有了教师职业的黑人女性可以不用去白人家庭当保姆，可避免每天和白人打交道所受到的羞辱；此外，黑人女教师在黑人中拥有令人羡慕的地位，教师这个职业可以使她们暂时忘却由于种族隔离带给她们的低人一等的社会地位。

第二，为培养黑人女大学生的家政学知识，在一些黑人社团领导人的心目中，家政学知识的培养是仅次于教师培训的第二大需求。因此，在黑人大学中，专门针对女性的家政学课程经常比针对男性的农业和机械课程发展得迅速、有效。黑人女大学生要学习营养学、缝纫、家务管理、伤病护理、干洗以及其他家政科目。20 世纪前半期，许多黑人女大学生希望成为家政代理人，毕业后可以到偏远的农村家庭中做孩子们的家庭教师或从事其他看管护理工作。这种注重家政学的办学方式符合当时美国社会的职业市场需求，黑人女大学生过分重视家政课程的学习使她们忽略了其他学术专业课程的学习。尽管黑人社团领导最初决定培养女性家政能力是

---

① Mary P Ryan：*Womanhood in America From Colonial Times to the Present.* Franidin watts，1983，p. 46.

期望她们今后能为黑人社团服务，但事实上，她们中的许多人没有去黑人家庭工作，而是为白人家庭提供了服务，这也有悖于课程设置的初衷。黑人女性高等教育之所以在其发展过程中偏离了为黑人社团服务以及培养黑人女性学术能力的初衷，其主要原因还在于当时美国社会对黑人的种族歧视问题依然严重。黑人女性在这一时期的职业机会确实十分有限，她们仅有的职业选择只有教师和家政管理人。

无论在历史上还是在当今社会，美国的国家政策对所有美国黑人的生活产生了直接的影响。在美国黑人女性高等教育发展史上，国家在政策形成和改变的过程中，都尽力给易受歧视的群体创造各种机会，这一点不可忽略。1890 年的《莫雷尔法案》提出为美国黑人专门开设赠地学院。该法案的初衷是为黑人创设更多的接受高等教育的机会，但事实上，该法案的实施从另一个方面更加强化了美国黑人与白人的双重教育体系，该教育体系的影响一直延续到了 20 世纪 20 年代。1938 年，美国高等法院的新决议提出，如果某个州在黑人高等院校无法为黑人提供和白人完全相同的教育，那么白人学校就可以录取黑人学生。1954 年，美国高等法院宣布废除公立中小学中的种族隔离制度。20 世纪 60 年代，美国立法的各项决议都在高等教育方面影响了黑人和女性。1964 年的美国民权法明令禁止由于种族、肤色、地域以及性别方面的原因对公民实施就业歧视。

（二）20 世纪后期的黑人女子高等教育

20 世纪 60 年代的美国黑人革命，标志着美国黑人运动迈出了具有历史意义的一大步。1964 年的《经济机会法》以及 1965 年的《教育法》为美国黑人创造了新的受教育的机会。这些法案带来的第一个好处，就是过去对黑人实行隔离政策的美国大学纷纷向黑人学生开放，这使黑人大学生的入学人数迅速增加。在 20 世纪的前 50 年中，大多数的美国黑人学生在黑人大学中学习。到 20 世纪后期，已经有超过 70% 的黑人学生进入白人占多数的大学读书。此外，居住在美国各地黑人社区中黑人学生有许多都进入两年制的专科学校学习。①

人们往往将接受高等教育和成功的生活联系在一起，在普通人的眼中，成功的生活是指获得高等或专业的学历、体面的工作、丰厚的收入和美满的家庭生活，最起码应该能为其所在的特定社会阶层服务。由于有着更强烈的提升黑人种族地位的历史使命感，美国黑人女大学生学习非常用功，因此，在学业成绩上经常超过男性，这点不仅表现在中学，到了大学更是如此。获得学士学位的黑人女大学生的人数超过了男性，这本应该与高收入和良好的地位相匹配，但事实上，美国黑人男性比女性有更高的社会地位。此外，美国黑人女性不仅在社会地位上处于劣势，她们在工作成就和工资待遇等方面和男性也有很大的差距。同时，优秀的黑人女大学生在无形中成为了黑人男性发展的威胁。由于美国社会残留的种族隔离和歧视，美国黑人男性在整个社会中的竞争实力十分有限，因此，一些缺乏种族整体提升观念的黑人男性将黑人女性视为竞争对象。

随着越来越多的工作机会向美国妇女和黑人开放，黑人女性从过去过于集中的教育行业开始向其他非传统的、工资待遇更好的行业转移，而黑人男性在这方面并没有黑人女性转变得快。在数学、法律、计算机科学和经济管理等专业中，获得学士学位的黑人女性的数量和男性相当，有些甚至超过了黑人男性的数量。1980年、1981年度的统计数据显示，在所有美国黑人获得的专业学历中，女性占44%；在法律和医学专业的黑人毕业生中，大约40%是女性。美国政府还不断地制订帮助美国黑人女性参与高等教育的计划和战略。这些计划和战略包括鼓励黑人女学生积极参与大学的学术生活、多为她们创设学术发展的机会以增加她们获得学术成功的几率、帮助她们克服学术上的困难和不足、为她们提供财政援助、提供她们与高级院系以及研究者合作的机会，从而获得学位等。

在1950年至1980年的30年间，有大学学历的黑人女性在就业方面取得了很大进展。随着工作机会的增多，美国黑人女性进入了几乎所有的专业领域。到1980年，在医学、建筑、管理、科学

---

① Angela Davis：*Women*，*Culture & Politics*. Vintage，1990，p. 73.

和工程学领域的美国黑人女大学生和黑人男性基本持平；在所有黑人科学家人数中，女性超过了33%，而在数学科学领域，黑人科学家的77%是女性，全美女科学家中有15%是黑人。

但是，相比这些20世纪早期的美国黑人大学生，当代的美国黑人学生没有惨痛的历史记忆，也没有利他主义的动机，不明确黑人团体的集体目标，"使命动机"的明显缺失存在于当代的黑人学生中。他们看重的是教育的利己价值，一方面，白人学生和黑人学生是相同的，正像许多社会评论家所谈到的，当代的大学生缺乏理想主义，他们追求的是物质上的富有。事实上，黑人解除种族隔离的时间并不长，他们依然生活在一个有种族主义倾向的社会中，依然需要每一位黑人都富有责任感并掌握一定的领导艺术，当绝大多数受教育的年轻人变得对使命感和种族地位的提高麻木时，他们的前辈通过斗争所取得的成果就面临丢失的危险，因此，现在仍然需要受过教育的有领导能力的黑人包括黑人女性进一步争取黑人的群体利益。

三、黑人女子高等教育发展中面临的问题

在美国黑人女子高等教育不断进步的今天，对于在高等教育领域中学习、研究和工作的美国黑人女性依然存在着许多不利因素。这些因素既反映出整个美国女子高等教育发展中的共性问题，也表现出黑人女性特有的困难。

(一) 影响黑人女子高等教育发展的因素

第一，黑人女性在大学管理层得到的职位远远不及黑人男性和白人女性。尽管她们在教育领域有很多先行者，但她们很难被晋升为大学的管理者。黑人在大学教职员工中所占比例很小，1983年，仅占所有大学教师人数的4%，而且多数都在最底层的职位，晋升的机会又很少。在这少量的黑人大学教师中，黑人女教师更是凤毛麟角。[1] 种族歧视加上性别歧视致使美国黑人女性被排除在大学教

---

[1]　Angela Davis：*Women*，*Culture & Politics*. Vintage，1990，p. 68.

师的行列之外，这两股力量把黑人女教师推向了大学的边缘，使她们有了被边缘化的危机感。白人女性和黑人男性也不是她们的联盟，黑人女性在大学中是没有权利的少数派。即使是在黑人大学中，黑人男教师对她们也有性别歧视。

第二，美国黑人女性的生活方式也成了黑人女性在高等教育领域前行的障碍。独身或单身母亲是几代美国黑人女性在黑人社区中的主要生活方式，且她们的生活状况一般较差。这种情况也存在于大学女性中。从1940年起，配偶双全的黑人家庭所占比例呈直线下降趋势，从1975年的77%一直下降到1980年的54%，34%的黑人女性终身未婚。所有进入大学的黑人女子都知道，她们为此可能付出的代价是一辈子单身。高等教育中的黑人女性无论在专业成绩还在职业成就上都较男性有优势，但她们在专业和职业方面地位的提高却给她们带来了矛盾、困惑甚至恐慌，因为她们使自己成为了"另类"，在寻找伴侣时不受黑人男性的青睐，而跨种族的约会和婚姻主要发生在男性身上，因此她们为此付出了代价——失去了约会和婚姻的机会。可见，个人在学业和职业上的成功给黑人女性的生活造成了负面的影响，它不仅导致了她们对单身的恐慌，而且在她们与白人男女竞争工作机会时还形成了一种心理上的负担。

（二）高等教育领域对黑人女性的不公正待遇

随着越来越多的黑人女性进入高校学习，她们不同于白人女学生的经历也日益受到关注。黑人女性在高等教育领域遭受的不公正待遇主要包括以下几方面：

第一，高等教育对黑人女性的排斥仍然普遍存在。在多数美国大学，黑人女学生普遍有孤独感和身份危机感。这样一种被排斥感存在于文化及其他各种差异中。这种排斥感表现在种族、社会地位、阶级、性别、宗教、语言，甚至着装这些文化的基本形式上，黑人女学生会感到不被接纳。人们普遍会以白人的价值观去看待这个问题，认为是黑人文化的偏差导致这样的结果。这也是造成所谓"优势文化"和"劣势文化"之说的一个原因。此外，多数学校在设置学习科目时也没有把种族差异充分考虑进去。科目大多数以本民族为中心，且忽视民族多样性的存在。例如，一些白人女大学生认为女性受到压迫的直接原因来自家庭。因此，只有打破现存的家庭制度才能取得男女之间的平等。然而，这种言论显然对黑人女性构成了威胁，因为对她们来说，家庭是最感觉不到种族歧视的地方。在家庭中，她们被尊重，有安全感和归属感，并能够感受到自己的价值，而这些在外面的世界里是感受不到的。另外一个黑人女学生受到排斥的方面在于人们对工作的看法。一些女性主义学者认为，女性要获得自由，关键在于离开家并外出工作。但她们忽略了一点，大多数黑人女性都是职业妇女。其实，关键在于黑人女性从事的大多是家庭女佣之类的工作。这类工作既不能帮助她们摆脱对男人的依赖，也不能让她们在经济上获得独立。这部分黑人女性才是真正被孤立了的，她们的工作经历不被认为是有价值的，人们也不认为她们是在为社会作什么贡献。白人社会总是以白人既定的眼光去看待事情。黑人的世界不过是白人眼中的黑人世界，以白人的方式理解黑人问题。总之，白人女性仅仅将注意力放在女性被压迫的事实上，而忽略了在这个事实中存在的种族、性别、阶级和年龄的差异。

第二，白人对黑人种族的传统观念也对黑人有很大的影响。这些传统观念的部分根源来自白人主流文学作品中一贯的黑人形象。黑人女性无法改变这种被错误理解的事实，因此，一直遭受着不公正的待遇。黑人女性性格上不公正的形象也就顺理成章地被宣判为应该被男性统治的学术界所排斥。尽管很多进入高等教育机构学习的黑人女性十分出色，但人们仍然对她们抱有偏见，认为她们有弱点而无法在学术界立足。美国社会应该倡导以更广阔和积极的角度来看待每个黑人女性的文化身份，而不是盲目地以固定的观念去看待她们。

第三，学术界的语言是由白人、中产阶级和男性作为关键词带领的。在这样学术氛围里存在着等级制度，等级的界定是由中产阶级白人男性决定的。在这里，语言本身就可以被认为是一种特殊的抵制外来文化的标志，白人精英语言将女性排斥在外。有色人种的文化和语言被看成是对白人习俗的一种偏差，从而导致了黑人女性的思想被认为是无足轻重的。从这一点来看，所谓的知识分子语言应该被重新定义。重新发现，重新解释和重新分析黑人女知识分子的学术成就，将有助于重新定义知识分子话语的内涵，有助于促进黑人大学女性更多地参与主流学术活动。

第四，学术界的领导层长期缺乏黑人女性的参与。在学术界存在着权利不均现象，黑人女性一直在权利有限的职位上工作，她们的意见和想法也很少被采纳。过去的经历不可避免地影响着人们受教育和学习的过程。在多元文化的美国，有来自不同文化背景人的观念、思想和经验，例如，接受黑人女性带来的世界观、价值观将有助于通过差异分析和理解，也为主流学术和文化提供新的视角。

第五，从19世纪三四十年代开始，美国黑人女性获得了进入大学接受教育的机会；尽管困难重重，却在不断发展。美国黑人女子高等教育在南北战争之后得到了发展，但其速度和白人学校相比仍是可望而不可即。20世纪60年代，美国的肯定性行动计划对扩大少数族裔的高等教育机会确实发挥了重要的作用。肯定性行动计划降低了美国少数族裔学生入学的门槛，从而为少数族裔学生提供了通过学业升迁的可能。然而，肯定性行动计划也遭遇到了美国白人主流社会的重重阻力。从20世纪70年代开始，各种状告大学实施"逆向种族歧视"的起诉时有发生。应该指出的是，美国解决少数族裔高等教育问题的政策措施，都是在美国历史上的各种民权运动与社会压力下制定的。从某种意义上说，这些政策与计划等都是政府非自愿的行为，因此，这些政策经常随着各种社会、政治因素等影响而时有反复。

第六，美国少数族裔女性长期以来都无法完全"融合"到主流白人高等教育，这也是美国少数族裔高等教育发展历程中的主要问题。其原因在于，种族歧视和性别歧视对美国少数族裔女性的双重压迫。美国高等院校内部种族冲突时有发生，种族歧视未有改善，少数族裔学生的发展环境也未发生大的变化。为了保护自尊、减少来自白人学生的伤害，少数族裔学生要求使用专门的宿舍和其他教学服务设施的呼声越来越高。正如一些美国学者所言，美国少数族裔高等教育所面临的问题，正在由以前的"隔离而平等"走向"平等而隔离"。与此同时，改变大学课程设置中出现带有种族差异性特征的课程，美国许多大学都将传统的西方文化以及少数族裔研究课程改设为多元文化或跨文化课程，将白人主流文化与少数族裔研究融合为一门课程。

第七，美国的一些专供少数族裔就读的院校，例如，多数黑人学院等的管理权力大多仍在白人手中，黑人和原住民在这一阶层的数量很少，难以维护黑人和原住民学生的利益。白人政府也通常默认种族歧视的存在而忽视黑人和原住民为争取他们的合法权利所作的斗争。

总之，包括女性在内的美国少数族裔高等教育的学术水平、教育规模、课程设置、学生就业等方面的进步和发展为今后的道路作了铺垫。它至少产生了以下三点影响：首先，美国社会开始普遍关注少数族裔女性高等教育了。在美国成立了不少救济协会和机构，这些团体在不同程度上都致力于这方面的高等教育事业。其次，一些专门的高等教育机构，如黑人院校的建立和发展也为美国少数族裔高等教育获得其合法的政治权利创造了条件，因为高等教育赋予了他们批判意识和文化知识，使得他们清醒地意识到自己面临的社会现状，从而寻求权益改善。最后，美国少数族裔女性为获得高等教育而作的斗争已经成为了美国高等教育史不可缺少的一部分，为美国高等教育的完整性作出了自己的贡献。

第五章 结 论

第一节 美国"学校一体化"运动取得的成就

多年来，"学校一体化"运动极大地推动了美国少数族裔教育的发展，对改善少数族裔的社会经济地位发挥了积极的作用。根据《美国新闻与世界报道》杂志 1995 年的调查，1965—1995 年，美国黑人家庭达到中产阶级水平的比例从 18% 上升到 40%，黑人在管理和技术领域中的就业率增加了两倍。而且，"学校一体化"在很大程度上缩小了少数族裔与白人间的差距，缓解了种族矛盾。

20 世纪上半叶，美国全国有色人种协进会（NAACP）通过一系列针对教育中种族隔离的法律诉讼，黑人以及其他族裔群体终于赢得了历史性的胜利。1954 年联邦最高法院在布朗诉托皮亚教育委员会一案中的关键性裁决，标志着 20 世纪的黑人教育开始进入了以取消学校种族隔离为特征的时代，尤其是 1964 年《人权法》的颁布，使"学校一体化"运动的进程在 20 世纪 90 年代中期达到高峰。随着"学校一体化"运动的推进，少数族裔群体教育也取得了前所未有的成就。这些成就既表现为少数族裔群体在各级各类教育机构中入学率的提高，又表现为黑白教育成就差距的不断缩小。从高等教育角度而言，1900 年接受高等教育的黑人为 1700 人，1944 年为 4 万人，1970 年为 52 万人，1992 年为 139.3 万人。[①] 1940 年 25～29 岁年龄组中完成四年及四年以上高等教育的黑人的比例为

---

① Eilliam H. Gray, Ⅲ: *The Case for All-Black Colleges*. http://www.accesseric. ors/resourceslericreinew/vol5no3/black. html.

1.6%，取消种族隔离后的 1970 年这个比例上升到 7.35%，1990 年为 13.5%，1998 年进一步增长到 15.6%，①而且 20 世纪 90 年代黑人在整个高等教育系统中所占的比例达到 11%，② 接近黑人人口在美国人口中所占 12.7%的比例。而在中等教育方面，黑白学生之间高中毕业率的差距从 1971 年开始也迅速缩小，1971 年 25~29 岁年龄组的高中毕业率白人为 81.7%，黑人为 58.8%，两者相差近 23 个百分点；1999 年同一年龄组白人高中毕业率为 93%，黑人为 88.7%，差距缩至 4.3 个百分点。③

在少数族裔高中毕业率提高的同时少数族裔辍学率降低，1974 年，15~24 岁年龄组的高中辍学率黑人是白人的两倍，到 1997 年黑人与白人辍学率几乎相等。④ 此外，少数族裔在全国性标准化考试中的成绩也在不断提高，尤其是 1973—1996 年，17 岁年龄组的非裔学生在全国教育成绩评价协会（NAEP）举行的考试中，数学成绩提高了 6%，白人几乎没有增长，同时阅读成绩也有进步。⑤ 美国大学委员会（American College Board）对非裔学术性向测验（SAT）成绩的研究也表明了这一点。1976 年，非裔 SAT 的平均成绩与白人相差 240 分，落后白人 20%；20 世纪 80 年代早期，差距缩小到 200 分，非裔落后白人 17%；1988 年成绩差又进一步缩至 189 分。⑥

伴随少数族裔群体教育地位提升的是少数族裔群体政治经济社

---

① ACE：*Fact Sheet on Higher Education.* http：//www. gedtest. org/Washington/policyanalysis/ed-attainment-I 940-98. html.

② *The Condition of Education*, 2000. http：//www. nces. ed. gov/pubs2000/coe2000/sectionl. html.

③ *The Condition of Education*, 2000. http：/www. nces. ed. gov/pubs2000/coe2000/sectionl/s-table38-l. html.

④ *Educational Achievement and Black-White Inequality.* http：/www. nces. ed. gov/pubs2002/quarterly/fall/q6-l. asp#top.

⑤ *Educational Achievement and Black-White Inequality.* http：/www. nces. ed. gov/pubs2002/quarterly/fall/q6-l. asp#top.

⑥ *The Worsening of the Racial Gap in SAT Scores.* http：//www. jbhe. com/satgap. html.

会地位的改变。在政治上，全体适龄黑人都具有了选举权，而且越来越多的少数族裔开始参加各种选举，重视自己的政治权利。少数族裔群体参加政党活动的人数也增加了，在联邦政府中担任官员的人也越来越多。20 世纪 90 年代，有更多的少数族裔担任市长，如黑人在国会中所占席位达到 7%。① 在经济上，少数族裔总体生活水平上有了很大提高，少数族裔中产阶级的队伍不断壮大，1996年 44% 的黑人从事白领工作，② 有些少数族裔群体进入了上层社会。少数族裔群体在政治、经济及教育方面取得的进步既是少数族裔群体不断奋斗的结果，也是历史进步使然。但如果从这些进步就得出黑人获得了与白人完全同等的地位的结论，似乎有些武断了。从教育的实际状况的深入考察，黑白人教育之间依然存在巨大的差异，少数族裔所追求的平等教育并没有因为种族隔离制度的废除而彻底实现，相反，新的隔离和不平等还在以各种新的面目出现。

第二节 美国"学校一体化"发展中存在的问题

美国教育领域同美国其他领域一样素有民族不平等甚至民族歧视的传统。第一次世界大战后，申请顶尖私立大学入学的学生人数不断上升，这些大学为了维护其自身精英身份，成为"全国性"而不是"地方性"大学，不惜侵害民族平等原则，制定一些种族歧视性限制政策。如哥伦比亚大学率先制定了一项限制犹太学生比例的选择性入学政策。不久这一歧视性的政策被普林斯顿大学、耶鲁大学、哈佛大学和其他大学所采用。③

1947 年，总统高等教育委员会的《为美国民主服务的高等教

---

① *Quick Takes*. http：//www. publicagenda. org/issueslangles. cfm? issuetype = race.

② *Portrait of the USA*. http：//www. usinfo-state. gov/usa/infousa/facts/factover.

③ V. L. Meek，L. Goedegebuure，O. Kivinen & R. Rinne：*The Mockers and Mocked：Comparative Perspectives on Differentiation，Convergence and Diversity in Higher Education*. Pergamon Press，1996，p. 194.

育》报告中指出，黑人在学校教育的各个阶段，从小学一年级到大学，人数以及比例都明显少于白人。而到了高等教育阶段的差距最为明显。1940 年，11%的 20 岁以上白人至少接受过一年高等教育，近 5%完成了四年高等教育。20 岁以上非白人(其中黑人占 95%以上)中接受过一年以上高等教育的只占 3%，完成四年高等教育的不足 1.5%。该报告还指出，在 17 个州和哥伦比亚特区，这当然是因为种族隔离在这些地区受法律保护。黑人就读的学校校舍破旧，教师素质差，图书馆条件差甚至根本没有。① 1960 年的《加州高等教育总体规划》使高等教育三级结构(大学、州立四年制学院、社区学院)制度化，从事实上建立了与学生社会出身密切相连的公立高等教育的分轨制度。在加州，黑人和拉美裔学生进入大学系统的可能性最小。研究中发现，1967 年加州高中学生中黑人和拉美裔学生分别占 7.0%和 11.6%，但在加利福尼亚大学(不包括伯克莱分校)分别为 0.8%和 0.7%。与此相反，白人学生人数在高中占 78.6%，在大学却高居 93.7%。② 1940 年以来，美国试图通过各种各样的方案、政策和拨款计划来增加少数族裔的高等教育入学机会，但只取得有限的成功。为广大的美国人口提供教育机会的战略计划没有能够成功地使这些少数民族在高校入学或毕业方面达到美国平均水平。美国印第安人在校大学生数在 1978—1988 年增长 19%，但他们占美国大学生总数的 0.7%，仍然低于印第安人口占总人口 1%的比例；而非洲裔美国人在校大学生数只增长 7%。③ 1992—1994 年，年龄为 18~24 岁的青年人的高校入学率，白人比黑人高 9%，比西班牙语族裔高 8%。1981—1994 年，这个年龄段白人高校入学率获得稳定而充分的增长，而黑人和西班牙语族裔学

---

① 王英杰：《美国高等教育的发展与改革》，人民教育出版社 1993 年版，第 217 页。

② 万秀兰：《美国少数族裔高等教育问题的表现、原因及对策》，载《比较教育研究》，2002 年第 8 期。

③ E. Fisk-Skinner & T. Gaither：*Nontraditional Students：Ethnic Minorities*. B. R. Clark and Guy Neave(ed.)：*The Encyclopedia of Higher Education*. Pergamon Press，1992，pp. 1658-1666.

生的增长率却起伏不定而且增幅不大。① 1998 年，美国海军服役人员中有 20%是黑人，但美国海军学院中只有 6.5%的学员是黑人②（海军军官中只有 6%是黑人）。

在"学校一体化"运动开展了二三十年后，少数族裔大学生虽然有更多的机会进入大学。但少数族裔大学生并不是均匀分布于高教系统的各类院校，少数族裔学生更多地进入公立院校而非私立院校，更多地进入两年制院校而非四年制院校。如 1994 年，高中毕业生进入四年制院校的人数与进入社区学院人数的比例，白人是 2∶1，而黑人是 1.5∶1，西班牙语族裔学生是 1∶1。③由于社区学院学生获得学士学位的机会较少，所以集中于此类院校对少数族裔学生的成就会产生负面影响。从研究中发现，即使进入四年制院校的少数族裔学生大多集中在选择性不强的院校，该类学校在资源、声望、学位的潜在价值方面都略逊一筹。此外，美国黑人大学生和西班牙语学生在工程、计算机科学等领域尤其稀少。

少数族裔学生与白人学生的差异还表现在他们完成学业的时间较长而且辍学率较高。如 1993 年获得学士学位用了 6 年以上时间的少数族裔学生，亚裔有 17%，白人有 25%，黑人有 32%，西班牙语族裔有 35%，美国印第安人和阿拉斯加土著人有 43%。④ 少数族裔学生用较长时间完成学业，部分是由于他们要用较多的时间去工作或担负其他责任。此外，少数族裔大学生的结业率

---

① Thomas M. Smith：*Minorities in Higher Education*. NCES：*Findings from The Condition of Education*，1996. Office of Educational Research and Improvement of U. S. Department of Education，1997（1），pp. 13-15.

② James D. Tschechtelin：*A white President of a Predominantly Black College Speaks Out about Race. Community College. Journal. DEC* 1998，1999（1），pp. 7-10.

③ Thomas M. Smith：*Minorities in Higher Education*. NCES：*Findings from The Condition of Education*，1996. Office of Educational Research and Improvement of U. S. Department of Education，1997（1），pp. 12-13.

④ Thomas M. Smith：*Minorities in Higher Education*. NCES：*Findings from The Condition of Education*，1996. Office of Educational Research and Improvement of U. S. Department of Education，1997（1），p. 23.

（Completion Rates）较低。1990届高中毕业进入某社区学院的学生，到1994年春在该学院获得学士学位和职业证书者，白人分别为18%和5%，黑人分别为11%和8%，西班牙语族裔分别为16%和1%。1990—1995年，25~29岁成年人获得学士学位的，白人平均为31%，黑人和西班牙语族裔均为15%。① 因为少数族裔大学生毕业率低下，所以进入研究生院的比率则更低。1988年美国全部研究生中少数族裔研究生仅占12%，全部高级专业性学院学生中少数族裔仅占13%。②

从少数族裔学生自身的因素来看，学界认为由于学术准备、学习动力和学习方式的差异，少数族裔学生更可能学习一些专门为非传统学生（即成人学生、贫穷学生和准备不足的学生）提供的辅助课程。这些课程虽然不是明确地专为少数族裔学生而设，但它们常常被描述为身份低下的"少数族裔"的课程。此外，有差别的入学要求和学生的偏好使得某些学科领域被少数族裔学生所占据，这些领域主要是商业、教育和社会科学。因此，少数族裔学生常常成为高校边缘性计划和服务的对象，但此类活动并不是院校组织的中心工作。

美国人口的种族构成已经发生了很大的转变，据一项学者的预测，美国少数族裔人口至2025年将占美国总人口的40%，21世纪初，加利福尼亚州是美国大陆第一个有色人种占人口大多数的州，白人将可能在部分州成为少数族裔：据估计，加州劳动人口到2020年将有大约60%是有色人种。

基于以上种种，各界认为美国必须改善少数族裔学生的教育不足问题。美国社区学院未来委员会在《建设社区——对一个新世纪的展望》中明确提出，"社区学院不仅要多招少数族裔学生，而且

① Thomas M. Smith：*Minorities in Higher Education*. NCES：*Findings from The Condition of Education*，1996. Office of Educational Research and Improvement of U. S. Department of Education，1997（1）. p. 19.

② Thomas M. Smith：*Minorities in Higher Education*. NCES：*Findings from The Condition of Education*，1996. Office of Educational Research and Improvement of U. S. Department of Education，1997（1）. p. 24.

更要保证他们能成功完成所学课程……必须继续对所有学生敞开校门,并且重申使少数族裔学生通过教育增长才干的诺言。失去了这一机会,美国就将成为一个社会和经济分裂的国家,社区精神将会消失"。① 该报告说,如果不制止中途辍学问题,美国"公民中将有越来越多的人面临失败的社会、经济前景,社区也将失去活力。社会分化制约教育质量并导致公民健康状况下降,消除这种社会分化将是美国的一种特殊挑战"。②

一些学者认为,少数族裔学生在教育方面的不足反映了美国教育系统在少数族裔问题上的失败。这种失败的部分根源在于,院校期望少数族裔学生改变自己来适应院校的主流文化,而不是院校和少数族裔学生一起进行自身的调整,提倡相互适应。他们指出,学生当然必须在某些方面进行调整,以便更好地适应院校的环境;但与此同时,院校也要调整自己,减少困难,让学生容易克服。他们认为,院校的调整主要在于两个领域或两个方面:让学生进得去(入学机会),让学生留得住(保持率)。③

以上所述,可以看出,美国"学校一体化"运动的推行,在 20世纪 70 年代是成效的高峰期,它从一开始便饱受争议,在其执行的二三十年后,美国少数族裔学生在法律上可以平等地接受初高等教育,但研究数据显示,在入学率上,少数族裔学生明显低于白人学生,也很少进入白人精英大学、更多地进入公立大学而非私立大学、更多地进入四年制大学而非两年制大学。另一方面,少数族裔学生的优秀率、毕业率都低于白人学生;最后,黑人以及其他族裔群体毕业时间通常也更长,除了入学机会低于白人学生外,少数族裔群体的辍学率更高,保持率更低。

---

① Joint Committee for Review of the Master Plan in Higher Education: *California Face California's Future*: *Education for Citizenship in a Multicultural Democracy*, 1989(3), pp. 2-3.

② 国家教育发展研究中心:《发达国家教育改革的动向和趋势》(第五集),人民教育出版社 1994 年版,第 225~229 页。

③ 万秀兰:《美国少数族裔高等教育问题的表现、原因及对策》,载《比较教育研究》,2002 年第 8 期。

第三节　美国"学校一体化"存在问题的原因探析

在"学校一体化"运动进行了 30 年后，人们开始探索少数族裔学生在教育中处境不利的状况。从现有研究来看，学者的研究集中认为，与少数族裔学生所处的背景相关。少数族裔自身的学习准备不足、学习动力不强、非传统的学习方式以及就业倾向与态度都导致了"学校一体化"运动成效不足或者部分地区失败。

研究发现，对于大量少数族裔学生来说，种族歧视是少数族裔学生辍学的主要原因。少数族裔学生对校园的社会环境和情感环境的不满，可能导致少数族裔学生辍学和成绩不佳。此类非认知的因素可造成少数族裔学生的负面影响。由于早期的生物遗传种族主义理论认为少数族裔学生无知或无能。由于种族偏见的存在，影响了教师和学生的相互作用。更为严重的是，教师评分活动中对少数族裔学生期望值过低。期望过低的结果是：教师较少注意他们不抱什么期望的学生，较少与他们交流，对他们的学业予以较低的要求。相应的，学生产生了较低的自我期望，学习成绩也因此受到消极影响。对学生期望过低的环境，不利于院校提高学生毕业率。非裔美国男性学生较少受到重视和表扬，但却较多地受到惩戒、除名或勒令退学。① 在"学校一体化"运动实施了一系列措施之后，院校建立的支持战略以及学生用来适应大学环境的一些战略，进一步恶化了原有的歧视环境，并使少数族裔产生了社交和其他方面的隔离。研究表明，部分非裔美国人在白人院校中对于隔离持肯定态度；而有一部分非裔美国人对"隔离"持矛盾态度，但没有坚决地反对。

另一方面的原因是学生自身因素方面，学界大多认为少数族裔学生存在学术准备不足、低学习动机和参加高等教育的非传统方式倾向。

研究者把少数族裔学生成绩不佳的原因归于准备不足。加强基

---

① 万秀兰：《美国少数族裔高等教育问题的表现、原因及对策》，载《比较教育研究》，2002 年第 8 期。

础教育质量一直是美国教育改革的重点。1994 年，各族裔学生学习这些课程的情况大有好转，但族裔群体间的差异仍然较大。高中毕业生中完成这些核心课程学习的，白人有 53.6%，亚裔有 56.6%，但黑人只有 44.7%，西班牙语族裔只有 43.8%，美国印第安人和阿拉斯加土著人只有 43.6%。通常学业准备涉及认知和社交等方面综合的学院经验。少数族裔学生常常对与学院教育有关的课程内容、必需的学术技能以及比较普通的认知发展基础等缺乏准确的预期认识。研究者论述了以下几个影响学生为学院学习作准备的因素：第一，家庭教育与背景。通常少数族裔学生家庭经济条件低下，父母受教育程度较低，少数族裔学生很多是家族中第一代大学生；第二，少数族裔学生通过中小学校、社区和工作场所中那些高校机构和人员以及一些介绍高校的专门课程，了解如何适应复杂的学院环境；第三，高中课程的类型和质量关系到学生升入大学的比例以及学业成就。许多以少数族裔为主的中小学校教学质量差，教学的课程有限，严重地影响了学生未来的学业成就。少数族裔中较低比例能进入研究生院学习，这部分学生通常在中学大多能学习到学术方向性强的课程。但少数族裔学生，尤其是西班牙裔学生，在中学不大可能学习学术性课程。

　　研究结果显示，少数族裔学生学习动力不足。"学校一体化"运动采取很多措施使少数族裔学生能够有更多的受教育以及共享优质教育资源的机会，但几乎所有少数族裔学生对高等教育带来的机会心存怀疑。数据显示，与 1972 年相比，1992 年高中高年级西班牙语族裔计划接受四年制学院教育的人数从 11% 提高到 20%，只提高了 9%，而白人学生却从 34% 提高到 54%，提高了 20%。① 在某些少数族裔社区，获得高等教育的学位对于获得受尊重的工作职位并不直接相关。关于少数族裔在雇佣中被歧视的报告和关于他们在广大社区中是否得到提升的报告，使得少数族裔公民不能确定学院教育能否克服少数族裔身份的负面影响。在与美国主流社会的关

---

　　① 万秀兰：《美国少数族裔高等教育问题的表现、原因及对策》，载《比较教育研究》，2002 年第 8 期。

系之中，美国黑人、印第安人和讲西班牙语某些族裔的社会身份曾被历史地、有时合法地置于底层。虽然具有相似社会经济背景的少数族裔群体与主体族裔群体具有共同的经历，但种族和民族背景这一条仍然产生持续的影响。一些研究发现，少数族裔人口内部不同阶级之间对教育和教育成就的态度同样存在差异，同时，少数族裔身份的影响也贯穿着社会经济的区别。

少数族裔学生很多接受非传统的学习方式，非洲裔美国人、讲西班牙语的人和美国印第安人比主流民族更倾向于以非传统方式接受高等教育，少数族裔学生常常是走读的部分时间制学生，随时可能中断学业。其原因有两个：第一，对许多少数族裔的高中学生而言，进入学院学习不是第一志愿，立即就业或参军常常更具吸引力。1990—1994 年，高中毕业接着上大学的学生中，白人为 63%~65%；黑人为 47%~55%；西班牙语族裔为 45%~62%。许多少数族裔学生高中毕业后相当长的一段时间才接受高等教育。作为肩负许多责任的成人学生，他们要求采用灵活性的、非传统的学习方式。第二，少数族裔学生主要集中在社区学院和只提供非传统的学院学习形式的城市大学。① 建立这些"效益高"的院校是为了增加高等教育入学机会，它们缺乏传统学习方式所要求的学生宿舍和其他设施，只提供有限的学术课程。这也是少数族裔学生学业成就低的一个很重要的原因，这种结果明显与"学校一体化"运动的初衷相背。据此，很多人主张在保证增加入学机会的同时必须采取适当战略来保持教育质量，用传统的策略来提高这些非传统学生的教育质量明显是行不通的。

第四节 "学校一体化"的新趋势和新发展

进入 20 世纪 90 年代后取消学校种族隔离出现了新的趋势，这些趋势表现在三个方面：一是有关解除法院强制学区实行取消学校

---

① 万秀兰：《美国少数族裔高等教育问题的表现、原因及对策》，载《比较教育研究》，2002 年第 8 期。

种族隔离的案子日益增多，就近入学成为一时之尚。二是对少数族裔学生的学业成绩日益关注，从关注取消学校种族隔离本身，即主要关心学生派位以达到种族融合转到关注学校内部的公正和融合。三是"种族中立"因素开始引入，认为摒弃种族因素是实现多元化的手段。

1991 年，在"俄克拉何马教育委员会控德外尔"一案中，最高法院判定已实行隔离的学区采取了取消隔离的实际行动，可以解除这些学区法院要求的强制校车计划。根据这个裁决，学区更容易从法院强制的"学校一体化"命令中解脱出来。1992 年，在"佛瑞曼控皮慈"一案中，最高法院裁决可以取消学区在"学校一体化"过程中的命令，同时最高法院对"实际的"取消学校种族隔离的行动又作了进一步解释。在此案中法院裁决在学校各个方面未完全达到规定的标准之前，可以宣布学区实现了"一体化"（Unitary），但学区对取消学校种族隔离计划必须有充分的保证。换句话说，一个学区没有必要完全达到"格林要素"标准，取消学校种族隔离可通过渐进方式达到。这一系列案件意味着多年来影响教育和财政政策的强制性取消学校种族隔离制度的终结。20 世纪 90 年代以来，一些学区已经取消或正在取消实行了多年的校车计划，宣布采取"色盲"的学生派位计划，让孩子们重新回到邻近学校。1998 年，美国地区法院法官皮特·迈斯特（Peter J. Messitte）宣布在未来 6 年内结束乔治王子县的强制校车计划，要求建立 13 所邻近学校。

一、"学校一体化"学区的萌芽

长期以来，"学校一体化"运动关心的只是打破原有的种族隔离的格局，随着"学校一体化"运动的深入，公立学校在种族构成比例上发生了变化，但教育质量却未见提高，甚至逐渐失去了办学的活力。这不仅引起白人的不满，也使得黑人对这种仅以学校达到某种规定的种族构成比例为目的的"学校一体化"运动失去信心。在这种背景下，各种学校选择计划应运而生。这些计划既照顾到家长为孩子选择学校的权利，又重视满足来自不同种族背景学生的个别需要。自 20 世纪七八十年代以来，这些学校选择计划一直是美国中小学教育改革的亮点。

(一)有限选择计划(controlled choice)

有限选择计划是一种广为采用的学生派位计划,它在划定区域内允许学生自由选择学校,但这种选择要保证每所学校在种族、性别和家庭经济背景的构成上达到学区要求的比例,尤其要保证种族平衡。有限选择计划最早出现在20世纪70年代,但目前各地采用的大多是米歇尔·阿尔维斯(Michale Alves)和查里斯·威利(Charles Willie)1981年设计的模式。这种模式最初用于马萨诸塞州的剑桥(Cambridge),经过不断完善,目前已系统化。通常家长可在一个中心注册区域内为孩子选择4所学校并按志愿进行排列,学区在保证所有学校不超员,并且学校种族构成比例与学区一致的前提下,根据学生志愿对学生进行派位。绝大多数学区85%的学生第一和第二志愿能够得到满足(第一志愿为75%,第二志愿为10%),90%的学生能够满足一个志愿,约有10%的学生志愿得不到满足。这使得一些学区参与强制校车计划的人数大大减少,如1989年采用此计划的波士顿,在实施的第一年,参与校车计划的人数就减少了60%。[①]

作为消除学校种族隔离的手段,有限选择计划的成功得益于以下几个因素:

1. 保证不同就学区在教育质量上的大体相同。学校在质量上有优劣之分,如果在一个就学片都是好学校,而在另一个都是差学校,就难以保障学生教育机会的平等。而实际情况往往是黑人聚居区内学校教育质量差,白人区的学校教育质量好,在大城市更是如此。有限选择计划重新划分就学区,使不同就学区内的教育质量大体相同。一个就学区内任何一个成功的教育计划都可在其他的就学区内找到,从而保证选择的公平。

---

① Paul Diller: *Integration Without Classification: Moving Toward. Race-Neutrality in the Pursuit of Public Elementary and Secondary School Diversity. Michigan Law Review*, 2001(99), pp. 1999-2061.

2. 建立家长信息中心。采用此计划的学区大多学习剑桥的做法建立家长信息中心。此中心汇总每个学校的数据，用多种语言发布各校信息，向家长提供参观学校的服务，帮助家长审视自己的选择，总之为家长明智地择校提供帮助。

3. 重视薄弱校教育教学质量的改进。

4. 设立公平的派位标准。有限选择计划虽不能全部满足所有学生志愿，但标准公正。这些指标包括是否有家庭成员在被选学校；学生的种族背景；学校离家的远近以及申请上交的时间等。

其他的学校选择计划还有很多，如特许学校（Charter School）、二次选择等。特许学校是由公费举办的自治学校，一般不受政府直接控制，但须达到政府规定的办学标准。许多州的特许学校法律都要求这些学校要达到种族平衡或反映社区种族构成的多样化，有些州要求特许学校必须主要为处境不利的学生服务。二次选择是为那些在正常的公立学校环境中感到困难的学生提供的可选择性（alternative）学校及课程计划，这些学生中有退学的、怀孕的、生育孩子的、被学校开除的等。而这些学生中黑人占了很大的比例，二次选择为这些学生提供了重获成功的机会。各种学校选择计划不仅正在改变着美国组织教育的方式，也在改变着美国人关于教育的看法。反对学校选择的人则认为这无助于学校种族多样化，支持者认为这可能导致自由选择和多样化双赢的局面，因为给予家长选择权并不意味着他们会自动选择单一种族学校。

2010 年 3 月联邦教育部通过的《改革蓝图——初等与中等教育法修订》（*The Blueprint for Reform—The Reauthorization of Elementary and Secondary Education Act*，简称 2010ESEA）。2010ESEA 延续了布什政府时期种族中立教育政策的价值取向，如 2010ESEA 中有关"无歧视原则"有三条规定：所有层次的公平责任——所有学生纳入到"大学和职业准备"标准的责任系统中，所有学生都将在 2020年"升入大学或进入职业准备"项目中；满足多元化学生的需求——学校必须支持所有学生提供正确的指导及挑战性课程；更大的公平—给所有学生成功的机会。这些具体规定保障了处境不利学生及少数族裔学生的受教育权利，在相当程度上缩小了他们与其他学生

256

之间的差距，为他们的入学作好了各方面的准备，促进他们顺利完成学业。

二、"种族中立"因素的引入

自巴基案后，关于少数族裔教育相关案件，法院一直遵从"种族中立才是消除种族主义的最好的办法"的观点。布什任得州州长时，主张学校在招生中不再考虑种族或民族因素。布什提出学校的多样化，是在校园多样化和公平对待之间寻求平衡，承认美国社会确实存在种族因素，种族中立政策是达到学校多元化最好的方法，摒弃种族因素为前提，极力强调反对种族分类，提倡肤色色盲。直到 2003 年，联邦最高法院才在格拉茨案和格鲁特案中对紧密裁制提出种族中立的审查标准："种族中立选择。这是指大学在采取肯定录取政策之前应当慎重考虑是否存在同样可以达成多元化学生群体目标的种族中立的录取办法"①。

许多人认为格鲁特原则标志着美国新公民权利时代的开始。此后，该原则在美国有关少数族裔教育入学政策案件中被广泛运用，其中，"康福特·纽梅耶对林恩学校委员会"，"马里帝兹对杰弗逊郡教育委员会"和"家长参与社区学校对西雅图学校委员会"（Parents Involved in Community Schools v. Seattle School District, No. 1，简称 PICS），② 在这三个案件中，都运用了格鲁特案中的"教育利益"作为"平权法则"外的额外因素，即采取种族中立原则。

在康福特案中，学生康福特申请转校到邻近学区。在学区的转校计划，学生转校必须递交转校申请，而学区行政管理委员会在转校申请中，仅以种族作为考虑因素。在此案中，法院认为转校计划是为了"祛除种族原型，提高学生的种族兼容性，让学生处于多

---

① *Grutter v. Bollinger*, 539 U. S. 306(2003). http://www.oyez.org/cases/ 2000-2009/2002/2002-02-241/.

② Paul Horwitz: *Grutter's First Amendment*. http://lawdigitalcommons. bc. edu/bclr/vol46/iss3/1/.

种族社会环境中"。该原则设定"种族多元化"而非其他意义的"多元化"。因此，家长在此原则下被拒绝转校，并且法院认为学区是符合紧密裁制原则的。①

在 2004 年的马里帝兹（Meredith）案中，学区同样因为种族因素考虑的招生计划被家长告上了法庭，在该计划下，黑人学生必须至少占 15%，不能超过 50%。家长认为这一计划违反了《民权法》，在此案中，法院支持学区计划。法院意识到"种族中立"选择方式努力的必要性："董事会没有考虑，实际上也应该执行种族中立策略而实现目标"，认为"种族多样化可让黑人有更好的成绩"，并符合了格鲁特案件中的紧密裁制原则。② 在马里帝兹案件中，法院裁决不仅考虑种族中立选择，还提出了一些执行的新策略。

在 2007 年的 PICS 案件中，西雅图学校的招生计划规定，学生在第九年级的时候，可申请高一级的公立高中，学校通常根据学生的第一志愿录取，但如果名额已满，学校将会依据四个最优原则招收，其中种族因素则是四优原则之一。在 PICS 案件中，原告指出学区招生计划中对种族的考虑有《民权法》，根据格鲁特法则，第九巡回法院认为种族多样性是为了保护教育和社会的利益，并称赞学区采用的种族中立选择的合理性，并允许招生考虑种族因素，是符合格鲁特紧密裁制原则，并指出最优原则使得计划进行更有效率，有利于学区的全体学生的平等。③ 在 PICS 案件中，法院并没有将学区没有采用种族中立替代性选择而作为考虑因素。

2001 年，布什提出学校的多样化，是在校园多样化和公平对待之间寻求平衡，承认美国社会确实存在种族因素，种族中立政策

① Paul Horwitz: *Grutter's First Amendment*. http://lawdigitalcommons. bc. edu/bclr/vol46/iss3/1/.

② *McFarland v. Jefferson County Public Schools*, 330 F. Supp. 2d 834, 842 (2004), affd, 416 F. 3d 513, cert. granted sub. nom. Meredith, 126 S. Ct. 2351. http://www.oyez.org/cases/2000-2009/2006/2006-05-915, 2011-1-8.

③ *Grutter v. Bollinger*, 539 U. S. 306 (2003). http://www.oyez.org/cases/2000-2009/2002/2002-02-241/.

是达到学校多元化最好的方法，以摒弃种族因素为前提，极力强调反对种族分类，提倡肤色色盲，认为"种族中立才是消除种族主义的最好的办法"。2003年联邦最高法院在格鲁特案中确立了种族中立的审查标准："种族中立选择，这是指大学在采取肯定录取政策之前应当慎重考虑是否存在同样可以达成多元化学生群体目标的种族中立的录取办法。"美国联邦教育部也在2004年发布《多样性的实现：种族中立教育在美国》的报告，提出种族中立选择的重要性以实现教育的多元化。

2007年，"家长参与社区学校对西雅图学校委员会"①的关键性一案中，法院裁定"自愿性学校一体化计划"违宪，判定其未遵从种族中立选择原则。"种族中立选择"的要求导致了当代美国学校的有效性的教育计划和方案的出台，并伴随着许多种族中立措施以寻求种族平衡，如创造更多的学校、家长择校权利的增大、随机抽签制度等。

三、"种族中立选择"入学政策的实践

"种族中立选择"的要求导致了美国学校无数研究报告和讨论文章的发布，同时也产生了许许多多学校和学区的教育变革计划，在K-12公立中学中运用"种族中立选择"入学政策目的是为了提高少数族裔学生的学业成绩。许多试图改进学校的有效性的计划和方案正在实施之中，并伴随着一系列指导学校改革实践的观念和行动。也伴随许多种种族中立措施以寻求种族平衡。下面从选择性学校、磁石学校和互换学校实践情况进行分析。

(一)选择性学校(Selective Schools)

美国的选择性学校使家长对公立学校系统有更多的选择，这样为学校创造一个竞争性的环境，创造更多学校，包括对低收入家

---

① *Parents Involved in Community Schools v. Seattle School* No. 1 551 U. S. 701（2007）. http://en. wikipedia. org/wiki/Parents _ Involved _ in _ Community _ Schools _ v. _ Seattle_School_District_No._1.

庭、都市、少数族裔学生需求而设的学校。与传统学校相比，选择性学校更能适应学生的个别需要，以独立学习为主，并对其他社区开放。

1996 年，加州通过 209 提案，废除了肯定性行动计划。在加州 209 提案下，加州城市联合办公室对学区的补偿政策包括学业支持项目或低收入学生财政支持项目。如加州大学链接项目提供给加州大学预备学生中的低收入家庭而不分种族。"资助那些家庭贫穷或少数民族语言社区的优秀学生给予学业生涯以特殊支持，使他们的学术发展不受障碍。"①同时决定州内高中（公立和私立）的排名前 4% 毕业生可入加州大学系统。自 209 提案禁止种族意识入学政策后，学生学业整体成绩得以提高了。如果说在 K-12 公立高校采用种族为基础的录取政策是为了提高少数族裔学生的学业成绩，加州则通过种族中立形式获得所谓"教育利益"的目标。

1997 年得州通过州法，取消了肯定性计划，代之以"种族中立"性质的"百分之十计划"，即本州公立和私立高中的 10% 最优秀的毕业生可自动升入州内公立大学。"百分之十计划"也因此被运用到公立选择性学校中，州内中学的排名前 10% 毕业生可入更高一级的中学，如果更高一级中学属于邻近地区要依据学区隔离模式而定。如旧金山学区委员会在有名的洛厄尔学校（Lowell school）实施该项政策，但该项目由于许多家长对低质量学校出来的学生影响洛厄尔学校的质量提出指责，最终放弃。②

（二）磁石学校（Magnet Schools）

美国设立磁石学校的目的是，通过开设地方公立学校所不具备

①　Paul J. Beard Ⅱ: *How the Meredith and PICS Courts Wrongly Extended the "Educational Benefits" Exception to the Equal Protection Clause in Public Higher Education.* Program for Judicial Awareness Working Paper No. 06-003.

②　Paul Diller: *Integration Without Classification: Moving Toward. Race-Neutrality in the Pursuit of Public Elementary and Secondary School Diversity. Michigan Law Review*, 2001(99), pp. 1999-2061.

的专门课程方案或课程，以吸引更多的就学片以外的学生前来就读，许多大城市建立磁石学校是为了加速取消种族隔离的进程。

磁石学校中为了提高学生多样性入学政策的主要形式是建立随机抽签制度，抽签符合学区学生多样化的需要。阿灵顿学校（Arlington School）建立了家长选择自动化系统，将那些对磁石学校感兴趣的学生信息输入到学生录取抽签系统。如在申请者当中，建立一个有权重的随机抽签系统，其中对申请者中低收入家庭作为重要考虑因素等。① 磁石学校并不依赖于竞争性的录取政策，磁石学校更成功地取得了种族平衡通过种族中立选择方式。这种通过抽签的方式来促进"种族中立选择"入学政策的实行，强调民族融合，而不是以种族为基础，目的是促进学生学业的总体提高。但低收入的家庭则从更实际方面考虑，如地理位置的远近，而且也不认为这种方式对孩子的成长有多少好处。

（三）互换学校（Fungible Schools）

互换学校通常会根据邻近街区或者公车计划来促进种族一体化，根据种族分类在互换学校分配学生是违宪的，教育委员会在邻近街区边缘地带在互换学校招生时，在法律上考虑种族因素，此种政策仍然属于种族中立选择，避免种族和平等对待不同种族学生。比如说，在邻近街区 A（白人过多）学区与在邻近街区 B（黑人过多）的学生都申请同一学校，A 地的黑人学生和 B 地的白人学生仍然被送往该校。该计划有效地促进了该学片的种族平衡。该计划主要是依据邻近学区，而非种族作为主要考虑因素。如果白人学生拒绝进入少数族裔学生更多的学区，只有选择离开该学片。如果学区内居民隔离程度比较严重，按照种族中立选择制度，并不需要放弃邻近学校选择而成就"学校一体化"。官方会选择邻近街区，考虑更多的是地缘因素，而不是根据种族、分类而提高"学校一体化"。

----

① Paul Diller: *Integration Without Classification: Moving Toward. Race-Neutrality in the Pursuit of Public Elementary and Secondary School Diversity. Michigan Law Review*, 2001(99), pp. 1999-2061.

有学者认为，"种族中立选择"入学政策是"改革的最佳选择"，但它又是教育的"新绝症"，它会鼓励社会的、种族的和经济的分离，这对教育的发展是十分不利的。

四、奥巴马时期少数族裔教育政策的动向

随着奥巴马就任总统，许多人笃信种族主义从此进入了历史课本。美国第一个黑人总统的产生，无疑是从此摆脱种族主义的里程碑式的事件，是人们新一轮美国教育梦想的开始。2010 年 3 月联邦教育部通过的《改革蓝图——初等与中等教育法修订》是一个历史性的突破，致力于解决基础教育公平问题的价值追求仍然是其核心。①

提供优质而公平的教育是一个国家的责任，教育公平是人们在现代教育发展过程中一直倡导的一种教育理想，是社会公平价值在教育领域的延伸和体现。当前，实现教育公平已经成为各国教育制度和教育政策的基本出发点之一。在奥巴马当政的时代，美国教育同时面临新旧问题。美国作为联邦制国家，自"二战"后，政府干预教育的趋势日渐增强，尤其在如何解决教育公平的问题上更是如此。教育部通过的《改革蓝图——初等与中等教育法修订》，是一个历史性的突破，是美国历史上一次性投向教育的最大的一笔拨款，致力于解决基础教育公平问题的价值追求仍然是其核心。

（一）2010ESEA 设计教育改革蓝图

2010ESEA 计划是美国历史上一次性投向教育的最大的一笔拨款，是对《2009 年美国复苏和再投资法案》的响应，其改革目标：面向现代化，为全体国民建立完整和具有竞争力的终身教育体系；面向世界，建立世界级水平的课程和学业评估标准；面向未来，在2020 年前使美国高等教育培养出世界上最多的毕业生。

2010ESEA 计划主要开展四个方面的重大改革：（1）提高教师

---

① ESEA：*Reauthorization：A Blueprint for Reform*. http：//www2. ed. gov/policy/elsec/leg/blueprint/index. html，2010-11-29.

和校长的教学与管理成效，确保每间教室都有优秀的教师，每所学校都有出色的校长。(2)向家长提供信息，帮助他们参与评估和改进孩子所在的学校；向教师提供信息，帮助他们提高学生的学业成绩。(3)实施力求让所有学生顺利升入大学或开始职业生涯的教学标准，并应用与之匹配的评估标准。(4)对教学成效低下学校提供充分支持和有效干预，努力提高其学生的学业成绩。以上述四个方面为基础，教育改革蓝图具体明确了该计划款项主要用于为贫困学生、特殊教育学生和无家可归儿童提供资助；为改善师资、基础设施维修和现代化、在教育领域利用高新技术提供支持；为因经济衰退面临严重运转困难的地区提供紧急稳定资金等。根据计划，第一笔440亿美元的拨款将用于地方教育机构的恢复资金、资助特殊教育、进行职业重建、援助无家可归的学生等，还有一部分将用于学校的竞争性补助。2009年，夏季与秋季下拨的其余资金除继续上述用途外，还包括支持佩尔奖学金与工读计划、国家稳定计划、学校质量提升计划、加强技术教育计划，建设全国性的教育数据系统，教师激励以及提高教师质量等。

从整体上看，分配及使用这笔资金有如下指导原则：

第一，资金要快速分配到地方教育部门及其他教育机构，避免出现教师停工现象，为提高学生成绩。敦促联邦和地方教育部门依次迅速推动计划的展开，立即开始行动，促进国家的经济复苏。

第二，保证资金使用透明化，及时汇报资金去向，并实施资金流向问责制。为杜绝资金的欺诈与滥用行为，准确地测量资金使用的效果，资金接受者必须公开汇报资金的使用情况。由于无法预测投资的涉及范围和重要性，"美国复苏与再投资计划"拨款用途的汇报制度比普通的拨款有更多的要求和限制。

第三，一次性完全投入资金，将"资金悬崖"降到最低。奥巴马为刺激经济注入的资金在历史上是具有重要意义的，但这只能解决暂时的问题。根据要实施的项目，这些资金只能持续2~3年。因此，资金需要以产生持续效果的方式使用。

申请经费有四大标准，凡是申请领取稳定基金的州，在提交申请时必须同时提交四个领域的详细改革计划，具体包括：采取措施提高教师的教学技能，并将高质量的教师公平地分配到各个学校和班级；建立从学前教育到就业的个人成长数据库，以便跟踪学生的发展，促进其不断提高；为语言和身体有特殊需要的学生制定严格的学业标准，帮助其为升入大学和就业作好准备；为落后学校提供有针对性的支持。按规定，各州在提交申请时只能领取67%的救助款，其余33%的救助款必须由联邦教育部批准改革计划后再发放。这样做的目的是使各州在获得"救命钱"的同时，必须承担相应的义务。美国各州将分两阶段来申请这笔教育激励经费，第一阶段经费发放将在2010年年初以前，第二阶段经费发放将在2010年9月前。在第一阶段申请经费失败的州可以在第二阶段再度申请。这样一来，奥巴马就以拨款为杠杆，巧妙地将救助款与教育改革紧密地挂上了钩。

该计划表明奥巴马政府将教育视为确保美国知识经济持续发展的主要基础之一。其意义是深远的，显示出奥巴马的前瞻性眼光。同时也应该看到，目前奥巴马的教育政策对各州的影响主要体现在救济上。虽然他利用拨款为杠杆，将救助款与教育改革紧密地挂上了钩，但毕竟缺乏法律的强制性。该计划的目的主要在于为修改和延续《不让一个孩子掉队法》作铺垫，并在舆论上先期引领改革的方向和内容。只有成功修改和延续《不让一个孩子掉队法》，奥巴马的教育政策才具有法律效力。

(二) 2010ESEA 的教育公平价值取向

奥巴马政府通过2010ESEA对处境不利学生进行额外资助，其要旨仍然是缩小贫穷和少数族裔学生与其他学生间的差距，致力于解决基础教育公平问题的价值追求是其核心。2010ESEA所蕴含的教育公平取向主要表现在如下几个方面。

1. 政府以立法的形式促进教育机会均等，并为此持续投入资金。由于现实中存在着国民社会政治经济地位的不平等，因此，保障教育机会均等成了实现教育公平的核心问题。保障教育机会均等主要是为了改变处于不利地位的社会阶层的教育状况，它"意味着任何自然、经济、社会或文化方面的低下状况，都应尽可能从教育

264

制度本身得到补偿"。政府必须承担推进教育公平的重任，除了满足一部分学生接受良好教育的需求之外，还应该对处境不利的学生进行必要和及时的教育补偿，从而缩小他们与其他学生之间教育机会的差距。

2010ESEA体现了这一教育公平取向。根据2010ESEA的规定，学费抵税额从原来的1800美元提升至2500美元，学费中第一个2000美元可以百分之百抵税，以后的部分以25%的比例抵税，最高抵税额为2500美元。同时，学费抵税的家庭收入标准也有所放宽，单身年收入从原来的8万美元放宽为9万美元，夫妇年收入由16万美元放宽为18万美元，令更多家庭可以享受学费抵税的优惠。

奥巴马很清楚，只有解决教育问题，才能使美国在知识经济时代继续引领全球，也才能使21世纪成为又一个美国世纪。将救济款重点用于重塑美国的教育制度而非仅仅填补漏洞的做法，得到了各方的认可。显然，奥巴马抓住了问题的症结。除了提供资金之外，奥巴马政府还以立法的形式推进教育公平。

2. 关注所有人群。从2010ESEA的资助对象看，主要资助对象是所有有特殊需要的群体，包括中心城区儿童、黑人、穷人、英语受限的儿童、移民孩子以及本土美国儿童等。包括所有在校学生，也包括所有的学校，即除了公立学校之外，对私立学校也进行资助，并要求所有州的所有学校必须达到一定标准，所有学生的测验成绩必须达到规定的标准。与以前的法案相比，它一方面扩大了资助的对象，另一方面也提出了更高的要求与标准，采取了严格的奖惩措施，以保证教育政策的效果。① 这些具体规定保障了处境不利学生的受教育权利，在相当程度上缩小了他们与其他学生之间的差距，为他们的入学作好了各方面的准备，促进他们顺利完成学业。

3. 追求结果平等，保障教育未来发展的公平。儿童因其天资、

---

① ESEA：*Reauthorization*：*A Blueprint for Reform*. http：//www2. ed. gov/policy/elsec/leg/blueprint/index. html，2010-11-29.

家庭出身的不同，他们拥有的机会也是不同的。公平的教育并非是平均主义、同一模式的教育，而是给予每个学生最适宜的教育条件，使每个学生能在自己原有的水平上得到最大限度的发展，充分地发挥潜能。2010ESEA 不仅在目标范围上广泛，强调教育结果的平等，而且特别关注"标准和责任"，即强调测量学术成绩和表现，包括对所有学生进行达标测验，配备高质量的师资队伍，惩罚差学校，奖励好学校，给予处境不利学生以更多选择学校的机会。

2010ESEA 非常强调投入的产出效率，政府的资助不仅有些附加条件，而且要惩罚没有完成目标的州和地方学校，甚至撤回资助的资金。这说明美国政府越来越关注教育政策的实施效果，由此也推动教育政策执行研究的发展。

（三）观点的分歧

2010ESEA 是美国两党一致认同的法案，而且两党都肯定了政府在美国学校改革中具有重要作用，并主张政府加强对教育的干预。为了 2010ESEA 的执行，奥巴马政府吸取了以往政府的经验教训，制定了详细的规则，并威胁那些不遵守联邦命令的州将撤回联邦资助。该方案的指导原则得到了多方人士的赞誉，尽管如此，法案一颁布便遭到了各方质疑以及强烈反对，引发了大规模的争议。这些争议集中体现在：

（1）2010ESEA 政策本身所确定的目标是否过于理想，在未来能否得到实现？按照 2010ESEA 要求，"实现为所有儿童作好上大学和就业准备的世界一流教育，让他们在变动不居的全球经济中赢得竞争，意味着我们必须彻底改革对公共教育的思维方式，所有公立学校的学生到 2020 年的阅读和数学必须达到精熟程度"，有学者指出，这个目标过于理想或完美。对于教师质量而言，没有一个州能达到 2010ESEA 提出的在每个课堂中要有高质量教师的要求，也没有为教师提供高质量的专业发展计划。各州政府对联邦领域范围内的干预持否定态度。他们抱怨的是另一个没有资金的联邦授权。

（2）过于强调"标准和责任"。奥巴马和教育部长邓肯抛出的修订方案，一方面继续将评估与责任制作为重点，一方面推动更加严格的学术标准，同时给予州和学区干预最困难学校更大的余地。NEA 主席丹尼斯·凡·洛克尔说，修订方案继续保留了考试在 2010ESEA 中的决定性地位，仍然过重地依赖于标准化考试，而非采用多种方式对学生和学校进行评估。AFT 主席兰迪·温嘉顿 2012 年 3 月 17 日向众议院拨款委员会表示，不喜欢修订方案中对各州实施"为上大学和就业准备"的学术标准的要求，以及跟帮助穷学生的"Title I 补助"挂钩的新的教师评估制度。在众议院教育与劳工委员会举行的一个听证会上，一位民主党教育界领袖表达了类似的担忧。美国学生成绩不佳是一场"缓慢演进的危机"，并且是对美国经济未来的威胁。全美教育联合会主任拉阿比认为，"把孩子放在薪酬计算公式当中并不是个好主意"。

NEA 认为这份修订方案仍然把太多重心放在了标准化考试上，洛克尔指出，"应该有多元化的评价途径，而不是把一两门学科的考试增加到三四门"。NEA 在其官方网站发表声明，该组织对这个修订案不表示支持，理由是它依旧建立在跟 NCLB 同样的错误逻辑之上——以考试分数来决定输赢。洛克尔说，"实现为所有儿童作好上大学和就业准备的世界一流教育，让他们在变动不居的全球经济中赢得竞争，意味着我们必须彻底改革对公共教育的思维方式——我们的孩子不只是一个考试分数。这就是为什么我们不支持这个修订方案的原因。它对于帮助所有学生获得成功做得太不够了。它依旧是建立在把学生分出输赢的高利害性、低质量的标准化考试基础上的"。

洛克尔再次指出，"教育工作者知道什么是对学生起作用的。多年来他们一直在分享他们的思考，没有人比 NEA 成员更急切地修正 NCLB 的错误了。如果政府和国会希望得到我们的支持，他们必须提出一个真正让教师帮助学生成功的方案，而不是一个依赖于高利害性的标准化考试的方案。我们的孩子正指望着成人们拨乱反正"。

（3）引发新的教育不平等。对于穷的学校和学生而言，可能有更多的机会受到 2010ESEA 的惩罚，这将导致新的不公平。如竞争性基金问题，美国学校管理者协会主席丹尼尔·多梅尼奇认为竞争性基金最终损害的是贫困社区和农村学校的利益。加大了不同群体间学习成绩的差距，由于过分关注考试成绩导致课程的窄化，为了达到进步而不得不增加学生的学习时间，为了避免受惩罚不得不降低学术标准等。这种情况在越贫穷的学区和学校表现得越突出。

正是这些存在广泛争议的问题，导致了地方对 2010ESEA 的批评、抵制和反对，但奥巴马政府将救济款重点用于重塑美国的教育制度而非仅仅填补漏洞的做法，则得到了各方的认可。

第五节 美国"学校一体化"运动对我国民族院校发展的经验借鉴

我国实施的西部大开发从某种意义上说是对少数民族地区的开发。在这一过程中，少数民族高等教育肩负着与传统黑人院校类似的重要使命，同时也面临严峻挑战。主要体现在提高少数民族的整体文化素质和培养各领域高级人才，生态环境的保护与利用、科学技术的开发与应用、促进经济和社会可持续发展、挖掘少数民族的优秀文化遗产、推进跨文化交流、增进民族团结与协作、维护祖国统一等多个方面。因此，当今我国少数民族院校也面临着与美国民族院校(传统黑人院校与部落学院)相似的问题，即怎样缩小民族院校和少数民族与普通高校和主流社会越拉越大的差距，如何应对少数民族学生逐渐减少的问题，怎样处理国际化与民族化、多元与统一的关系，如何定位办学方向与使命，怎样看待自身在高等教育中的地位等一系列棘手的问题。因此，我们可以有针对性地借鉴美国处理美国民族院校危机的经验教训，为民族院校改革与发展作出一定贡献。

一、树立"多元一体化教育"观

民族传统文化浸入的学校教育该如何取舍传统文化？同一化的现代教育如何保护昔日百花齐放的少数民族智慧之花？在现代化生存手段与主流汉族文化、异国文化交杂的环境下，学校教育的角色与责任定位显得有些尴尬。

"随着数码时代的到来，世界各民族正面临一场深刻的现代化革命，每一个民族都要在现代化与传统文化之间寻找平衡，都要协调处理好现代化与民族传统文化的关系。一方面，现代化是每个民族繁荣昌盛的必由之路，每个民族都不应当拒绝现代化；另一方面，每个繁荣昌盛的民族都应保存自己优秀的文化传统，都应保存自己民族的基本特点。丧失现代化将意味着民族的贫困；丧失文化传统则意味着民族的消亡。"著名的教育人类学者滕星教授提出"多元一体化教育"理论。该理论是基于费孝通先生关于"中华民族多元一体格局"的观点提出的民族教育观。可以说该理论是基于数码时代少数民族教育（尤其是学校教育）在传递、创造少数民族传统文化的功能价值取向的一个创新。

"多元一体化教育"（Multicultural Integration Education）理论认为，一个多民族国家的教育，在承担人类共同文化成果传递功能的同时，不仅要担负传递本国主流民族优秀传统文化的功能，同时也要担负起传递本国各少数民族优秀传统文化的功能。在教育对象上，"多元一体教育"对象不局限于少数民族学生，还包括主流民族学生；在内容上，"多元一体化教育"的内容，涵盖主流民族先进的知识和技能与少数民族优秀的传统文化。少数民族学生不仅要学习本民族传统优秀文化，而且也要学习主流民族文化，以提高少数民族年轻一代适应主流社会的能力，求得个人最大限度的发展。主流民族学生学习少数民族传统文化，拓展少数民族文化生存空间，弘扬少数民族文化为多彩的文化之花添加养料。"多元一体化教育"的目的是，继承各民族优秀文化遗产；加强各民族间的文化交流；促进多民族大家庭在经济上共同发展、在文化上共同繁荣；在政治上各民族相互尊重、平等、友好与和睦相处，最终实现各民族大团结。

"多元一体化教育"作为一种民族教育价值取向，为民族教育工作者理清解决多文化取舍的困惑提供了思路。然而仅仅在教育政策的理论方面有所建树是不够的，发展少数民族教育仍然需要教育工作者将"多元一体化"的教育理念运用于实践。

二、加强少数民族教育重要性研究

美国从不同的视角对民族教育重要性的认识，建立系统的少数民族教育理论。从社会学角度分析，少数民族教育能够更好适应社会化。黑人教育水平的提高使他们进入社会地位较高的白领职业的人数在 20 年中增长了一倍以上。从政治学角度来看，民族教育对国家的繁荣和稳定具有重要意义。少数民族教育越来越与整个国家的经济发展、社会繁荣稳定密切相关。由于我国缺乏相关理论的指导，对少数民族教育的地位和作用认识不足，在理解少数民族教育概念上，很多人往往只是简单地将少数民族和高等教育两者叠加起来理解，忽略了少数民族教育内在本质。而严格意义上的民族教育，应该是指从少数民族历史文化传统、经济建设和社会发展的差异性出发，为贯彻落实国家的教育方针和民族政策，而建立的一种具有鲜明的民族特色的教育形式，它的任务，主要是为少数民族地区的经济建设和社会发展服务，为少数民族培养高层次的专门人才。

随着我国少数民族地区经济、文化的发展，他们对教育的需求也越来越大，同时当前少数民族教育中还存在许多的实际问题需要解决，这就迫切要求我们建立起系统的理论，指导我国民族教育的发展。

三、借鉴美国政府和司法机构充分利用法律、法案、政策和命令的力量引导和支持美国民族院校的做法，加大对我国民族学院的政策与法律支持和保障

在美国民族院校 HBCUs 的若干重要发展时期，政府和司法机关一系列重大法案、政策和裁决的出台，大大影响了 HBCUs 招生、办学层次、专业课程设置、教育质量和学术水平，从而影响了 HBCUs 的改革和发展方向。为了给我国民族院校问题的解决和未来发展提供一个可靠保障，国家和政府必须尽快制定和发布相关法律和行政命和类似于关于美国传统黑人院校发展问题的研究令，如《少数民族教育法》、《少数民族高等教育法》和《民族学院法》等，

将对民族院校的经费投入和管理纳入法制轨道，从法律上明确少数民族教育投资体制、经费来源及所占比例和有效投资的条件，还有少数民族院校学术及研究能力提高的途径、联合协作及国际交流方式，以及违反法律法规应负的法律责任等。

四、从美国民族院校产生和发展过程中的主要扶助力量来思考和改革我国民族院校的投资管理体制

美国的慈善组织、基金会、中介机构和企业为 HBCUs 和部落学院提供了资金、技术、法律和人员培训等全方位的重要支持，发挥了美国政府无法起到的作用。我国民族院校要改变现有的投资和融资体制，就必须盘活民间资金，国家应颁布优惠性政策，如给学校捐款的单位、个人或基金会可享受免税和其他各种待遇和荣誉。最重要的是要改革民族院校统得过死、管得过多的多头教育管理体制，给民族院校更大更宽松的生存发展空间，放宽民族院校办学和投资自主权，允许一部分私人和国外资本有限进入民族院校的一些领域。另外，可以学习美国联邦政府的做法，以竞标方式让民族学院多参与中央政府各个部门的项目建设和国家文化资源的保护开发。还应该给予民族院校教师一定的学术管理权和自主权，允许各民族院校成立少数民族教师协会或教授联合会，监督和维护民族院校的运作和管理，并成为政府发展民族高等教育的重要建议、咨询和监察机构。支持民营资本成立中介咨询和评估组织，使政府逐渐过渡到对民族院校的宏观管理角色中。尤其是在当今我国市场经济已初步形成，民间和个人资本已比较充裕条件下，国家应大力提倡国有机构和民间资本成立基金会，这是对严重缺乏办学经费的民族高等教育的一个重要补充。尤其是面向少数民族困难学生的资助和贷款的主体，除了国有银行，非公有信贷机构和基金会也是一个值得大力扶持的理想对象。

为提高民族院校的竞争能力、学术水平和科研能力，政府需要出台更特殊的倾斜政策，尤其是要加大对民族院校信息技术发展与民族文化传承与创新的资金和政策方面的支持。最关键的是抓好民族基础教育，为民族学院的发展提供充足的高质量生源。让民族院

校多参与国家重点课题和项目的建设与规划，提高他们的科研能力与学术水平。由于民族院校培养对象及其使命的特殊性，借鉴 HBCUs 和部落学院解决民族学院经费困难问题以国家财政拨款为主、多渠道筹措办学经费的教育投资管理体制是根本途径。国家或地方政府要根据各个民族院校及其学生在各领域发展的具体情况下拨教育专项补助金。在当今市场经济条件下，政府对民族院校的任何改革或支持，一个重要前提就是要转变政府和教育行政部门领导和工作人员的思想观念。

学习 HBCUs 和部落学院的合作模式，解决民族学院教育资源严重短缺问题。我国民族院校在师资培训、信息技术、课程设置、学生培养、学术水平等方面的提升，都可以采取以下合作模式：第一，协助政府部门完成特殊学术或研究项目。第二，多与少数民族地区企业联合办学、共同开发新技术、新项目。第三，民族院校自身成立各类联合会或网络联盟，同一层次或各个层次学校之间可以资源共享、学分互换、教师互聘、课程互选。第四，可与其他普通高校合作开发现代课程、跨学科专业或综合性技术。第五，各民族院校可利用自己位于边境的优势，多进行国际交流与合作，开展合作办学。第六，在民族地区开展多种形式的社会服务，繁荣民族地区经济，增加学院的经济收入。

五、设立更多的民族学校和民族院校

美国政府为了更多的少数族裔接受教育，建立了传统黑人院校，在保留地开设部落学院。许多印第安保留地地处偏远地区，经济不发达，交通不方便等众多客观因素，限制了他们接受教育的机会。而我国，民族地区经济基础薄弱，发展落后。历史上少数民族长期受到封建统治集团的歧视和压迫，所以这些地区经济发展起点低，基础设施非常薄弱，人才问题成为困扰民族地区经济和社会发展的主要因素。

从学校布局来看，我国各民族地区分布极不平衡，西北、西南地区是少数民族集中的地区，占全国少数民族总人口数的 73.4%，共有高校 100 所；辽宁、吉林两省少数民族人口占全国少数民族总人口9.52%，从学校规模来看，民族院校和民族地区的学校，办学规模偏小。据1994年统计，全国12所民族学院中，在校生25000人以下的有6所，2000人以下的有4所，5个自治区高校共78所，在校生153558名，平均规模为每校1969名。各地区的民族高校也存在差异，广西本专科学校平均规模为2026人，相当于全国专科学校的平均水平，而西藏学校平均规模为807人。

我们不难发现，我国少数民族教育的发展水平低于全国平均水平，而且各地区发展不平衡，仍然需要政府加大扶持的力度。政府在其中发挥的作用，不是一味的输血，更重要的是要发挥他们的造血功能。政府应该更多地考虑少数民族的特性，充分利用民族地区的资源优势，为少数民族开办更多的民族学校和民族院校，使其分布更广，布点更多；使民族学校和民族院校的影响更强地辐射到各民族地区，使更多的少数民族同胞受益。

六、加强少数民族师资队伍建设

国务院在2002年曾作出关于深化改革加快发展民族教育的决定，提出要把教师队伍建设作为民族教育发展的重点，尊重和保障少数民族使用本民族语文接受教育的权利，加强民族文字教材建设。进一步深化教师教育制度改革，提高师范院校教师队伍的教学和科研水平，加强县级教师培训基地的建设。加强校长培训，提高民族地区学校的管理水平。拓宽教师来源渠道，鼓励非师范院校毕业生和东、中部地区高校毕业生到少数民族和西部地区任教。这都需要各级政府给予大力支持，提供各种保障。

第一，以汉族文化作为我国主流文化存在和发展，少数民族在继承和发展传统文化的基础上还应努力了解和掌握汉族先进的科学文化，首要的就是要求少数民族教师掌握汉族语言，能够用双语教学。在这方面，新疆作出了很有意义的尝试。新疆计划从2004年到2011年，用8年时间脱产培训近5万名中小学少数民族双语教师，自治区对全区40岁以下的中小学在编在岗的少数民族理科教师和汉语教师进行汉语培训，使他们能够胜任双语教学工作。

第二，随着教育信息化的逐步推进，少数民族教师面临着全

273

新的挑战，双语教学能力的提高，专业自我的重构、教育技术在教学过程中的普及应用等，都对少数民族教师队伍提出了极高的要求，要求少数民族教师具有很强的信息技术应用能力，以适应当前形势的需要。因此，应加强对少数民族教师的信息培训力度。培养少数民族教师的信息意识，使他们对教育教学信息有强烈的需求，能够充分认识到教育信息在教育教学中的作用，能够敏锐地感觉、发现和迅速地获得与教育教学有关的信息，把这些信息迅速有效地整合到教育教学中；（2）掌握一定的信息知识。信息知识是指对信息学理论和信息源、信息工具的理解和掌握。少数民族教师应该具有一定的信息理论和基础，并能掌握教育信息的特点、表现形式以及信息传播工具的有关知识。（3）少数民族教师的信息能力。信息能力是少数民族教师信息素养中的核心，包括信息的选择收集能力、信息的判断处理能力、信息的生成传播能力等。

七、为提高少数民族学生的科研能力，降低当今少数民族学生越来越高的辍学率，必须保证并提升预科教育的质量

民族学院的入学标准应根据各民族地区的实际渐进提高。要十分注重针对少数民族学生的学术指导和服务，建立学术准备金和各种提高学生学术科研水平。但无论我国的民族院校怎样改革与发展，最重要的是必须坚持自身的民族传统和民族特色，这也是美国传统黑人院校生存和发展的根基。借鉴美国各界做法，政府与社会应该对民族院校及其少数学生在招生、财政资助、学生贷款、学生服务和教师配备等方面给予大力扶持与政策倾斜，但这些优惠与扶持的着重点还是在提高我国民族院校的自主创新能力、学术水平与科研能力。

第六节 结 束 语

纵观美国少数族裔教育，不难看出这是一段充满了艰辛的争取

274

平等的历程。在不同的历史时期黑人都对教育投注了极大的热情，因为少数族裔坚信教育是使个人和群体改善的途径。进入 20 世纪，少数族裔对教育的信念不变，依然把平等的教育机会作为获得平等的政治经济权利的基础。但种族隔离的社会现实使少数族裔每前进一步都要付出巨大的代价，然而少数族裔并没有放弃对平等受教育权的不懈追求。20 世纪上半叶，通过全国有色人种协进会（NAACP）一系列针对教育中种族隔离的法律诉讼，黑人终于赢得了历史性的胜利。

对奥巴马总统上台的期待曾使人梦想种族主义走向终结，2010ESEA 体现了美国政府干预教育的特点，即随着社会的发展，政府教育政策的价值取向，重新界定教育政策的概念内涵。这种变革并不是激进的，而是渐进的，前几届政府的教育改革为 2010ESEA 的出台奠定了一定的理论基础和实践基础。只有解决教育问题，才能使美国在知识经济时代继续引领全球，也才能使 21 世纪成为又一个美国世纪。显然，奥巴马抓住了问题的症结。

2010ESEA 延续了布什政府时期种族中立教育政策的价值取向。然而，如果认为美国的种族问题就此解决，那便有些武断。且不说如今经济上黑人的贫困比率仍远高于白人，单就多年来形成的文化隔膜来说，就已经造就了一系列社会潜规则。比如在占整个国家大部分比重的中小城市中，学校的公共论坛等机构，很难觅见黑人的身影。无形中的歧视也无处不在，之所以说"后种族时代"的美国还没到来，是因为如今美国社会的种族构成，早已告别了黑白分明的时代。随着南美移民的激增，拉丁裔美国人即将成为全美最大的少数族裔。再加上亚裔美国人的增长，原有的种族结构近年来已发生了重大变迁。所谓"后种族时代的美国"只不过是奥巴马带给人们的一个美好想象而已。美国人口调查局于 2010 年 10 月作出预测，到 2050 年年底，少数族裔社区居民数量将占到该国人口总量的一半以上。目前美国人口总数为 2.9 亿人，其中 32.6%，也就是 9581 万人为少数族裔。布莱克威尔认为教育系统的民族平等至关重要。她说："到 2050 年美国的有色人种将首次超过白人，成为多数民族。消除目前教育系统中的民族不平等现象是很重要的。"①

---

① 吴健：《美华裔精英著新书 探讨奥巴马时代少数族裔问题》，中国新闻网（http://www.chinanews.com/hr/2010/09-15/2533618.html）。

参 考 文 献

[1] Altbach, Philip G. Berdahl, Robert O. & Gumport, Patricia J. (ed): *Race in Higher Education in the Twenty-first Century: Social, Political and Economic Challenges.* The Johns Hopkins Un. Press, 1999.

[2] Ballard, Allen B: *The Education of Black Folk: the Afro-American Struggle for Knowledge in White America.* Harper & Row, Publishers, 1973.

[3] Banks, James A: *Multiethnic Education: Theory and Practice.* Allyn & Bacon, 1988.

[4] Berns, J: *Education Policy in Multi-Ethnic Societies: A Review of National Policies that Promote Coexistence and Social Inclusion.* http://www.brandeis.edu/coexistence/linked% 20documents/Coex%20and%20Edu%20Policy_FINAL.pdf, 2011-01-29.

[5] Coleman, James S: *Equality and Achievement in Education.* Westview PressInc, 1990.

[6] Cubberley, Ellwood P: *Public Education in the United States: A Study and Interpretation of American Educational History*, Houghton Mifflin Company, 1934.

[7] *Defend Affirmative Action/Stop the Resegregation of Higher Education*, http://www.bamn.com./citerature, 2011-03-01.

[8] Paul J. Beard II: *How the Meredith and PICS Courts Wronly Extended the "Educational Benefits" Exception to the Equal Protection Clause in Public Higher Education.* Program for Judicial Awareness Working Paper No. 06-003.

[9] Harry A. Ploski & Roscoe C. Brown (ed): *The Negro Almanac*, (1*th edition*). Bellwether Publishing Company Inc, 1967.

[10] Charles V. Willie, Antoine M. Garibaldi & Wornie L. Reed (ed): *The Education of African-Americans*. Auburn House, 1991.

[11] Anne S. Pruitt (ed): *In Pursuit of Equality in Higher Education*. General Hall Inc, 1987.

[12] Christopher Coleman, Laurence D. Nee, and Leonard S. Rubinowitz: *Social Movements and Social-Change Litigation: Synergy in the Montgomery Bus Protest, Law and Social Inquiry*. American Bar Foundation, Fall, 2005.

[13] Allen B. Ballard: *The Education of Black Folk the Afro-American Struggle for Knowledge in White America*. Harper & Row Publishers, 1973.

[14] Paul E. Johnson etc: *American Government: People, Institutions and Policies*. Houghton Mifflin Company, 1990.

[15] Charles J. Ogletree, Jr: *All Deliberate Speed: Reflections on the First Half-century of Brown vs. Board of Education*. Montana Law Review, Summer, 2005.

[16] J. Harve Wilkinson: *From Brown to Bakke: The Supreme Court and School Integration, 1954-1978*. Oxford University Press, 1979.

[17] Carter G. Woodson: *A Century of Negro Migration*. Public Domain, 1918.

[18] Harvard Silkoff: *The Struggle for Black Equality, 1954-1992*. Hill and Wang, 1993.

[19] Ploski, H & Marr, W (ed): *The Negro Almanac: a Reference work on the Afro-American, (third edition)*. The Bellwether Company, 1976.

[20] Willie, C, Garibaldi, A, & Reed, W (ed.): *The Education of African-Americans*. Auburn House, 1991.

[21] *School Desegregation and Equal Education Opportunity*. htttp: //

www. Civilrights. org. html, 2009-9-18.

[22] Richard Kluger: *Simpe Justice: The History of Brown v Board of Education and Black America's Struggle for Equality*. Vintage, 1975.

[23] Kennedy Meier, Joseph StewatS, Jr and Robert E. England: *From No Schools to Separate Schools to Desegregated schools: toward Equal Educational Opportunity*, in *African Americans in Urban American Contemporary Experiences*, ed by Wendy A Kellogg, Dubugue, Iowa, Kendal/Hunt Publishing Company, 1996.

[24] J. Harve Wilkinson: *From Brown to Bakke: The Supreme Court and School Lutegratian, 1959-1978*. Oxford University Press, 1979.

[25] George H. Gallup: *The Gallup Poll*, 1935-1971, Random House, 1972.

[26] Robert Frederic Burik: *The Eisenhower Administration and Black Civil Rights*. University of Tennessee Press, 1984.

[27] Harvard Silkoff: *The Struggle for Black Equality, 1954-1980*. Hill and Wang, 1981.

[28] Willie, C, Garibaldi, A & Reed, W (ed.): *The Education of African-Americans*. Auburn House, 1991.

[29] Erwin, J: *The Foundations of Contemporary American Education*. Gorsuch Scarisbrick Publishers, 1987.

[30] Weaver, T: *Controlled Choice: An Alternative School Choice Plan. ERIC Digest*, 1992(6).

[31] Weiler, J: *Desegregation trends in the* 1990s. *ERIC Digest*, 1998 (4). http: //www. accesseric. org81, 2009-10-21.

[32] Cozzens, L: *School Integration in Prince George's County*. http: // www. watson. com/Lisa/blackhistory/school-integrationlpgcounty/ hew. html, 2009-9-23.

[33] Allen, J, Daugherity, B & Trembias, S: *New Kent School and the George W. Watkins School: From Freedom of Choice to Integration*.

http：//www. cr. nps. gov/nr/twhp/wwwlps/lessons/104newkent/104newkent. html，2009-10-07.

[34] Julian B. Roebuck & Komanduri S. Murty：*Historically Black Colleges and Universities：Their Place in American Higher Education. PRAEGER*，1993.

[35] Ronald L. F. Davis：*The History of Jim Crow-From Terror to Triumph：Historical Overview*. http：//www. jimcrowhistory. org/history/overview. html，2010-3-18.

[36] Ronald L. F. Davis：*Creating Jim Crow：In-Depth Essay*. http：//www. jimcrowhistory. org/history/creating2. html，2010-4-10.

[37] *The Impact of the Case：Separate But Equal*. http://www. landmarkcases.org/plessy/impact_separate_equal. html，2010-4-15.

[38] Grutter v. Bollinger：539 U. S. 306 (2003). http://www. oyez. org/cases/2000-2009/2002/2002_02_241/.

[39] *Parents Involved in Community Schools v. Seattle School No.* 1 551 *U. S.* 2007 (701). http://en. wikipedia. org/wiki/Parents _ Involved_in_Community_Schools_v. _Seattle_School_District_No. _1.

[40] Paul Diller：*Integration Without Classification：Moving Toward. Race-Neutrality in the Pursuit of Public Elementary and Secondary School Diversity Michigan Law Review*，2001(1).

[41] ESEA：*Reauthorization：A Blueprint forReform*. http：// www2. ed. gov/policy/elsec/leg/blueprint/index. html，2010-11-29.

[42] Barbara Beatty：*Preschool Education in America*. Yale University Press，1995.

[43] Susan Muenchow，Edward Zigler：*Head Start：the Inside Story of America's Most Successful Educational Experiment. A* Division of Harpercollins Publisher，1992.

[44] U. S. Department of Health and Human Services：*Head Start Program Performance Standards*. Head Start Bureau，2009.

[45] UW Equity Scorecard Team：*UW System Equity Scorecard Pilot*

Project. Status Report, Jan, 2006.

[46] UW-W Equity Scorecard Team: *University of Wisconsin-Whitewater Equity Scorecard Interim Report On Access, Retention, and Excellence*, 2007(3).

[47] UW Equity Scorecard Team: *Equity Scorecard Draft Interim Report on Access University of Wisconsin Colleges*, 2009(9).

[48] UW Colleges Equity Scorecard Initiative Interim Report on Retention, The Equity Scorecard Retention Perspective: *This Perspective Refers to Continued Attendance from One Year to the Next and/or to Completion of degrees*, 2006(9).

[49] University of Wisconsin-LaCrosse Equity Scorecard Team: *University of Wisconsin System Equity Scorecard Project*, 2007(10).

[50] University of Wisconsin System Board of Regents Meeting: *The Equity Scorecard: An Institutional Strategy to Achieve Equity and Excellence*, 2005(6).

[51] UW-Parkside Equity Scorecard Team: *Equity Scorecard Project Interim Report on Student Access*, 2006(7).

[52] UW Equity Scorecard Team: *Scorecard Aims to Assess Districtwide equity*, Sep 29, 2010. http://www. fcps. net/news/press-releases/2010-2011/equity-scorecard, 2011-10-21.

[53] Estela Mara Bensimon & Lindsey Malcom: *Confronting Equity Issues on Campus-Implementing the Equity Scorecard in Theory and Practice*, Stylus Publishing, 2011.

[54] *The Center for Urban Education: An Overview of the Equity Scorecard, Sep*, 2011 *Process*, http://www.cue.usc.edu/equity_model/eqs/EqS-Overview-of%20Phases.pdf, 2011-10-21.

[55] American Indian Higher Education Consortium (AIHEC): *2007 Annual Report: Building In-digenous Talent and Capacity.* http://www. aihec. org, 2010-10-8.

[56] Bowman Dreameavers: *Tribal College Presidents Build Institutions Bridging Two Worlds.* Tribal College Journal, 2009, 20(4).

[57] American Indian Higher Education Consortium (AIHEC): *AIHEC AIMS Fact Book* 2005: *Tribal College and Universities Report*, 2006. http://www. aihec. org/re-sources/documents/AIHEC _ AIMS_2005FactBook.pdf.

[58] Institute for Higher Education Policy (IHEP), American Indian Higher Education Consorti-um (AIHEC), the American Indian College Fund (AICF): *The Path of Many JOURNEYS: The Benefits of Higher Education for Native People and Communities*, 2007. http: //www. aihec. org/resources/documents/TheP-athOfMany-Journeys. pdf, 2010-9-5.

[59] American Indian Higher Education Consortium (AIHEC): *AIHEC AIMS Fact Book*, 2008: *Tribal College and Universities Report*, 2008. http: //www. aihec. org, 2010-10-20.

[60] AMBLER, M: *While Globalizing Their Movement, Tribal Colleges Import Ideas*. Tribal College Journal, 2005, 16(4).

[61] Carnegie Foundation for the Advancement of Teaching (CFAT): *Tribal College: Shaping the Future of Native American. A Special Report*. Princeton University Press, 1989.

[62] American Indian Higher Education Consortium (AIHEC): *American Indian Higher Education Con-sortium* 2006 *Annual Report. American Indian Higher Education Consortium*, 2010. http: // www. aihec. org/about/documents/AnnualReport06. pdf, 2010-9-07.

[63] ASHBURN E: *Tribal Colleges Reach Beyond the Tribe*. Chronicle of Higher Education, 2007, 53(40).

[64] National Center for Education Statistics (NCES): *Status and Trends in the Education of American Indiansand Alaska Natives*, 2008. http: //nces. ed. gov/pubsearch/pubsinfo. asp? Pubid, 2010-11-02.

[65] American Indian Higher Education Consortium (AIHEC): *Fiscal Year* 2011: *Summary of Appropria-tions Request Tribally Controlled Colleges and Universities*. http: //www. aihec. org/about/staff.

cfm, 2010-11-02.

[66] Voorhees R, Adams N: *Tribal College Faculty Survey*. Tribal College Journal, 2004, 15(3).

[67] Clara Sue Kidwell & AlanVelie: *Native American Studies*. University of Nebraska Press, 2005.

[68] Michael Yellow Bird: *What We Want to Be Called*: *Indigenous Peoples' Perspectives on Racial and Ethnic Identity Labels*. American Indian Quarterly, 1999(2).

[69] J. DelFattore: *What Johnny Shouldn't Read*. Yale University Press, 1992.

[70] Ballard, Allen B: *The Education of Black Folk*: *the Afro-American Struggle for Knowledge in White America*. Harper & Row, Publishers, 1973.

[71] Caleman, James S: *Equality and Achievement in Education*. Westview Press Inc, 1990.

[72] Nathan Glaier, Discrimination: *Ethnic Equality and Public Policy* New York, 1978.

[73] American Indian Higher Education Consortium (AIHEC): *Tribal College an*: *An Introduction*. http://www.aihec.org/colleges/documents/TCU_intro.pdf,1999-2.

[74] Wallace B. Appelson & Martha Mcleod: *Accreditation Factors Unique to Tribal Colleges*, 1994. http://www.eric.ed.gov/contentdelivery/servlet/ERICServlet? accno=ED405013, 2014-04-21.

[75] Wayne J. Stein. *Next Steps*: *Research and practic to Advance Indian Education*. Journal of American Indian Education, Vol. 11, 1999.

[76] Krumm, Bernita L: *Tribal Colleges*: *A Study of Development, Mission, and Leadership*, ERIC Resource Center, http://www.eric.ed.gov, 1995.

[77] Anna M. Ortiz, Paul Boye: *Student Assessment in Tribal Colleges*. Wiley Periodicals Inc, 2003(118).

[78] Swanson, K: *Affirmative Action and Peferentiai Admissions in Higher Education.* Scarecrow Press Inc, 1981.

[79] Heath, S. B.: *Language and Politics in the United States*, Goegetown University Press, 1977.

[80] Marshall, P: *Four Misconceptions about Multlcultutal Education that Impede Understanding*, *Action.* Teacher Education, Fall 1994.

[81] Bathnager, J: *Multiculturalism and the Education of Immigrants.* Allyn and Bacon, 1981.

[82] Delors, J: *Learning the Treasure Within: Report to UNESCO of the International Commission of Education for the Twenty-first Century.* UNESCO, 1996.

[83] Modgil, C. &Venna, G. et al. : *Multicultural Education: the Interminable Debate*, Faber Press, 1983.

[84] Verma, CxK: *Multicultural education: Research Problems to the UK and elsewhere*, Pergamon Press, Oxford, 1983.

[85] Grant, C. A. & Sleeter, C. E: *The Literature on Multicultural Education: Review and Analysis. in Educational*, Published online, 2006.

[86] John Mack Faragher & Florence Howe: *Women and Higher Education in America.* W. W. Norton & Company, 1988.

[87] Angela Davis: *Women, Culture & Politics.* Vintage, 1990.

[88] Mary P Ryan: *Womanhood in America From Colonial Times to the Present.* Franidin Watts, *1983.*

[89] Eiliam H. Gray, Ⅲ: *The Case for All-Black Colleges.* http://www. accesseric. ors/resourceslericreinew/vol5no3/black. html.

[90] *ACE Fact Sheet on Higher Education.* http://www. gedtest. org/Washington/policyanalysis/ed-attainment-I 940-98. html.

[91] *The Condition of Education* 2000. http://www. nces. ed. gov/pubs2000/coe2000/sectionl. html.

[92] *The Worsening of the Racial Gap in SAT Scores.* http://www. jbhe. com/satgap. html.

[93] *Quick Takes*. http：//www. publicagenda. org/issueslangles. cfm? issuetype＝race.

[94] *Portrait of the USA*. http：//www. usinfo-state. gov/usa/infousa/ facts/factover.

[95] VL. Meek，L. Goedegebuure，O. Kivinen，R. Rinne：*The Mockers and Mocked：Comparative Perspectives on Differentiation，Convergence and Diversity in Higher Education*. Pergamon Press，1996.

[96] E. Fisk-Skinner & T. Gaither. *Nontraditional Students：Ethnic Minorities*. B. R. Clark and GuyNeave（ed. ）：The Encyclopedia of Higher Education. Pergamon Press，1992.

[97] Thomas M. Smith：Minorities in Higher Education. NCES. *Findings from the Condition of Education* 1996. *Office of Educational Research and Improvement of U. S. Department of Education*，January，1997.

[98] James D. Tschechtelin：*A white President of a Predominantly Black College Speaks Out about Race*. Community College Journal. Dec 1998/Jan 1999.

[99] *Joint Committee for Review of the Master Plan for Higher Education. California Faces. California's Future：Education for Citizenship in a Multicultural Democracy*，1989.

[100] 滕星：《民族教育理论与政策研究》，民族出版社，2009 年版。

[101] 屈书杰：《美国黑人教育发展研究》，河北大学出版社，2004 年版。

[102] 吴明海：《中外少数民族教育政策史纲》，中央民族大学出版社，2006 年版。

[103] 郑金洲：《多元文化教育》，天津教育出版社，2004 年版。

[104] 滕大春：《美国教育史》，人民教育出版社，1994 年版。

[105] 邓蜀生：《美国与移民：历史·现实·未来》，重庆出版社，1990 年版。

[106] 杨生茂，路镜生：《美国史新编》，中国人民大学出版社，

1990 年版。

[107] 邓炎昌主编:《现代美国社会与文化》(第二卷),高等教育出版社,1989 年版。

[108] 黄兆群:《美国的民族与民族政策》,文津出版社,1993 年版。

[109] 王英杰:《美国高等教育的发展与改革》,人民教育出版社,1993 年版。

[110] 国家教育发展研究中心:《发达国家教育改革的动向和趋势(第五集)》,人民教育出版社,1994 年版。

[111] 石坚:《从家长制到自由放任——美国政府种族政策研究》,中央民族大学博士学位论文,2003 年 5 月。

[112] 张爱民:《美国多元文化主义起源研究》,华东师范大学博士后研究工作报告,2002 年 12 月。

[113] 彭永春:《美国高校多元文化教育演讲之研究》,华东师范大学博士学位论文,2004 年 5 月。

[114] [美] 托马斯·索威尔著,沈宗美译:《美国种族简史》,南京大学出版社,1992 年版。

[115] [美] 布克·华盛顿著,思果译:《力争上游——布克·华盛顿自传》,今日世界出版社,1961 年 12 月初版。

[116] [美] 威廉·A. 亨利著,郝时远译:《超越"溶锅"》,载《民族译丛》,1990 年第 4 期。

[117] [美] 米哈利.萨卡尼著,张明德译:《现代化、文化的多元性和个性:从文化人类学角度的探讨》,载《展望》,1993 年第 2 期。

[118] 程明明:《美国部落学院与我国民族学院的比较研究》,载《西北第二民族学院学报》,2005 年第 1 期。

[119] 周惠民,颜淑惠:《原住民教育:一个比较的观点》,载《台湾原住民研究论丛》,1997 年第 2 期。

[120] 《今日美国人的种族、民族和文化》,http: // z. book118. com/007xueshuyanjiu/003/% BD% F1% C8% D5% C3% C0% B9% FA% C8% CB% B5% C4% D6% D6% D7% E5%

A1% A2% C3% F1% D7% E5% BA% CD% CE% C4% BB% AF. html。

[121] 中国国务院新闻办公室:《2006 年美国的人权纪录》(http://world. people. com. cn/GB/1029/42355/5451012. html)。

[122] 邱惠林:《美国原住民的称谓之争——当今美国"美国印第安人"与"土著美国人"的争议》,载《四川大学学报(哲学社会科学版)》,2007 年第 2 期。

[123] 饶琴:《美国印第安保留地高等教育发展研究》,浙江师范大学硕士学位论文,2006 年 12 月。

[124] 余瑜:《德意志美国人同化历程探析》,华东师范大学硕士学位论文,2006 年 5 月。

[125] 王希:《多元文化主义的起源、实践与局限性》,载《美国研究》,2000 年第 2 期。

[126] 李延成:《美国高等教育认证制度:一种高等教育管理与质量保障模式》,载《高等教育研究》,1998 年第 6 期。

[127] 吕兵,张莅颖:《美国社区学院师资管理及启示》,载《河北大学成人教育学院学报》,2000 年第 2 期。

[128] 陈洪:《美国部落学院:现状、特点与困境》,载《高等教育研究》,2011 年第 8 期。

[129] 华涛:《约翰逊总统与美国肯定性行动计划的确立》,载《世界历史》,1999 年第 4 期。

[130] 万秀兰:《美国少数族裔高等教育问题的表现、原因及对策》,载《比较教育研究》,2002 年第 8 期。

[131] 吴健:《美华裔精英著新书 探讨奥巴马时代少数族裔问题》,中国新闻网(http://www. chinanews. com/hr/2010/09-15/2533618. html)。

后　记

时光飞逝，成书在即，才恍然意识到本书的写作实际启动于 2011 年春季。其间屡次易稿，大纲改了又改，文体也变了又变，整体进展虽然较慢，但今日看来，一切似乎在等待瓜熟蒂落、水到渠成。

我们注意到，美国少数族裔教育逐步得到国内学者的注意，相关研究也达到了 100 余篇，广泛分布于教育学、管理学、社会学、史学、政治学等领域。但是，我们也注意到，选择的话语以及话语关注的层次尚存在不足。正所谓慢工出细活，经过四年时间的打磨，今日我们呈现给读者的，是一本专门针对美国少数族裔教育"学校一体化"运动研究的学术专著。本书注重逻辑的合理、历史的演绎、文字系统的完整、顺畅、直白与易懂。有时为表达一个成熟的观点，仅仅是对一段文字的排列组合都会用去很多的时间，为的是尽量不留有遗憾。但完美总是一厢情愿的，这些文字当然摆脱不了个人说教的个性，这或许是天性的一种，当然更可能是写作水平的有限。

我们知道，用文字表达研究真理几乎是不可能的事。但如果这些文字能够启发、引导人们对不同群体、不同身份、不同文化的进一步认识，那将是一件让人欣慰的事。一想到这一点，所有在写作中的困难、肢体的酸痛都会情不自禁地被这一想法所克服。

本书是中南民族大学、武汉理工大学学者合作的一项集体研究成果，有许多老师和学生的智慧和汗水凝结其中。汤渊完成了"初级启动"部分的主要内容；徐宝华、薛霞参与了书中部分资料的整理工作；胡炳仙副院长也对此书的撰写工作给予了极大的支持、鼓励。在此对他们的工作一并表示感谢。最后，还要感谢武汉大学出版社为此书的顺利出版给予了极大的帮助和支持。

甘永涛　李志峰　孟立军

2015 年 4 月 10 日